Fritz Schulz

Einführung in das Studium der Digesten

Verlag
der
Wissenschaften

Fritz Schulz

Einführung in das Studium der Digesten

ISBN/EAN: 9783957007254

Auflage: 1

Erscheinungsjahr: 2016

Erscheinungsort: Norderstedt, Deutschland

Hergestellt in Europa, USA, Kanada, Australien, Japan
Verlag der Wissenschaften in Hansebooks GmbH, Norderstedt

Einführung
in das Studium der Digesten

von

Dr. Fritz Schulz
o. Professor der Rechte an der Universität Kiel

Tübingen 1916
Verlag von J. C. B. Mohr (Paul Siebeck)

Hermann U. Kantorowicz

gewidmet.

Vorwort.

Das anspruchslose kleine Werk ist in erster Linie gedacht als wissenschaftliches Lesebuch für diejenigen, die sich in die moderne Digestenforschung einarbeiten wollen. Eine wissenschaftliche Einführung in die Digesten gibt es meines Wissens nicht[1]); die vorhandenen Chrestomathien verfolgen andere Zwecke. Gewiß ist gerade für das Eindringen in die neuere Romanistik die mündliche Unterweisung im akademischen Seminar unentbehrlich, aber das Lehrbuch hat hier wie überall daneben seine Berechtigung.

Der erste Teil versucht eine methodologische Grundlegung. Sie schien mir erforderlich, da die hier vertretenen kritischen Prinzipien zwar durchaus nicht neu sind, in unseren literarischen Hilfsmitteln aber nirgends im Zusammenhang dargestellt werden. Schon in diesem Teile sind reichlich Quellenzeugnisse zur Erläuterung herangezogen worden.

Der zweite Teil enthält zehn Studien über ausgewählte Digestenprobleme. Bei dem Reichtum des vorhandenen Stoffes muß eine so knappe Auswahl notwendigerweise willkürlich sein; ich habe vorwiegend Probleme gewählt, bei denen das Quellenmaterial wenig umfangreich ist und daher vollständig mitgeteilt werden konnte. Gewiß ließe sich dieser Teil ohne große Mühe beträchtlich erweitern, doch soll das Buch zunächst einmal in dieser schlanken Gestalt seine Brauchbarkeit erproben.

Die Darstellung ist grundsätzlich nicht elementar gehalten, die vorhandenen Hilfsmittel müssen und sollen herangezogen werden. Polemik mußte natürlich so gut wie ganz unterbleiben.

Daß ich für jede Anregung zu Berichtigungen und Verbesserungen stets dankbar sein werde, möchte ich zum Schluß noch ausdrücklich aussprechen.

Kiel, im März 1916.   F. Schulz.

---

1) Über *Roby*, An introduction to the study of Justinian's Digest 1884 siehe H. H. *Pernice*, SZ. 6, 284. *Ferrini*, Il Digesto (1893) ist überholt und verfolgt auch zum Teil andere Ziele.

Inhaltsverzeichnis.

Erster Teil.

Prinzipien der Digestenkritik.

Erster Abschnitt:

Die Ermittelung des justinianischen Digestentextes.

Zweiter Abschnitt:

Die Ermittelung des klassischen Textes.

Verzeichnis der Abkürzungen.

(Die Abkürzungen sind gebildet unter Berücksichtigung der Vorschläge des Deutschen Juristentags für die Art der Anführung von Rechtsquellen, Entscheidungen und wissenschaftlichen Werken, 2. Ausgabe 1910.)

Die Rechtsquellen sind durchweg nach der philologischen Methode zitiert; z. B. D. (45, 1) 7, 1 bedeutet: Digesten, Buch 45, Titel 1, Fragment 7, § 1.

Bas. = Basilica.

C. = Codex Justinianus.

C. Th. = Codex Theodosianus.

Coll. = Collatio Mosaicarum et Romanarum legum.

Consultatio = Consultatio veteris cuiusdam iurisconsulti.

D. = Digesta.

Gaius = Gaii Institutiones.

I. = Institutiones Justiniani.

Paul. Sent. = Pauli Sententiae.

Ulp. Reg. = Ulpiani Regulae.

Vat. = Fragmenta Vaticana.

Bei der Anführung der Literatur ist, wenn nichts anderes angegeben, Band- und Seitenzahl zitiert.

Berger, Teilungsklagen = Adolf Berger, Zur Entwicklungsgeschichte der Teilungsklagen im klassischen Römischen Recht. 1912.

Beseler = Gerhard Beseler, Beiträge zur Kritik der römischen Rechtsquellen (siehe unten S. 59).

Bonfante, Istituzioni siehe unten S. 62.

Bonfante, Storia siehe unten S. 62.

Bull. = Bullettino dell' Istituto di Diritto Romano.

Conrat, Geschichte = Max Conrat (Cohn), Geschichte der Quellen und Literatur im früheren Mittelalter. Bd. 1 (einziger Band). 1891.

Dernburg = System des römischen Rechts von Heinrich Dernburg. Der Pandekten 8. umgearbeitete Aufl., bearbeitet von Paul Sokolowski. 2 Bände. 1911 und 1912.

Fitting, Alter und Folge = Hermann Fitting, Alter und Folge der Schriften römischer Juristen von Hadrian bis Alexander. 2. Aufl. 1908.

GrünhutZ. = Zeitschrift für das Privat- und öffentliche Recht der Gegenwart, herausg. von Grünhut (Wien).

Heimbach siehe unten S. 16.

Holtzendorff-Kohler = Enzyklopädie der Rechtswissenschaft in systematischer Bearbeitung. Begründet von Franz v. Holtzendorff, herausg. von Josef Kohler, 7. (der Neubearbeitung 2.) Aufl.

IheringJ. = Iherings Jahrbücher.

Kalb, Jagd siehe unten S. 58.

KritVJSchr. = Kritische Vierteljahrsschrift für Gesetzgebung und Rechtswissenschaft.

P. Krüger, Dig.Ausg. = Paul Krüger, Digestenausgabe 1911.

P. Krüger, Geschichte = Paul Krüger, Geschichte der Quellen und Literatur des Römischen Rechts. 2. Aufl. 1912.

Lenel, Edictum = Otto Lenel, Das Edictum perpetuum. 2. Aufl. 1907.

Lenel, Paling. = Otto Lenel, Palingenesia iuris civilis. 2 Bände. 1889.

LitZ. = Literaturzeitung.

Mitteis, RP. = Ludwig Mitteis, Römisches Privatrecht bis auf die Zeit Diokletians. Bd. 1 (1908).

Mommsen, Jur.Schr. = Th. Mommsen. Gesammelte Schriften, I. Abteilung: Juristische Schriften. 3 Bände (1905—1907).

Mommsen, Große Dig.Ausg. = Digesta Justiniani Augusti rec. Th. Mommsen. 2 Bände. 1870.

Pauly-Wissowa = Paulys Realencyclopädie der klassischen Altertumswissenschaft. Neue Bearbeitung begonnen von G. Wissowa, herausg. von W. Kroll und K. Witte.

Pernice, Labeo siehe unten S. 62. Der 2. Band des Werks ist, wenn nichts anderes bemerkt, in der 2. Aufl. zitiert.

Rabel, Grundzüge = E. Rabel, Grundzüge des römischen Privatrechts im 1. Band der Encyclopädie von Holtzendorff-Kohler.

RG. = Rechtsgeschichte und Reichsgericht.

Riv. ital. = Rivista italiana siehe unten S. 62.

RW. = Rechtswissenschaft.

Seckel (Heumann-Seckel), Handlex. = Heumanns Handlexicon zu den Quellen des Römischen Rechts, in 9. Aufl. neu bearbeitet von E. Seckel.

Seckel-Kübler, Jur.Anteiust. = Jurisprudentiae anteiustinianae reliquias . . . compositas a Ph. E. Huschke, editione sexta . . . ediderunt E. Seckel et B. Kübler.

Sohm, Inst. = Rudolph Sohm, Institutionen. 14. Aufl. 1911.

SZ. = Zeitschrift der Savigny-Stiftung für Rechtsgeschichte. Wenn nichts anderes angegeben, ist die romanistische Abteilung gemeint.

Voc. Jur. Rom. siehe unten S. 59.

WB. = Wörterbuch.

Windscheid = Windscheid, Lehrbuch des Pandektenrechts. 9. Aufl. von Th. Kipp. 1906.

ZfRG. = Zeitschrift für Rechtsgeschichte. Bd. 14 ff. dieser Zeitschrift = SZ. Bd. 1 ff.

Prinzipien der Digestenkritik.

> ... die sogenannte streng philologische Methode, das
> heißt einfach die rücksichtslos ehrliche, im großen wie
> im kleinen vor keiner Mühe scheuende, keinem Zweifel
> ausbiegende, keine Lücke der Überlieferung oder des
> eigenen Wissens übertünchende, immer sich selbst und
> andern Rechenschaft legende Wahrheitsforschung.
> Th. Mommsen, Reden und Aufsätze 459.

Die Digestenkritik verfolgt ein doppeltes Ziel: 1. die Feststellung des justinianischen Digestentextes; 2. die Feststellung, ob und wieweit der Text der in die justinianischen Digesten aufgenommenen Klassikerfragmente übereinstimmt mit dem klassischen Urtexte. Mit andern Worten, es soll Antwort gegeben werden auf die beiden Fragen: 1. Was haben die Kompilatoren Justinians geschrieben? und: 2. Was haben die Klassiker geschrieben? So verschieden die beiden Ziele sind, so greifen doch, wie wir sehen werden[1]), die auf sie gerichteten Forschungen mitunter ineinander über.

Erster Abschnitt.

Die Ermittelung des justinianischen Digestentextes.[2])

Da das Urexemplar der Kompilatoren uns nicht erhalten ist, so ist die Ermittelung des justinianischen Textes eine wissenschaftliche Aufgabe. Wir handeln im folgenden I. von dem handschriftlichen Material, das uns zur Textkonstituierung zur Verfügung steht; II. von der bei der Konstituierung zu beobachtenden Methode; III. von den für die Konstituierung zur Verfügung stehenden wissenschaftlichen Hilfsmitteln.

---

1) Siehe unten S. 12, 13, 15, 18[1].

2) *Mommsen*, Jur. Schr. 2, 107 ff. und Praefatio zur großen Digestenausgabe; *Kantorowicz*, Über die Entstehung der Digestenvulgata SZ. 30, 183 ff. 31, 14 ff. (auch als Buch erschienen 1910, dazu *v. Woess*, GrünhutZ. 40, 254 ff.); *Buonamici*, Atti del congresso internat. di scienze storiche 1903 9, 179 ff.; *P. Krüger*, Geschichte 428; *Lenel* bei Holtzendorff-Kohler 1, 395; *Sohm*, Inst. 17.

I. Die Handschriften.

1. Der Codex Florentinus und seine Vorlagen.

Die Grundlage der modernen Digestenausgaben bildet eine vorzügliche, früher in Pisa, seit 1406 in Florenz befindliche Handschrift, der sogenannte Codex Florentinus (F). Die Handschrift ist, von einigen wenigen Lücken abgesehen, vollständig; zwischen 1553 und 1680 ist ein Blatt verloren gegangen. Sie ist in zwei Bänden gebunden, der zweite Band beginnt mit dem Anfang des dreißigsten Buches.

Geschrieben wurde F in der zweiten Hälfte des 6. Jahrhunderts in einem byzantinischen Kulturzentrum Italiens. Von dem Herstellungsverfahren läßt sich folgendes erkennen:

a) Zunächst ist von einer Anzahl von Schreibern (wahrscheinlich dreizehn) eine Abschrift einer uns nicht erhaltenen Vorlage hergestellt worden; diese Abschrift bezeichnen wir mit F^1. Die Vorlage wies Lücken und Fehler auf, die — die Lücken stets, die Fehler zum Teil[1]) — in die Abschrift übergegangen sind; an einigen wenigen Stellen war ihr Text auch bereits wissenschaftlich überarbeitet.[2])

So fehlt in F^1 D. (32) 93 pr., offenbar weil es in der Vorlage gleichfalls fehlte, in dieser nämlich gestrichen war, weil dieselbe Entscheidung bereits D. (32) 38, 4 steht. Ebenso fehlt in F^1 D. (38, 2) 12 pr.; die Vorlage hatte dies wohl wegen des Widerspruchs mit D. (38, 2) 47, 4 gestrichen, wie es denn auch die Basiliken[3]) nicht aufgenommen haben.

Natürlich haben die Schreiber von F^1 auch ihrerseits neue Fehler in den Text hineingebracht, insbesondere Worte und Zeilen ausgelassen; dagegen

---

1) Vgl. *Kantorowicz*, SZ. 30, 191.

2) Dazu *Mommsen*, Praefatio LVI und die Anmerkungen der großen Digestenausgabe zu den im folgenden angeführten Stellen; *Conrat*, Gesch. d. Quellen u. Literatur des röm. Rechts im früheren Mittelalter 1, 119³. — Daß die Vorlage von F^1 auch nachjustinianische Zusätze enthielt, ist durch den Text, den F^1 am Schluß des Titels 22, 3 aufweist, nicht bewiesen (*Huschke*, Zur Pandektenkritik S. 95 gegen *Mommsen*, Praef. l. c., vgl. auch *Lenel*, Paling. 2, 1016, *P. Krüger* in der kleinen Digestenausgabe); wenn die Korrektoren diesen Text strichen, so kann und wird dies an der Lückenhaftigkeit ihrer zweiten Handschrift (unten S. 4) gelegen haben. (Siehe *Mommsen* selbst, große Digestenausg. 2, 238 zu Z. 9.) Die Ansicht *Amanns* (Grundsätze der heutigen Pandektenkritik, München 1878, Vorwort S. IV und VI), daß der Text durch nachjustinianische, versehentlich in den Text aufgenommene, Randglossen in weitestem Umfang verändert worden sei, ist mit Recht abgelehnt worden. Der Zeitraum zwischen der Publikation der Digesten und der Entstehung der Vorlage von F^1 ist zu kurz, als daß man eine derartige Textumgestaltung annehmen könnte. Auch wurden im Ostreiche die Randnoten griechisch geschrieben (siehe das Heidelberger Fragment unten S. 5) und konnten daher nicht in den Text eindringen.

3) Vgl. Bas. (49, 4) 9, Heimb. 5, 22.

dürfte sich ihnen schwerlich Gelegenheit geboten haben, durch falsche Auflösung von Siglen in ihrer Vorlage Fehler zu machen: Justinian hatte den Gebrauch von Siglen ausdrücklich untersagt[1]), und dieses Verbot scheint auch beachtet worden zu sein. F[1] ist jedenfalls beinahe ganz ohne Abkürzungen geschrieben.[2])

b) Zur Vollendung der Handschrift gehört nach antiken Begriffen, daß sie von einem oder mehreren Korrektoren noch einmal durchgesehen wird.[3]) Diese Korrektur ist auch F[1] zuteil geworden[4]); wir bezeichnen den korrigierten Text der Florentinischen Handschrift mit F[2].[5]) Die Korrektoren waren Byzantiner, wie schon die (griechische) Sprache ihrer textkritischen Noten zeigt.[6])

Der Schreiber von F[1] hatte das letzte Fragment von D. (29, 5) fälschlich an den Schluß des folgenden Titels gesetzt. Die Korrektoren haben den Fehler bemerkt und dazu notiert: *τοῦτο τὸ ἀνάγνωμα*[7]) *τελευταῖόν ἐστι τοῦ προλαβόντος τίτλου, ὅπου τὸ σημεῖον.* 'Dieser Text ist der Schluß des vorhergehenden Titels, dort wo das Zeichen (nämlich ein daneben gemalter Pfeil) ist.' Hinter D. (2, 7) hatte der Schreiber von F[1] etwa eine halbe Spalte frei gelassen und den nächsten Titel auf einer neuen Spalte begonnen. Die Korrektoren notierten in dem freien Raum, um Mißverständnissen zu begegnen: *οὐδὲν λείπει,* 'es fehlt nichts'.

Die Korrektoren haben sich nun aber bei ihrer Revision nicht etwa darauf beschränkt, die Abschrift mit der Vorlage der Schreiber zu vergleichen, sie haben vielmehr mindestens noch eine weitere Handschrift zugezogen, so daß also der Florentinus der Vertreter zweier Handschriften ist.[8])

Daß die Korrektoren noch eine zweite Handschrift verglichen haben, zeigt besonders klar D. (35, 2) 50—53. In F[1] steht von Fr. 50 nur die Inscription 'Celsus libro quarto decimo digestorum', dann folgt unmittelbar der § 1 von Fr. 52, hierauf Fr. 53 mit der Inscription 'Idem libro septimo decimo digestorum'. Die Korrektoren haben Fr. 50, 51 und das pr. von 52 wiederhergestellt und in der Inscription des Fr. 53 statt 'Idem' 'Celsus' geschrieben. A priori sind zwei Möglichkeiten

---

1) *P. Krüger*, Geschichte 385. 2) *Mommsen*, Praef. XXXIII.

3) *Kantorowicz*, SZ. 30, 194.

4) Nur der Schluß des 36. Buches ist nicht revidiert worden. *Mommsen*, Praef. XXXVIII.

5) *Mommsen* scheidet zwischen den Verbesserungen der ordentlichen Korrektoren (F[2]) und denen eines andern antiken Korrektors (F[3]); für die Kritik hat, wie *Mommsen*, Praefatio LVII und XXXVIII selbst sagt, die Unterscheidung keine Bedeutung, sie braucht daher hier nicht weiter berücksichtigt zu werden.

6) *Mommsen*, Praef. XXXX, *Kantorowicz*, SZ. 30, 192. Die Korrektoren waren Rechtsgelehrte: *Mommsen*, Praef. XXXVIII, *Kantorowicz* l. c.

7) Im Codex Florentinus steht '*ἀναγνωμα*', ein Schreibfehler, den *Mommsen*, Große Digestenausg. 1, 902 zu Z. 42 nicht angibt.

8) *Mommsen*, Praef. LVIII, *Kantorowicz*, SZ. 30, 192, *Peters*, Die oströmischen Digestenkommentare und die Entstehung der Digesten (Berichte über die Verhandl. der Kgl. Sächs. Gesellsch. der Wiss., Philol.-Hist. Klasse 65, 1. 1913) S. 19, *P. Krüger*, Geschichte 428[21].

gegeben, diesen Tatbestand zu erklären. Entweder ist die Auslassung in F^1 durch ein Versehen der Schreiber von F^1 verursacht worden, ihre Vorlage war also vollständig; dann könnten die Korrektoren F^1 durch Einsicht in diese Vorlage ergänzt haben. Oder aber die Vorlage der Schreiber von F^1 hatte dieselbe Gestalt wie F^1; dann bleibt nichts anderes übrig — da die Korrektoren ihre Ergänzung doch nicht aus der Luft greifen konnten — als die Zuziehung einer von der Vorlage von F^1 verschiedenen Handschrift anzunehmen. Die Annahme eines Schreibversehens ist nun nach dem obigen Tatbestand schon an sich recht wenig wahrscheinlich, sie wird so gut wie unmöglich durch ein griechisches Scholion, das uns die Basiliken zu unserm Fr. 51 (= Bas. 41, 1, 50, Heimbach 4, 113) überliefern: τοῦτο τὸ θέμα ἐν πολλοῖς τῶν ἀντιγράφων οὐ κεῖται. 'Dieser Text steht in vielen Handschriften nicht.' Es wäre ein seltsamer Zufall, wenn gerade an der Stelle eine Auslassung durch Schreiberversehen passiert wäre, an der notorisch manche Handschriften eine Lücke aufwiesen. Das historisch Wahrscheinliche ist vielmehr, daß die Vorlage von F^1 zu der von dem griechischen Scholiasten geschilderten Handschriftenklasse gehört hat; dann müssen aber die Korrektoren ihre Ergänzung aus einer Handschrift geschöpft haben, die nicht zu dieser Klasse gehörte.

Diese zweite Handschrift, die wir die Vorlage von F^2 nennen wollen, war den Handschriften nahe verwandt, auf denen der Basilikentext aufgebaut ist.[1]) An manchen Stellen, an denen die Vorlage von F^1 lückenhaft war, war die zweite Handschrift vollständig, so daß die Korrektoren aus ihr F^1 ergänzen konnten; an andern Stellen aber wies sie dieselben Lücken auf wie die Vorlage von F^1, so am Ende von D. 48, 20 und 48, 22; die Korrektoren haben den Mangel wohl bemerkt[2]), konnten ihm aber nicht abhelfen. Der Text der Vorlage von F^2 weist, wie der der Vorlage von F^1, Spuren wissenschaftlicher Überarbeitung auf, und zwar war hier die Überarbeitung anscheinend in bedeutend größerem Umfange vorgenommen als in der Vorlage von F^1. Bei der Fabrikation von Handschriften gab man wohl den ungelehrten Abschreibern eine weniger wertvolle Handschrift zur Vorlage, schon deshalb, weil die einzelnen Lagen der Vorlage zwecks Verteilung an die verschiedenen Schreiber auseinandergerissen werden mußten; die wertvollere Handschrift behielt der Korrektor. Wertvoller aber erschien wohl im allgemeinen im Altertum wie in der Renaissance die jüngere Handschrift, die neue verbesserte Ausgabe.[3]) So haben denn die Korrektoren auf Grund ihrer zweiten Handschrift vielfach den echten Text von F^1 verschlechtert[4]); ob sie auch durch eigenmächtige Konjekturen (ohne handschriftliche Grundlage) den Text von F^1 verändert haben, läßt sich nicht sagen, die Möglichkeit ist nicht zu leugnen.

---

1) *Peters* 20.

2) Wie ihre Noten zeigen. Siehe *Mommsen*, Große Digestenausg. 2, 856 zu Z. 25 und 2, 861 zu Z. 13.

3) So *Zachariae v. Lingenthal*, ZfRG. 10, 172 f.

4) *Mommsen*, Praef. LVIIIff., *Conrat*, Geschichte 119[4], *Peters* 17.

Unbedeutend, aber sicher zu beweisen, ist die Textverschlechterung der Korrektoren in

D. (9, 2) 27, 11.

Proculus ait, cum coloni servi villam exussissent, colonum vel ex locato vel lege Aquilia teneri, ita ut colonus servos possit noxae dedere.

Dies ist der Text von F¹; die Korrektoren haben vor 'lege' ein 'ex' eingefügt, zu Unrecht, wie die Überlieferung in Coll. (12, 7) 9 zeigt. Ob die Korrektoren das zweite 'ex' in ihrer zweiten Handschrift vorfanden oder freie Konjektur walten ließen, läßt sich nicht entscheiden. Entschieden verschlechtert haben sie auch

D. (24, 3) 56.

Si quis sic stipuletur a marito: si quo casu Titia tibi nupta esse desierit, dotem dabis? hac generali commemoratione et ab hostibus capta ea committetur stipulatio vel etiam si deportata fuerit vel ancilla effecta.

'Jemand läßt sich stipulationsweise vom Ehemanne versprechen, die Mitgift zurückzugeben, wenn seine Ehefrau Titia in irgendeinem Falle aufhört mit ihm verheiratet zu sein. Kraft dieser Generalklausel verfällt die Stipulation auch dann, wenn die Ehefrau von Feinden gefangen oder strafweise deportiert wird oder aber in Strafsklaverei gerät.'

Die Korrektoren haben die Worte 'vel ancilla effecta' gestrichen, offenbar auf Grund ihrer zweiten Handschrift, denn diese Worte fehlen auch in dem entsprechenden Basilikentexte (Bas. 28, 8, 54, Heimb. 3, 284) sowie in den Scholien des Dorotheus und Kyrillus (Heimb. l. c.). Den Anlaß zur Streichung gab wohl Justinians Nov. 22, 8 von 535; Justinian beseitigte hier die bisher mit der Bergwerksstrafe verbundene Strafe des Freiheitsverlustes.[1] Die Vorlage von F² war also bereits wissenschaftlich überarbeitet.

2. Die fragmentarischen Digestenhandschriften.

Diese Handschriften haben wegen ihres überaus fragmentarischen Zustandes nur eine bescheidene Bedeutung für die Digestenkritik. Gleichen Alters wie F sind

a) Die Pommersfeldener Fragmente.[2]

Einige Papyrusblätter mit sehr dürftigen Resten von D. (45, 1) 35—73.

b) Das Heidelberger Fragment.[3]

Ein in Ägypten gefundenes Papyrusblatt mit spärlichen Resten von D. (5, 2) 17—19.

---

1) Zur Sache *Mommsen*, Röm. Strafrecht 947. Der strafweise Freiheitsverlust tritt freilich nicht nur bei der Verurteilung zur Bergwerksstrafe ein: D. (28, 1) 8, 4: Hi vero qui ad ferrum aut ad bestias aut in metallum damnantur, libertatem perdunt; aber in unserem Text kann nur an die Rechtsfolge der Bergwerksstrafe gedacht sein.

2) *Mommsen*, Praef. LIIII³, *Conrat*, Geschichte 72¹, *Kantorowicz*, SZ. 30, 252.

3) Siehe unten S. 16.

c) Die Neapolitaner Fragmente (N).[1]

Mehrere Palimpsestblätter mit einem Stück des 10. Buches.

d) Das Fragment der Gromatikersammlung (G).[2]

In diesem, noch zu Justinians Zeit oder wenig später entstandenen, Werke ist der Digestentitel 10, 1 finium regundorum vollständig, wenn auch in der Ordnung etwas verändert, überliefert. Die Digestenhandschrift, die der Redaktor benutzte, muß also unter oder doch nicht lange nach Justinian geschrieben sein.

Das Verhältnis, in dem diese Handschriften (a—d) zu F stehen, läßt sich nicht feststellen.

e) Dem 9. Jahrhundert gehört an das im Abendland entstandene Berliner Digestenfragment (R).[3] In einer Institutionenhandschrift ist am Schluß der Institutionen der Anfang der Digesten angehängt, nämlich (1, 1)—(1, 7) 3; ausgelassen ist (1, 5) 24—(1, 6) 8 pr. Ob die Handschrift noch den weiteren Text der Digesten enthalten hat, oder aber der Schreiber nur die Institutionen abschreiben wollte und aus Versehen bei seinem mechanischen Abschreiben in den Anfang der Digesten (die in seiner Vorlage den Institutionen folgten) hineingeriet, wissen wir nicht. Die Handschrift, aus der das Fragment abgeschrieben ist, ist nicht aus F geflossen, beide gehen vielmehr auf eine gemeinsame Vorlage zurück.

3. Handschriftliche Lesarten, die uns indirekt überliefert sind.[4]

Von den orientalischen Digestenhandschriften, wie sie in der byzantinischen Jurisprudenz umliefen, haben wir nur indirekt Kenntnis, nämlich aus den byzantinischen (griechischen) Bearbeitungen der Digesten. Vor allem handelt es sich dabei um die Basiliken und die in ihnen in Scholienform angemerkten Exzerpte aus Digestenbearbeitungen der justinianischen und späteren Zeit. Freilich ist aus diesen griechischen Rechtsbüchern der dem Bearbeiter vorliegende lateinische Digestentext vielfach nur unvollkommen zu erkennen, da die griechische Arbeit den lateinischen Text oft nicht wörtlich übersetzt, sondern

---

1) *Mommsen*, Praef. XXXX, Große Dig.-Ausg. Bd. 1. Addit. I. p. l., *Kantorowicz* l. c.

2) *Mommsen*, Jur. Schr. 2, 112, Praef. XXXXI, *Conrat*, Geschichte 150, *Schulten*, Pauly-Wissowa Art. Gromatici.

3) *Haenel*, Ber. der Sächs. Ges. der Wiss., Phil.-Hist. Klasse 2 (1850) S. 73ff., *Krüger*, Geschichte 429 u. 432[39], *Conrat*, Geschichte 72, *Mommsen*, Praef. XXXXIIIff., *Patetta*, Bull. 4, 278, *Kantorowicz*, SZ. 30, 193[3], 216[1], 253, 260[2]. — Das Sigle R ist gewählt, weil die Berliner Bibliothek die Handschrift 1837 ex bibliotheca Rosnyana erworben hat; *Mommsen* l. c.

4) *Mommsen*, Praef. XXXXIII, LXI, LXXIII, *Peters* S. 17f.

ihn zusammenfassend oder umschreibend referiert, auch kleinere Unstimmigkeiten des Textes in der Übersetzung beinahe notwendig verschwinden mußten.
Natürlich hatten auch die orientalischen (lateinischen) Digestenhandschriften
ihre Fehler und waren auch bereits — wie die Vorlage von F^1 und F^2 — in ihrem
Text wissenschaftlich überarbeitet. Trotz alledem sind die griechischen Rechtsbücher für die Textkonstitution ein überaus wertvolles Hilfsmittel, das ständig
herangezogen werden muß.

4. Die Vulgathandschriften und ihre Vorlagen.[1]

Der Digestentext, den die Bolognese Rechtsschule ihrem Unterricht zugrunde legte, war nicht der des Florentinus oder einer einfachen Abschrift desselben. Dieser uns in über 500 Handschriften und Hunderten von Drucken[2]
entgegentretende Text, der in Deutschland rezipiert und bis ins 19. Jahrhundert
festgehalten wurde, heißt der Vulgattext. Freilich ist der Text dieser Handschriften und Ausgaben nicht durchweg derselbe: der Vulgattext hat eine historische Entwicklung durchgemacht; er ist allmählich im Wege der Konjekturalkritik weiterbearbeitet worden, auch beginnen bereits die Schüler des Irnerius
den Vulgattext mit F nachzuvergleichen, wodurch der Text der jüngeren Vulgaten dem des Florentinus wieder angenähert wird.[3]

Unser Urteil über die Vulgathandschriften läßt sich in drei Thesen zusammenfassen:

1. Alle Vulgathandschriften führen auf eine gemeinsame, von F verschiedene
uns nicht erhaltene, Mutterhandschrift zurück, die wir mit S bezeichnen.[4]

2. S stammt von F, direkt, oder indirekt[5] durch Vermittlung einer Zwischenhandschrift.

3. S ist überarbeitet worden, zum Teil unter Anwendung der Konjekturalkritik,
zum Teil aber auch unter Benutzung einer von F unabhängigen Digestenhandschrift, wahrscheinlich eines aus justinianischer Zeit stammenden Digestenauszugs.

Zu 1.

Daß sämtliche Vulgaten auf eine gemeinsame von F verschiedene Handschrift zurückführen, folgt zwingend aus einer Reihe von Textverderbnissen,
die sich schon in den ältesten Vulgaten übereinstimmend, noch nicht aber in F
vorfinden.[6]

---

1) *Mommsen*, Praef. LXIIIIff., *Krüger*, Geschichte 430f., *Kantorowicz*, SZ. 30,
211ff.

2) *Mommsen*, Praef. XXXXV, *Kantorowicz*, SZ. 31, 41.

3) *Kantorowicz*, SZ. 30, 205, 207.

4) Codex secundus, im Gegensatz zum Codex primus = Florentinus.

5) Zu der Frage *Kantorowicz*, SZ. 30, 218.

6) *Mommsen*, Praef. LXIIII, *Kantorowicz*, SZ. 30, 213.

Das stärkste Beispiel ist die große Transposition im 23. Buche.[1]) Bereits die
ältesten Vulgathandschriften weisen nämlich gleichlautend die nachstehende Folge-
ordnung auf:

II. 'non venditio contrahitur' (23, 3) 69, 7 bis 'remanere' (23, 4) 2.
 I. 'ubi onera matrimonii sunt' (23, 3) 56, 1 bis 'declaratur' (23, 3) 69, 7.
IV. 'nactum ad heredem suum' (23, 4) 25 bis 'an non valeant quaeritur' (23, 5)
     13, 4.
III. 'et si convenisset' (23, 4) 2 bis 'pacti conventi exceptionem' (23, 4) 25.

Die richtige Ordnung der Stücke ist die durch die römischen Zahlen bezeichnete. Die Umstellung erklärt sich ungezwungen, wenn man annimmt, daß in der
Mutterhandschrift die beiden inneren Blätter der betreffenden Lage (II und III)
beim Binden durch ein Versehen zu Außenblättern gemacht worden sind.

Zu 2.

Daß S seinerseits wieder von F abstammt, beweisen zunächst eine Reihe
von Lücken, Schreibfehlern und Umstellungen, die die Vulgattexte mit F gemeinsam haben.[2])

Als Beispiel diene die Blattversetzung im Titel de regulis iuris. Die Vulgaten
geben in diesem Titel die Fragmente in folgender Ordnung:

117

158 bis 199

118 bis 157

200.

An den Schluß von Fr. 157 aber war — oft durch Konjektur verändert — das
Schlußwort des Fr. 199 'paruit' angefügt. Diese Verwirrung erklärt sich sehr einfach: In F bildete Fr. 117 den Schluß des Blattes 462, Fr. 118—157 füllten das
Blatt 463, Fr. 158—199 das Blatt 464; mit dem Schlußwort des Fr. 199 'paruit'
beginnt Blatt 465. Nun waren in F die Blätter 463 und 464 beim Einbinden vertauscht worden, so daß Blatt 463 zu Blatt 464 wurde und umgekehrt Blatt 464
zu Blatt 463. Der Schreiber von S hat diesen Fehler — wie vor Torelli niemand
— nicht bemerkt und daher in obiger Reihenfolge abgeschrieben; als er Fr. 157
geschrieben hatte, fand er auf Blatt 465 das Wort paruit, das er notwendigerweise
als den Schluß des Fr. 157 ansehen mußte.

Die Abhängigkeit des Codex S von F ergibt sich ferner aus Fehlern, die in S
dadurch entstanden sind, daß der Schreiber von S Korrekturen, die in F an-
gebracht waren, nicht beachtete.

So hatte z. B. der Schreiber von F die Titel 37, 8 und 37, 9 vertauscht, die Korrektoren aber hatten den Fehler bemerkt und zu dem vorangestellten Titel 9
notiert: οὗτος ὁ τίτλος μετὰ τὸν ἑξῆς ἐστίν. 'Dieser Titel gehört hinter den folgenden
Titel.' Der Schreiber von S hat diese Notiz, offenbar weil er nicht Griechisch verstand, nicht berücksichtigt, denn die Vulgaten weisen die falsche Ordnung auf.

---

1) Dazu *Mommsen*, Jur. Schr. 2, 127.

2) *Mommsen*, Praef. LXVI, *Kantorowicz* l. c.

Zu 3.

S war keine bloße Abschrift von F, vielmehr ist

a) noch eine zweite von F unabhängige Handschrift für die Textgestaltung verwertet worden. Das läßt sich in einigen — freilich nicht sehr zahlreichen — Stellen sicher erweisen: es sind Stellen, in denen S gegenüber F die zweifellos bessere Lesart gibt, und diese Lesart derart ist, daß sie durch Konjektur unter keinen Umständen gefunden werden konnte.[1]

Besonders schlagende Beispiele bieten D. (17, 1) 33—35. In diesen drei Fragmenten fehlen nämlich in F in den Inscriptionen die Namen der Juristen; S weist diese Namen auf und zwar zweifellos richtig, denn die Byzantiner bestätigen ihre Angaben. Durch Konjektur konnte vielleicht der Autor von 33 und 35, unmöglich aber von 34 gefunden werden.

Wieviel aus dieser Handschrift in S geflossen ist, läßt sich nicht mit Sicherheit feststellen, da bei zahlreichen Abweichungen, die S gegenüber F aufweist die Herkunft aus der zweiten Handschrift ebenso möglich ist, wie die aus Konjektur.[2] Auch könnten ja beim Abschreiben von F in S Fehler entstanden und auf Grund der zweiten Handschrift in einer mit F übereinstimmenden Weise verbessert worden sein: auch in diesen Fällen wäre die Benutzung der zweiten Handschrift für uns unerkennbar.[3] Immerhin scheint es sich bei dieser zweiten Handschrift nur um einen Digestenauszug, nicht um eine vollständige Digestenhandschrift gehandelt zu haben, denn auch mit Hilfe der zweiten Handschrift war es nicht möglich, die oben erwähnten großen Blattversetzungen zu beseitigen.[4]

b) Die Abschrift aus F ist aber auch ausgiebig mittelst Konjekturalkritik bearbeitet worden[5], auch kurze erläuternde Glossen wurden beigefügt.[6][7]

Ein sicheres Beispiel einer Konjektur bietet

D. (9, 2) 27, 5.

Tertio autem capite ait eadem lex Aquilia: Ceterarum rerum praeter hominem et pecudem occisos si quis alteri damnum faxit, quod usserit fregerit ruperit iniuria,

---

1) *Mommsen*, Praef. LXX, *Krüger*, Geschichte 432, *Kantorowicz*, SZ. 30, 223, *Lenel* bei Holtzendorff-Kohler 1, 396 N. 3.

2) *Kantorowicz*, SZ. 30, 223ff. Die Ansicht *Mommsens* (an der *Krüger*, Geschichte 432 und 438, festhält), wonach die zweite Handschrift nur an verschwindend wenigen Stellen und jedenfalls nicht über das 34. Buch der Digesten hinaus benutzt worden sei, ist meines Erachtens durch *Kantorowicz* widerlegt. Ihm haben sich angeschlossen *Lenel* l. c., *Sohm*, Inst. 20, und *v. Woess*, GrünhutZ. 40, 259.   3) *Kantorowicz* l. c. 228.   4) *Kantorowicz* l. c. 232.

5) *Kantorowicz*, SZ. 30, 219ff.   6) *Kantorowicz* l. c. 219, 244.

7) Daß es dieselbe Person war, die S mit dem Digestenauszug verglich, und die die konjekturalen Emendationen des Textes vornahm — wie *Kantorowicz* kurzerhand SZ. 31, 18; 30, 270 annimmt —, läßt sich zwar nicht erweisen, ist aber doch wahrscheinlich. *K.* stimmt zu *Pescatore*, SZ. 33, 525.

quanti ea res erit in diebus triginta proximis, tantum aes domino dare damnas
esto.

Dies ist der Text in F. Statt 'faxit' hat S 'fecit', offenbar eine textverschlechternde Konjektur: dem mittelalterlichen Verfasser von S schien die altertümliche
Wortform falsch.[1])

Außer dem bereits Erwähnten läßt sich über den Kodex S nur noch weniges
aussagen. Er war in langobardischer Schrift geschrieben, denn eine Reihe
von Fehlern in dem ältesten Sprößling von S lassen sich nur erklären als Lesefehler bei der Abschrift einer in diesem Duktus geschriebenen Handschrift.[2])
S dürfte in Italien etwa um 1080 entstanden sein.[3]) Der Kodex zerfiel nicht
wie der Florentinus in zwei annähernd gleich starke Bände, sondern wies eine
eigentümliche Dreiteilung[4]) auf. Der erste Teil reichte bis 24, 2, der zweite
bis 38 in fine, der dritte bis zum Schluß. Die drei Teile haben später die Namen
Digestum vetus, Infortiatum und Digestum novum erhalten.[5]) Eine sachliche
ratio liegt dieser Einteilung nicht zugrunde, vielmehr scheint es sich um einen
Schreiberscherz zu handeln: der Schreiber, der von dem Inhalt des Werkes
wenig verstand, machte die erste Scheidung, wo der Titel von den 'Scheidungen'
(de divortiis 24, 2) mit dem Titel von der 'vollzogenen Scheidung' (soluto matri
monio 24, 3) zusammenstieß. Den dritten Teil begann er dort, wo der Text
selbst ein 'neues Werk verkündigte' (de operis novi nuntiatione 39, 1).[6])

Schließlich sind noch kurz die ältesten Abkömmlinge von S zu nennen,
aus denen wir uns den verlorenen Kodex S zu konstruieren haben.[7]) Für das
Digestum vetus sind folgende vier Handschriften die ältesten und wichtigsten:

a) Die Pariser Handschrift (P). Sie scheint eine unmittelbare Abschrift
von S zu sein und stammt aus dem Ende des 11. oder dem Anfang des 12. Jahrhunderts.

b) Die Vatikanische Handschrift (V). Sie stammt aus derselben Zeit wie P.
P und V haben miteinander große Ähnlichkeit, trotzdem ist keiner die Abschrift des andern; möglicherweise haben die Schreiber der beiden Handschriften
zusammengearbeitet und sich wechselseitig bei der Entzifferung ihrer Vorlage
(S) beeinflußt.[8])

c) Die Paduaner Handschrift (U).[9]) Ob zwischen ihr und S noch eine Zwischenhandschrift steht, bleibt ungewiß. Sie stammt aus dem 12. Jahrhundert
und ist bereits von der Nachvergleichung mit F berührt.[10])

---

1) Andere ähnliche Beispiele bei *Kantorowicz*, SZ. 30, 221.

2) *Mommsen*, Praef. LXV, *Kantorowicz*, SZ. 30, 214f.

3) *Kantorowicz* l. c. 218.   4) *Kantorowicz*, SZ. 31, 41 und 60.

5) Über diese Namen *Kantorowicz* l. c. 62ff.   6) So *Kantorowicz* l. c. 59.

7) Zum Folgenden *Kantorowicz*, SZ. 30, 248f.   8) *Kantorowicz* l. c. 250.

9) Das Sigle U ist gewählt, weil die Handschrift der Universitätsbibliothek in
Padua angehört; *Mommsen*, Praef. XXXXVIIII.   10) *Mommsen*, Praef. LXV.

d) Die Leipziger Handschrift (L). Sie stammt gleichfalls aus dem 12. Jahrhundert. Von PVU unabhängig, ist sie mit S nur indirekt durch Vermittelung einer Zwischenhandschrift verwandt.

Für das Infortiatum und das Digestum novum fehlen uns entsprechend alte Handschriften.[1]) Die genaue Filiation der vorhandenen Handschriften zu S läßt sich nicht feststellen; jedenfalls stehen zwischen ihnen und S Zwischenhandschriften.

Das nachstehende Schema [2]) sucht den geschilderten Handschriftentatbestand übersichtlich zur Darstellung zu bringen. Die uns erhaltenen Handschriften sind fett gedruckt, die Filiation ist durch die verbindenden Linien angegeben; die Abkürzungen sind zum größten Teil bereits bekannt, Zw. bedeutet Zwischenhandschrift, S^1 die einfache Abschrift aus F, S^2 die Veränderungen, die an dieser Abschrift vorgenommen wurden.

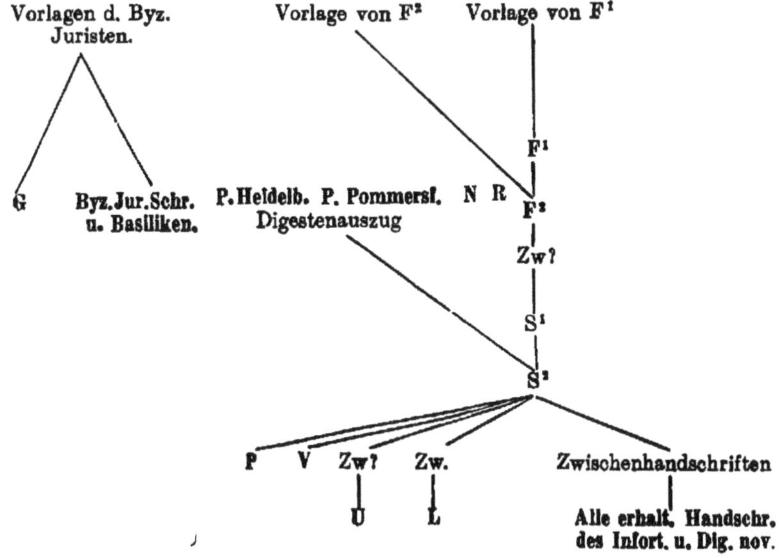

II. Die Methode.

Bei jeder Textkonstituierung [3]) ist zu unterscheiden: 1. die Recensio, das ist das Abwägen der verschiedenen überlieferten Lesarten einer Stelle und Feststellung der durch die Überlieferung relativ bestbeglaubigten Lesart; 2. die Emendatio, das ist die Verbesserung der relativ bestbeglaubigten Lesart durch Konjektur.

1) Siehe die Handschriften bei *Mommsen*, Praef. XXXXVIII ff.

2) Ähnlich das Schema bei *Kantorowicz*, SZ. 30, 253.

3) *Gerke-Norden*, Einleitung in die Altertumswissenschaft 1, 53 ff.

1. Die Recensio.[1])

A. Für alle Handschriften, deren genaue Filiation wir nicht feststellen können, das heißt also für alle außer den Vulgaten, gilt die allgemeine Regel: Die nach Form und Inhalt bessere Lesart gilt als die wahrscheinlichere und darum als die relativ besser beglaubigte. Dies gilt insbesondere auch für das Verhältnis von F^1 zu F^2 und von F im Verhältnis zu den Handschriften der Byzantiner. Die Regel bedarf aber einer wichtigen Einschränkung: die Vorlage von F^1 war zwar, verglichen mit der zweiten Handschrift der Korrektoren und den Handschriften der Byzantiner, lückenhaft, aber auch bedeutend weniger textlich überarbeitet. Es besteht daher die Möglichkeit, daß der anscheinend bessere, weil glättere, Text, wie ihn F^2 und die griechischen Handschriften bieten, in Wahrheit doch nicht der echte Text, sondern konjekturale byzantinische Korrektur ist, und daß die formell schlechtere Lesart von F^1 dem Urtext der Digesten entspricht, entstanden namentlich durch Versehen und Unachtsamkeiten der Kompilatoren.[2]) Im Einzelfall muß man versuchen, über diesen Punkt Klarheit zu gewinnen.

So weist z. B. D. (3, 3) 38 folgenden handschriftlichen Tatbestand auf:

F^1: 'si decem milia petantur'.

F^2 und die Griechen: 'si decem petantur'.

Nun wissen wir, daß Justinian die klassische Sesterzenrechnung nicht übernommen hat, vielmehr für 1000 Sesterzen 1 Aureus gesetzt wissen will.[3]) Der Klassiker sprach also wohl in Fr. 38 von 'decem milia sestertium', das die Kompilatoren in 'decem aurei' oder wie sonst vielfach einfach in 'decem' hätten verändern sollen. Die Lesart von F^2 und in den byzantinischen Handschriften ist also innerhalb der justinianischen Kompilation die korrektere, trotzdem hat sicher in dem Urdigestenexemplar der Kompilatoren die Lesart von F^1 gestanden. Hätte in diesem einfach 'decem' gestanden, so wäre schwerlich jemand auf den

---

1) Zum Folgenden *Mommsen*, Praef. LXI, LXXII, *Zachariae*, ZfRG. 10, 172 ff., *Huschke*, Zur Pandektenkritik 12, *Kantorowicz*, SZ. 31, 74 ff., unrichtig *Peters*, SZ. 32, 374 f.

2) *Mommsen*, Praef. LXI: Ubi in libro Florentino duae lectiones inveniuntur (d. h. wo F^1 und F^2 auseinandergehen) ratione et arte quaerendum est, utra lectio tam a re quam a verbis magis commendetur, maxime num posterior sua natura interpolationis (d. h. einer nachjustinianischen Interpolation!) suspicionem moveat: quod ubi evenit, omnino reicienda est. Graecorum in hac aestimatione magna quidem auctoritas est, sed talis, ut consensus interpretum Graecorum vel etiam unius eorum solius cum Florentina priore (d. h. mit F^1) rem iudicatam faciat, in consensu Graecorum cum emendatore Florentino (d. h. mit F^2) quaestio supersit, annon testes colludant. Die hier von *Mommsen* geäußerte Ansicht, daß die Übereinstimmung von F^1 mit den Byzantinern die echte Lesart verbürge, ist freilich unhaltbar: *Huschke* l. c., *Kantorowicz*, SZ. 30, 190, *Scialoja*, Atti del congresso intern. di scienze stor. 1903. Vol. 9, 192.

3) So ausdrücklich I (3, 7) 3, vgl. *Lenel*, Paling. 1 Praef. Nr. VII, 11.

Gedanken gekommen, daraus 'decem milia' zu machen, kein Schreiber und erst recht kein Jurist, der die Umrechnung Justinians kannte. Dagegen erklärt sich alles leicht, wenn man annimmt: 1. die Kompilatoren haben flüchtig nur das Wort 'sestertium' gestrichen, nicht, wie sie hätten tun sollen, auch das Wort 'milia'; 2. die byzantinischen Textkritiker haben den Fehler bemerkt und korrigierend auch das Wort 'milia' gestrichen.[1])

B. Was die Vulgathandschriften angeht, so gelten folgende Regeln:

1. Läßt sich eine von F abweichende Lesart der Vulgaten als bereits in S vorhanden nachweisen, so ist zu scheiden:

a) Die Lesart läßt sich als sicher aus dem Digestenauszug stammend erweisen; dann ist mit ihr nach der Regel unter A. zu verfahren, denn der Digestenauszug gehört ja zu den Handschriften, deren genaue Filiation wir nicht feststellen können.

b) Die Lesart läßt sich sicher als mittelalterliche Konjektur erweisen; dann scheidet sie für die Recensio aus und darf nur für die Emendatio herangezogen werden.

c) Keiner dieser beiden Fälle ist gegeben, es besteht also die Möglichkeit, daß die Lesart aus dem Digestenauszuge stammt, ebenso aber auch die andere Möglichkeit, daß sie auf Konjektur beruht. Alsdann ist weiter zu scheiden:

α) Ist die Lesart von S, verglichen mit der anderer Handschriften, insbesondere also verglichen mit F, die schlechtere, so scheidet sie aus.

β) Ist sie die bessere Lesart, so ist sie als aus dem Digestenauszug stammend zu behandeln[2]) (also nach der Regel unter A.). Doch ist auch hier wiederum zu erwägen, ob nicht vielleicht die schlechtere Lesart, die die übrigen Handschriften, namentlich F, aufweisen, durch flüchtige Interpolation der Kompilatoren herbeigeführt und also doch die echte ist. Ergeben sich dafür Anhaltspunkte, so erscheint die bessere Lesart doch nur als Konjektur und scheidet daher für die Recensio aus.

---

1) So *Mommsen*, Praef. LX. Ein weiteres Beispiel bietet D. (46, 3) 73 u. dazu unten Teil 2, VII.

2) *Kantorowicz*, SZ. 30, 229: „Historiker wie Philologen werden die Berechtigung dieses methodischen Grundsatzes, der natürlich nur hohe Wahrscheinlichkeit, nicht Gewißheit bietet, anerkennen. Gesetzt den Fall, daß ein Chronist zahlreiche Ereignisse nachweislich aus einer (verlorenen) Chronik einer Nachbarstadt geschöpft hat; werden wir zögern anzunehmen, daß er auch diejenigen die Nachbarstadt betreffenden Tatsachen aus jener Quelle geschöpft hat, welche er bei Aufbietung allen Scharfsinns vielleicht auch hätte erraten können? Und wird irgendein Editor, der in seiner Haupthandschrift eine kleine Lücke findet, welche die Nebenhandschriften ausfüllen, statt aus diesen zu schöpfen, sich um eine Konjektur bemühen? Warum annehmen, daß jener alte Jurist es anders gemacht habe?"

γ) Ist die Lesart von S weder besser noch schlechter als die von F, so geht F vor, weil F weniger von Konjekturen betroffen worden ist als S.

2. Läßt sich eine von F abweichende Lesart der Vulgaten als in S noch nicht vorhanden nachweisen, so scheidet sie für die Recensio aus. Denn außer dem Digestenauszug verfügen die Vulgaten über keine von F unabhängige Quelle[1]); eine solche Lesart muß also auf mittelalterlicher Konjektur beruhen.

Wann dürfen wir nun aber eine Lesart der Vulgaten als schon in S. vorhanden annehmen?[2]) Nach der Natur unserer Überlieferung ist zu unterscheiden:

a) Die Stelle steht im Digestum vetus. Eine Lesart ist dann nicht als in S vorhanden anzusehen, wenn eine der Handschriften PVL[3]) wie F liest, denn dann ist anzunehmen, daß auch S noch wie F las. Weist keine der Handschriften PVL die Lesart von F auf, und stimmen zwei der Handschriften PVUL in der Lesart überein, so ist diese als bereits in S vorhanden anzunehmen. Die Übereinstimmung allein von P und V beweist nach dem früher Gesagten[4]) nichts, da sie auf der Lesung nur eines Schreibers beruhen kann, der sie dann dem andern mitteilte. Diese Regeln beruhen — wie alle Regeln der Recensio — auf einer Wahrscheinlichkeitserwägung. Wenn z. B. PL eine von F abweichende Lesart überliefern, so ist es wahrscheinlicher, daß beide Handschriften (die ja doch von S abstammen) diese Lesart aus S übernommen haben, als daß die beiden (von einander unabhängigen) Schreiber unabhängig von S durch Zufall zu der gleichen Lesart gelangt seien. Ausgeschlossen ist freilich ein solcher Zufall nicht; wir wären gezwungen, einen solchen anzunehmen, wenn etwa an einer Stelle PL die Lesart a, UV die Lesart b enthielten, und weder a noch b mit F übereinstimmt. In einem solchen Fall läßt sich über die Lesart von S nichts aussagen.[5])

b) Die Stelle steht im Infortiatum oder im Digestum novum. Ein exakter Nachweis läßt sich hier, wie sich aus dem früher Gesagten ergibt, nicht führen; junges Alter, vereinzeltes Vorkommen, Schwanken des Wortlauts sind hier Indizien für die Annahme, daß die Lesart noch nicht in S stand, sondern auf späterer bologneser Konjektur beruht.

---

1) *Mommsen*, Praef. LIIIf., *Kantorowicz*, SZ. 30, 257ff.

2) Dazu *Kantorowicz*, SZ. 30, 220 und 251; SZ. 31, 77.

3) Wenn U wie F liest, so beweist das nichts, weil, wie oben S. 10 gesagt, diese Handschrift bereits von der Nachvergleichung mit F berührt ist.

4) Oben S. 10.

5) Unrichtig *v. Woess*, GrünhutZ. 40, 260f., der *Kantorowicz*, SZ. 30, 251 nicht beachtet hat.

2. Die Emendatio.

Regeln für die Emendation lassen sich nicht aufstellen. Nur muß vor jedem Emendationsversuch erwogen werden, ob nicht etwa der Textverderb durch das Eingreifen der Kompilatoren verursacht worden ist; ergeben sich in dieser Richtung Verdachtsgründe, so hat jede Emendation zu unterbleiben. Weisen die voneinander unabhängigen Handschriften, insbesondere F¹, F², byzantinische Handschriften und Digestenauszug, an einer bestimmten Stelle keine Varianten auf, und erscheint der Text doch als korrupt, so ist es nach den Erfahrungen der letzten 20 Jahre a priori wahrscheinlicher, daß die Kompilatoren den Mangel verschuldet haben, als daß der Urtext der Digesten tadellos gewesen, und erst die Abschreiber den Fehler herbeigeführt haben.[1]

III. Die Hilfsmittel.

Die wissenschaftlichen Hilfsmittel geben uns zunächst

A. das Material zur Vornahme der Recensio, das heißt die Lesarten der Handschriften.

a) Der Codex Florentinus liegt vor in Mommsens großer zweibändiger Digestenausgabe (1870), sowie in der kleinen früher von Mommsen, jetzt von P. Krüger herausgegebenen Schulausgabe (zuletzt 1911), schließlich auch in der italienischen Taschenausgabe (Digesta Justiniani Augusti, herausgegeben von Bonfante, Fadda, Ferrini, Riccobono und Scialoja), von der aber bisher nur der erste Band (Buch 1—28 umfassend) erschienen ist (Mediolani 1908). Die Wiedergabe von F in Mommsens Ausgabe ist hervorragend, wenn auch nicht unbedingt zuverlässig[2]); eine erwünschte Ergänzung bietet der Lichtdruck der ganzen Handschrift in dem Werke Iustiniani Augusti Digestorum seu Pandectarum Codex Florentinus olim Pisanus phototypice expressus a cura della commissione ministeriale per la riproduzione delle Pandette (10 Fasc., das letzte Roma 1910). Die Handschrift liegt jetzt vollständig vor, nur die Praefatio fehlt noch.[3]

b) Die fragmentarischen Digestenhandschriften sind mit Ausnahme von R im Zusammenhang besonders herausgegeben worden, natürlich auch — einschließlich R — in der großen Mommsenschen Ausgabe berücksichtigt.

---

1) In dieser Weise glaube ich, das von *Gradenwitz*, Interpolationen in den Pandekten (1887) S. 3 Gesagte — das meines Erachtens auf einer Überschätzung des Florentinus beruht — einschränken zu sollen.

2) *Kantorowicz*, SZ. 30, 239 Note, *P. Krüger*, SZ. 31, 6.

3) Die Blattzählung des Lichtdruckes stimmt mit der Zählung der großen Mommsenschen Ausgabe (Bd. 2) nicht überein. Siehe darüber *Kantorowicz*, SZ. 31, 86.

Die Pommersfeldener Fragmente bei Mommsen, große Dig.-Ausg. Bd. 1 Addit. II., Photolithographie daselbst Bd. 2 am Schluß. Das Heidelberger Fragment bei Gradenwitz, SZ. 23, 458 und bei Gerhard und Gradenwitz, Philologus 62, 95f. mit Nachtrag von Gerhard, Philologus 66, 477. Die Neapolitaner Fragmente bei Mommsen, große Dig.-Ausg. Bd. 1. Addit. I. Das Gromatikerfragment bei Lachmann, Gromatici veteres 1, 267f.

c) Für die Basiliken und die ihnen beigegebenen Scholien steht nur die unvollkommene Ausgabe von Heimbach (mit zwei Supplementen von Zachariae und Ferrini-Mercati) zur Verfügung.[1]) Bezüglich der übrigen byzantinischen juristischen Literatur muß hier auf die Quellenkunde verwiesen werden.[2])

d) Über die Vulgatlesarten werden wir selbst durch Mommsens größere Ausgabe nur ungenügend unterrichtet; sie gibt nur eine sehr sparsame Auswahl, so daß sich mit ihrer Hilfe mehrfach die wichtige Frage, wie S an einer bestimmten Stelle las (oben S. 14), nicht beantworten läßt.

Man lese als Beispiel D. (3, 2) 6, 5 in Mommsens großer Ausgabe.[3]) Hier lautet der Text: ʻverbis edicti notaturʼ. Das Schluß-i in ʻedictiʼ ist bei Mommsen kursiv gedruckt; das bedeutet, daß F anders liest[4]), F hat nämlich ʻedictoʼ. Der kritische Apparat notiert zunächst allgemein am unteren Textrande: FP (VLU), das bedeutet: für diese Seite der Ausgabe ist F und P vollständig, VLU unvollständig verglichen worden.[5]) Im Variantenapparat ist zu der Stelle nur notiert, daß F ʻedictoʼ liest. Aus diesen Angaben ergibt sich, daß P ʻedictiʼ liest[6]), denn da P zu unserer Stelle verglichen worden ist, so wäre eine etwa abweichende Lesart angegeben worden. Wie aber auch nur eine der übrigen Handschriften VLU liest, ist aus Mommsens Apparat nicht zu erkennen, es bleibt nichts übrig, als in den Handschriften selbst nachzusehen; die Einsicht in L ergab, daß auch L ʻedictiʼ liest.

Eine Ergänzung der Mommsenschen Ausgabe bietet in dieser Hinsicht die ältere Ausgabe von Gebauer-Spangenberg (Corpus iuris civilis Bd. I. Göttingen 1776.)[7])

B. Hilfsmittel, die eine durchgeführte Recensio bieten.

Hier kommt allein die große Ausgabe Mommsens und die kleine Ausgabe von Mommsen-Krüger in Betracht. Beide sind nebeneinander zu benutzen,

---

1) *Krüger*, Geschichte 407[5], *Mommsen*, Praefatio XXXXIIII, vor allem aber die oben S. 3 erwähnte Schrift von *Peters*.

2) *Krüger*, Geschichte 414, *Lenel* bei Holtzendorff-Kohler 1, 388, *Kipp*, Geschichte der Quellen des röm. Rechts 172.

3) Dazu *Schulz*, Festschrift f. Zitelmann S. 23.

4) *Mommsen*, Praef. LXXXXIIII.

5) *Mommsen*, Praef. LIII und LXXXXV.

6) Aus *Mommsens* Regel (Praef. LII): ʻIn Digesto vetere libris VLU ita usus sum, ut sicubi . . . discrepant F et . . . P . . . illorum lectio poneretur' möchte man freilich schließen, daß an unserer Stelle P wie F las, da die Lesart von VLU nicht angegeben ist; doch hat *Mommsen* tatsächlich diese Regel vielfach nicht befolgt; vgl. *Kantorowicz*, SZ. 31, 80[7].

7) Bezüglich ihrer Benutzung siehe *Kantorowicz*, SZ. 31, 82[11].

jedenfalls nie die große allein, da die kleine Ausgabe mannigfache Berichtigungen und Nachträge enthält.[1])

C. Hilfsmittel zur Emendation.

Hier sollen nur die Nachschlagewerke angeführt werden, die über bereits vorgeschlagene Emendationen orientieren.

Der unten[2]) noch zu erwähnende Interpolationenindex wird auch Nachweisungen über Emendationsvorschläge enthalten. Über die bologneser Konjekturen[3]) unterrichten die Vulgaten, namentlich die Ausgabe von Gebauer-Spangenberg. Die späteren Vorschläge findet man bei Schulting-Smallenburg, Notae ad Digesta (Bd. 1—7, 1 und 2) und bei Schimmelpfeng, Hommel Redivivus (Bd. 1 und 2, 1858), eine Auswahl in den Ausgaben von Gebauer-Spangenberg und von Mommsen und Krüger. Neuere Emendationsvorschläge sind vor allem gemacht worden von Huschke, Zur Pandektenkritik 1875 und SZ. 9, 331 ff., C. Fuchs, Krit. Studien zum Pandektentexte 1867, von Mommsen und Krüger in ihren Ausgaben, sowie von den Herausgebern der italienischen Digesta in ihrer Ausgabe, neustens von *Βάσης* (Ad Justiniani Digesta Adnotationes criticae) in der *Επιστημονικη Επητερις Γ* (1906/07) S. 100—112 und *E* (1908/09) S. 152—181.

Soweit diese Emendationsvorschläge vor der Periode der modernen interpolationenkritischen Forschung gemacht worden sind, kranken sie fast durchweg daran, daß nicht genügend erwogen ist, ob der mangelhafte Text sich nicht etwa aus Eingriffen der Kompilatoren erklärt, eine Emendation sich also verbietet (oben S. 15). Dieser Mangel haftet auch den Konjekturen Mommsens an; sie sind zum großen, vielleicht zum überwiegenden Teile als Emendationsvorschläge verfehlt; sie formulieren den Text, wie ihn die Kompilatoren hätten schreiben sollen, wie sie ihn geschrieben hätten, wenn sie ihre Arbeit umsichtig und sorgfältig erledigt hätten [4]), nicht aber, wie sie ihn wahrscheinlich wirklich geschrieben haben.) Nur dieses letztere festzustellen ist aber die Aufgabe der Emendatio.

Zweiter Abschnitt.

Die Ermittelung des klassischen Textes.

Stimmt der Text, den die Kompilatoren Justinians geschrieben haben, überein mit dem klassischen Urtexte? Die Beantwortung dieser Frage ist die zweite Aufgabe der Digestenkritik. Wir handeln im folgenden I. von den Quellen, aus denen die nachklassischen Veränderungen der klassischen Texte geflossen sind; II. von der

---

1) Die italienische Ausgabe ist in Fragen der Recensio vollkommen von den *Mommsen-Krüger*schen Ausgaben abhängig.   2) Unten S. 58.

3) Über ihren bedeutenden Wert *Kantorowicz*, SZ. 31, 80.

4) So auch *Gradenwitz*, SZ. 25, 24.

bei der Ermittlung des klassischen Textes zu befolgenden Methode; III. von den uns zu dieser Arbeit zur Verfügung stehenden wissenschaftlichen Hilfsmitteln.

I. Die Quellen der nachklassischen Veränderungen der Klassikertexte.

Vierfacher Art sind die Quellen, aus denen die nachklassischen Textänderungen geflossen sind: 1. Schreib- und Lesefehler; 2. nachklassische (vorjustinianische) Glossen; 3. justinianische Interpolationen; 4. vorjustinianische Interpolationen. Davon ist nun im einzelnen zu handeln.

1. Schreib- und Lesefehler.

Derartige Fehler sind in den justinianischen Digestentext gekommen sowohl durch die vorjustinianischen wie durch die justinianischen[1]) Abschreiber. Näher ist darüber hier nicht zu handeln, die Fehlertypen sind begreiflicherweise die gleichen, wie in der nichtjuristischen antiken Überlieferung.[2]) Eine besonders interessante und wichtige Kategorie bilden die falschen Auflösungen der Abkürzungen oder Siglen (notae iuris), die in den vorjustinianischen Rechtshandchriften überaus häufig verwandt wurden.[3])

Nur für diese letzte Kategorie mögen hier einige Beispiele folgen.

D. (1, 2) 1.

Gaius libro primo ad legem duodecim tabularum. Facturus legum vetustarum interpretationem necessario *prius* ab urbis initiis repetendum existimavi.

Zu repetendum fehlt ein Substantiv. Nun wissen wir, daß populus Romanus abgekürzt wurde P. R.[4]); der Text wird also gelautet haben: P. R. IUS (populi Romani ius), der Abschreiber aber erkannte das Sigle nicht.[5]) —

D. (22, 1) 14 pr.

Paulus libro quarto decimo responsorum.

Respondit *Paulus* moram in solvendo fideicommisso factam partus quoque ancillarum restituendos.

---

1) Insbesondere mag mitunter eine Interpolation der Kompilatoren einen Schreibfehler verursacht haben, weil der Text durch die Streichungen und Zusätze (zwischen den Zeilen und am Rande) der interpolierenden Kompilatoren für die Schreiber der Reinschrift der Digesten schwer lesbar geworden war. So *Scialoja* l. c. (oben S. 12[2]) S. 191 f. Seine Beispiele sind freilich nicht überzeugend.

2) Siehe dazu *C. Fuchs*, Krit. Studien zum Pandektentexte (1867) S. 6 ff., *Birt*, Kritik und Hermeneutik nebst Abriß des antiken Buchwesens (Iwan Müllers Handbuch der klass. Altertumswissenschaft 1, 3. 1913) S. 125 ff.

3) Dazu vor allem *P. Krüger*, Mélanges Girard 2, 35 ff., *Fuchs* 78, *Birt* 139, 379.

4) Siehe das Siglen-Verzeichnis des Probus bei *Seckel-Kübler* 1, 84 u. 91 sowie das Verzeichnis bei *Studemund* im Apographum der Gaius-Institutionen p. 288. Vgl. unten S. 58.

5) So *Mommsen* in seiner Ausgabe.

Der Text will offenbar sagen, daß der Erbe, der mit der Auszahlung eines Fideikommisses in Verzug gerät, die nach Eintritt des Verzuges geborenen Kinder der vermachten Sklavinnen mit herauszugeben hat. Dabei fehlt aber vor 'moram' ein 'post'; die übliche Formel lautet ferner 'Paulus respondit' oder einfach 'respondit', nicht aber 'respondit Paulus'. Beide Mängel werden behoben, wenn man annimmt, daß 'post' hinter 'respondit' abgekürzt P' geschrieben war[1]), das der Schreiber irrtümlich als Abkürzung für Paulus nahm.[2])[3])

2. Nachklassische Glossen (auch Glosseme genannt).[4])

Eine Anzahl der klassischen Juristenschriften [5]) haben zu den viel gelesenen Büchern des Altertums gehört; in nachklassischer Zeit wurden sie vor allem in den Rechtsschulen eifrig gelesen und interpretiert. Wie die nicht juristischen antiken Schulautoren, so erfahren auch die juristischen dabei eine weitgehende Glossierung: am Rande oder zwischen den Zeilen des Textes werden kürzere und längere Anmerkungen notiert. Derartige Glossen sind uns als solche in der Handschrift der Fragmenta Vaticana erhalten, vielfach sind sie aber — wie bei den nicht juristischen Klassikern — in den Text hineingeraten, hauptsächlich durch das Mißverständnis der Abschreiber, mitunter auch wohl absichtlich und unabsichtlich durch die justinianischen Kompilatoren. Der Charakter dieser Glossen ist ihrem Inhalt nach sehr verschieden, wir heben folgende Glossentypen hervor:

1. Erweiterung des Textes durch einzelne Worte.

Ganz wie die Bologneser Glossatoren haben auch die antiken den klassischen Text dadurch zu verdeutlichen gesucht, daß sie in der Glosse den Leser auffordern, sich bestimmte einzelne Worte hinzuzudenken; diese Glossen sind sehr zahlreich.

1) Vgl. das Verzeichnis *Studemunds* p. 285, *Mommsens* Siglen-Verzeichnis im Apographum der Fragmenta Vaticana (unten S. 58) p. 387.

2) In den Fragmenta Vaticana wird Paulus wiederholt P abgekürzt: *Mommsen* l. c. 386.

3) So *Krüger* in *Mommsens* großer Dig.-Ausg.

4) Vgl. zum Folgenden *Birt* 155 ff. Über die in den Text der lex Ursonensis eingedrungenen Glossen siehe *Gradenwitz*, Sitz.-Ber. der Heidelb. Akad., Phil.-Hist. Kl. 1915, Abhandlung 9, S. 7 ff. — Unterschätzung der Glossen bei *Ferrini*, Il Digesto (Milano 1893) S. 65.

5) Schwerlich alle, Bestimmtes läßt sich noch nicht sagen. Vielleicht hat *Rotondi* recht, wenn er meint (Di alcune riforme giustinianee relative al pactum de non petendo; Perugia 1913) S. 36: si deve essere poco propensi ad ammettere che i libri dell' appendix siano stati oggetto di larghe manipolazioni pregiustinianee. Richtig auch *Birt* 162 und *Berger*, L'indirizzo odierno degli studi di diritto romano (Estratto dalla Rivista critica di scienze sociali 1915) S. 24.

D. (33, 8) 22, 1.

Labeo libro secundo posteriorum a Javoleno epitomatorum. Dominus servum, qui cum eo vicarium communem habebat, testamento manumiserat et peculium ei legaverat, deinde ipsum vicarium, qui communis erat, nominatim et ipsi et libertae suae legaverat. respondi partem quartam libertae, reliquam partem *quartam* liberti futuram: quod et Trebatius.

'Ein Herr hat seinen Sklaven, der mit ihm gemeinsam einen Untersklaven hatte, testamentarisch freigelassen und ihm das peculium vermacht; hierauf hat er den gemeinsamen Untersklaven noch besonders diesem Freigelassenen und einer seiner freigelassenen Sklavinnen vermacht. Ich habe geantwortet, der vierte Teil des Untersklaven gebühre der Freigelassenen, der übrige vierte Teil dem früheren Obersklaven; so auch Trebatius.'

An dem vicarius steht freilich dem Herrn des Obersklaven das ganze Eigentum zu, die Hälfte davon gehört aber zum peculium des Obersklaven. Kraft des Legats des peculium erhält der frühere Obersklave also ½ des Eigentums am vicarius, kraft des Legats des vicarius ½ der Hälfte, die nicht zum peculium gehörte. Mithin erhält die Collegatarin allerdings von dem vicarius ¼, der Obersklave aber natürlich ¾, nicht, wie die falsche Glosse angibt[1]), ¼.

2. Die paraphrasierende Glosse.

Der Satz des Klassikers wird noch einmal mit andern, dem Glossator geläufigeren, Worten ausgesprochen.[2]) Mitunter dient die Paraphrase auch Übersetzungszwecken.

Vat. 121.

Papinianus libro quarto responsorum. Non ab eo culpa dissociandi matrimonii procedit, qui nuntium divortii misit, sed qui discidii necessitatem inducit.

'Nicht derjenige hat die Ehescheidung verschuldet, der den Boten mit der Scheidungserklärung schickte, sondern derjenige Ehegatte, der durch sein Verhalten den andern zur Scheidung nötigte.'

Am Rande der Handschrift steht die Glosse: Non ab eo culpam divorti procedere, qui repudium dedit, sed qui dandi necessitatem induxit. Die Paraphrase ersetzt die ungewöhnlichen Worte 'dissociare' (dissociare matrimonium kommt nach Vocab. Jur. Rom. 2, 279, Z. 3 nur an dieser Stelle vor) und 'discidium' (das Wort kommt nach Vocab. 2, 275, Z. 5 außer an unserer Stelle nur noch dreimal vor; das übliche Wort ist divortium) durch bekanntere Ausdrücke. —

In den Text geraten ist die Glosse in folgendem berühmten Fragment:

D. (8, 2) 33.

Paulus libro quinto epitomarum Alfeni digestorum. Eum debere columnam restituere, quae onus vicinarum aedium ferebat, cuius essent aedes quae servirent, non eum, qui imponere vellet. nam cum in lege aedium ita scriptum esset: 'paries oneri ferundo uti nunc est ita sit', satis aperte significari, in perpetuum parietem

---

1) Vgl. *Lenel*, Paling. 1, 305, *P. Krüger*, Dig.-Ausg.; zur Sache auch *Erman*, Servus vicarius (Recueil publié par la Faculté de l'Université de Lausanne à l'occasion de l'Exposition nationale suisse. Genève 1896) p. 427.

2) Vgl. *Birt* 159.

esse debere: non enim hoc his verbis dici, ut in perpetuum idem paries *aeternus* esset, quod ne fieri quidem posset, sed uti eiusdem modi paries in perpetuum esset qui onus sustineret: quemadmodum si quis alicui cavisset, *ut servitutem praeberet, qui onus suum sustineret,* 'si ea res quae servit *et tuum onus ferret* perisset, alia in locum eius dari' *debeat.*

'Derjenige muß die mit einer servitus oneris ferendi belastete Säule instandhalten, der der Eigentümer des dienenden Hauses ist, nicht der Servitutenberechtigte. Denn da in dem Bestellungsvertrage geschrieben war: die Wand soll für das Tragen der Last bleiben wie sie jetzt ist, so ist klar zum Ausdruck gebracht, daß eine Wand immer vorhanden sein muß. Nicht das wollen nämlich diese Worte sagen, daß dieselbe Wand in alle Ewigkeit da sein muß — das ist ja unmöglich —, sondern daß immer eine derartige Wand vorhanden ist, die die Last tragen kann; genau wie wenn jemand einem andern verspricht, im Falle des Untergangs der dienenden Sache eine neue an die Stelle zu setzen.' [1])

Die Worte 'ut servitutem — sustineret' sind in der Übersetzung weggelassen. Sie sind sinnlos, denn 'suum' bezieht sich auf 'quis', d. h. denjenigen, der die Kaution stellt, während doch natürlich der Kautionsempfänger der Servitutenberechtigte ist. Der Ausdruck 'servitus qui onus sustineret' ist unbehilflich, denn nicht die Servitut trägt die Last, sondern die Mauer, ganz abgesehen davon, daß für 'qui' 'quae' stehen müßte. Auffällig ist auch 'cavere' = 'versprechen' mit 'ut' statt mit Akk. c. Inf. konstruiert.[2]) Der kritische Satz wird eine Paraphrase sein[3]) zu dem vorhergehenden Satz 'uti eiusdem modi paries in perpetuum esset, qui onus sustineret'; die Hineinziehung dieses Satzes in den Text hat dann die Zusetzung des Wortes 'debeat' am Schlusse veranlaßt. — Die Stelle weist übrigens noch zwei weitere Glosseme auf: 1. das überflüssige und störende Wort 'aeternus', das schon Mommsen streichen wollte; 2. die Worte 'et tuum onus ferret'. Wäre 'tuum' echt, so müßte im Vorangehenden statt 'alicui' 'tibi' stehen; unerträglich ist ferret (statt fert) parallel mit servit. Beidemale handelt es sich um Texterweiterungen der oben unter 1 erwähnten Art. —

D. (11, 7) 42.

Florentinus libro septimo institutionum. Monumentum generaliter res est memoriae causa in posterum prodita: in qua si corpus vel reliquiae inferantur, fiet sepulchrum, si vero nihil eorum inferatur, erit *monumentum memoriae causa factum,* quod Graeci κενοτάφιον appellant.

'Ein Denkmal ist allgemein eine zum Andenken für die Nachwelt aufgestellte Sache; wird darin eine Leiche oder menschliche Überreste beigesetzt, so wird es ein Grabmal, ist das nicht der Fall, so ist es das, was die Griechen κενοτάφιον, ein leeres Grab, nennen.' Weggelassen sind in der Übersetzung die Worte 'monumentum — factum'; sie zerstören die ganze Auseinandersetzung, denn natürlich ist auch das Grabmal ein monumentum memoriae causa factum; wenn wenigstens dastünde: so wird es bloß ein Denkmal sein! Die Worte wollen offenbar den griechischen Terminus übersetzen.[4]) Eine ähnliche übersetzende Glosse findet sich

---

1) Zur Sache *Windscheid* 1, § 211 a N. 3, *Dernburg* 1, 417, *Rabel,* Grundzüge 448³.
2) *Kalb,* Wegweiser in die röm. Rechtssprache (1912) S. 82.
3) So *Lenel,* Paling. 1, 51.   4) Vgl. *Lenel,* Paling. 1, 173.

D. (21, 1) 1, 7.

ego puto aediles tollendae dubitationis gratia bis κατὰ τοῦ αὐτοῦ *idem dixisse, ne qua dubitatio superesset.*

Das Aedilenedikt gebietet dem Verkäufer anzugeben, quid morbi vitiique der zu verkaufende Sklave habe (D. 21, 1, 1, 1); Ulpian erklärt das für eine tautologische Ausdrucksweise. Merkwürdig nur, daß in dem Satze alles doppelt gesagt ist: 'κατὰ τοῦ αὐτοῦ' = 'idem', 'tollendae dubitationis gratia' = 'ne qua dubitatio superesset'. Es handelt sich offenbar auch hier um zwei paraphrasierende Glossen. — Zahlreiche der mit 'id est', 'hoc est' eingeleiteten Sätze unserer Texte dürften auf derartige Glossen zurückgehen.[1])

3. Die begründende Glosse.

Der Glossator glaubt, der klassische Text bedürfe einer Rechtfertigung, und er versucht diese zu geben; dabei treten freilich die gröbsten Mißverständnisse zutage.

Coll. (12, 7) 8.

Ulpianus libro decimo octavo ad edictum. Item libro sexto ex Vibiano relatum est: si furnum secundum parietem communem haberes, an damni iniuria teneris? et ait Proculus agi non posse Aquilia lege, quia nec cum eo qui focum haberet: et ideo aequius putat in factum actionem dandam. *sed non proponit exustum parietem! sane enim quaeri potest, si nondum mihi damnum dederis et ita ignem habeas, ut metuam ne mihi des, an aequum sit me interim actionem, id est in factum impetrare. fortassis enim de hoc senserit Proculus. nisi quis dixerit damni non facti sufficere cautionem.*

'Aus Vivianus wird berichtet: Wenn du an einer gemeinsamen Wand einen Backofen hast, haftest du dann wegen Sachbeschädigung? Proculus sagt, aus der 'Lex Aquilia könne nicht geklagt werden, ebensowenig wie gegen den, der einen Herd hat; er hält es daher für billig, daß eine actio in factum gegeben werde. Er sagt ja aber in seinem Tatbestand gar nicht, daß die Wand verbrannt sei! Freilich kann man fragen, ob es nicht billig sei, auch wenn du mir noch keinen Schaden zugefügt hast, ich aber den Feuerschaden fürchten muß, mir in der Zwischenzeit eine Klage, nämlich eine actio in factum, zu gewähren. Vielleicht meinte das auch Proculus. Freilich könnte man einwenden, daß für diese Zwischenzeit ja die cautio damni infecti ausreiche.'

Proculus versagte, wie auch andere Juristen, in dem erwähnten Fall die direkte aquilische Klage, weil die Schadenszufügung nur mittelbar geschieht, kein damnum corpore corpori datum vorliegt.[2]) Was nun folgt, kann unmöglich echt sein.[3]) Dem Schreiber fällt auf, daß Proculus im Tatbestand nicht erwähnt, daß ein Brand wirklich stattgefunden hat und doch eine actio in factum gibt. Er begründet das damit: Proculus meine gar nicht die Klage wegen Sachbeschädigung, sondern gewähre eine Klage wegen drohender Sachbeschädigung. Diese Ausführung ist geradezu kindisch. Wenn Proculus bei der Erörterung des Gesetzes über die Sachbeschädigung auf Grund des angegebenen Tatbestandes eine actio in factum

---

1) Siehe dazu *Eisele*, SZ. 11, 4 ff.

2) *Pernice*, Zur Lehre von den Sachbeschädigungen S. 153.

3) So auch *Beseler* 3, 83.

gewährte, so durfte er allerdings glauben, daß der Leser den Eintritt des Schadens als selbstverständlich gegeben annehmen werde. Die Idee, er habe wirklich die Klage ohne Vorliegen eines Schadens geben wollen, konnte einem klassischen Leser nicht in den Sinn kommen: die Sachbeschädigungsklage setzt natürlich Sachbeschädigung voraus; worauf sollte denn vor Eintritt des Schadens die Klage gehen? Natürlich ist für diese Situation die cautio damni infecti das gegebene Rechtsmittel. — Die Glosse stand übrigens auch in dem Ulpianexemplar, das die Kompilatoren benutzten, denn D. (9, 2) 27, 10 finden wir die Stelle ähnlich, wie wir sie in der Collatio lesen. —

D. (46, 4) 8 pr.

Ulpianus libro quadragensimo octavo ad Sabinum. An inutilis acceptilatio utile habeat pactum, quaeritur: et nisi in hoc quoque *contra* ⟨con⟩sensum est, ⟨non⟩ habet pactum. *dicet aliquis: potest ergo non esse consensus? cur non possit? fingamus eum, qui accepto ferebat, scientem prudentemque nullius esse momenti acceptilationem sic accepto tulisse: quis dubitat non esse pactum, cum consensum paciscendi non habuerit?*[1])

Ulpian wirft hier die Frage auf, ob die nichtige Acceptilatio mittelst Konversion wenigstens als gültiges pactum de non petendo aufrechterhalten werden könne[2]), und beantwortet sie bejahend wie Paulus D. (2, 14) 27, 9. Gleich der erste Satz ist freilich nicht in Ordnung; das 'quoque' ist widersinnig: danach müßte man ja, wenn die Acceptilatio wegen Formmangels nichtig wäre (und gerade diesen Nichtigkeitsgrund hatte Ulpian im Sinne[3]), den auf die Acceptilatio bezüglichen Konsens leugnen, wovon doch gar keine Rede sein kann. Den mitgeteilten Text weist F in Übereinstimmung mit den Basiliken auf; sämtliche von Mommsen benutzten Vulgaten lesen dagegen: 'nisi in hoc quoque consensum est non habet pactum'; man wird also annehmen dürfen[4]), daß auch S diese Lesart aufwies. Selbst wenn wir aber nach unsern früheren Grundsätzen[5]) annehmen wollen, daß S diese Lesart aus dem Digestenauszug geschöpft hat, so werden wir doch die florentinische Lesart für die echte erklären müssen. Hätte der Vulgattext im justinianischen Urexemplar gestanden, so müßte der Text von F und der Basiliken durch ein Abschreiberversehen entstanden sein, das aber ist (da wir mit falschen Auflösungen von Abkürzungen, etwa der Vertauschung der Siglen für 'con' und 'contra' nach dem Obigen[6]) nicht rechnen dürfen) recht wenig wahrscheinlich. Viel wahrscheinlicher ist es, daß F den echten Text gibt, und der Vulgattext auf Konjekturalkritik (des Verfassers von S, des Verfassers des Digestenauszugs oder eines noch früheren Textkritikers) beruht. Wie aber auch immer der justinianische Text gelautet haben mag, sicher ist, daß Ulpian so, wie F überliefert, nicht geschrieben hat, der klassische Text wird so, wie er in den Vulgaten steht, gelautet haben. Man vergleiche

------

1) Zu dieser Stelle *Henle,* Vorstellungs- und Willenstheorie (1910) S. 416, *Beseler* 2, 90, *Pernice,* Labeo 1, 404 ff. 406.

2) BGB. 140.

3) Wie D. (45, 1) 1, 2 zeigt, das mit unserem Fragment wohl in engster Beziehung stand; vgl. *Lenel,* Paling. 2, 1186.

4) Nach unserer Regel oben S. 14.

5) Oben S. 13.   6) Oben S. 3.

D. (13, 5) 1, 4.

Ulpianus libro vicensimo septimo ad edictum. Eum, qui inutiliter stipulatus est, cum stipulari voluerit, non constitui sibi, dicendum est de constituta experiri non posse, quoniam non animo constituentis, sed promittentis factum sit.

Das constitutum debiti ist eine formlose Abrede, trotzdem leugnet Ulpian die Konversion einer nichtigen Stipulation in ein gültiges Konstitut. Entsprechend wird Ulpian auch die Konversion der nichtigen Acceptilatio in ein gültiges pactum de non petendo im Zweifel abgelehnt und sie nur dann für zulässig erklärt haben, wenn der Parteiwille ausdrücklich darauf gerichtet war, daß der Erlaß auch in der Form des pactum de non petendo Geltung haben solle. Die Kompilatoren wollten umgekehrt die Konversion im Zweifel zulassen und haben durch ihr ungeschicktes Eingreifen den verwirrten Text, wie ihn F gibt, verursacht. Das Wichtigste für unsere augenblickliche Betrachtung ist aber das, was nun im Fr. 8 folgt. Die Einschränkung, die der nisi-Satz enthält, soll begründet werden; daß aber diese Begründung nicht Ulpian angehört, liegt auf der Hand. Schon der aufgeregte Stil sticht merklich von der stillen Art der Klassiker ab; vor allem verkündet sachlich dieser Satz nichts Geringeres als — die Wirksamkeit der Mentalreservation![1]) Wie die Begründung im Sinne Ulpians zu lauten hätte, zeigt unzweideutig die eben erwähnte Stelle aus dem Konstituts-Titel.

4. Einschränkende und ausdehnende Glossen.

Dem Glossator erscheint die klassische Entscheidung ungenau, bald zu weit, bald zu eng.

D. (21, 2) 55.

Ulpianus libro secundo ad edictum aedilium curulium. Si ideo contra emptorem iudicatum est, quod defuit, non committitur stipulatio: magis enim propter absentiam victus videtur, quam quod malam causam habuit. *quid ergo, si ille quidem contra quem iudicatum est ad iudicium non adfuit, alius autem adfuit et causam egit? quid dicemus? ut puta acceptum quidem cum pupillo tutore auctore fuit iudicium, sed absente pupillo tutor causam egit et iudicatum est contra tutorem: quare non dicemus committi stipulationem? etenim actam esse causam palam est, et satis est ab eo cui ius agendi fuit causam esse actam.[2])*

Die Eviktionsstipulation verfällt, wenn dem Käufer die Kaufsache oder ihr Wert gerichtlich abgestritten und entzogen wird.[3]) Doch darf die Verurteilung des Käufers nicht auf seinem Verschulden beruhen, Verurteilung im Versäumnisverfahren würde daher den Verfall der Stipulation nicht herbeiführen.[4]) Was nun im Texte von den Worten 'quid ergo' an folgt, will das Vorhergehende einschränken; die ganze Erörterung ist aber sicher nicht ulpianisch; wegen ihrer Breite und Inhaltslosigkeit ist sie eher einem Glossenschreiber als den justinianischen Kompilatoren zur Last zu legen. Der aufgeregte Stil erinnert an die soeben (S. 23) besprochene Stelle; man sehe ferner 'quare non dicemus' statt 'dicamus' oder 'dicimus'. Auch der Gedankengang ist wirr. Am Anfang wird die Frage

---

1) Vgl. BGB. 116.
2) Siehe zu der Stelle *Rosenberg*, Stellvertretung im Prozeß (1908) S. 378.
3) *Rabel*, Haftung des Verkäufers wegen Mangels im Rechte 1, 73.
4) *Rabel* 75.

aufgeworfen: wie, wenn der nicht anwesend war, gegen den das Urteil ergeht? In dem beigebrachten Beispiel ergeht aber das Urteil, wenn man. wirklich liest, was dasteht, gegen den anwesenden tutor; also ist es gar kein Beispiel für den Fall, daß der abwesend war, auf den das Urteil gestellt war. Man muß die Worte 'iudicatum est contra tutorem' untechnisch verstehen: 'es wurde der Mündel gegen die Ausführungen des tutor verurteilt'; mit denselben Worten, 'iudicare contra aliquem', so kurz hintereinander eine völlig verschiedene Bedeutung zu verbinden, ist aber eine höchst unklassische Art zu reden. Sachlich betrachtet ist das mit so großer Emphase Vorgetragene doch gar zu selbstverständlich; natürlich ist Vertretung in iudicio zulässig, und wenn der Vertreter anwesend ist, ergeht kein Versäumnisurteil, sondern ein kontradiktorisches Urteil.[1] —

D. (34, 1) 14, 3.

Ulpianus libro secundo fideicommissorum. Quidam libertis suis ut alimenta ita aquam quoque per fideicommissum reliquerat: consulebar de fideicommisso. *cum* in ea regione Africae *vel forte Aegypti* res agi proponebatur, ubi aqua venalis est, dicebam igitur esse emolumentum fideicommissi.

Ulpian berichtet einen praktischen, wirklich vorgekommenen Fall, in dem ein Erblasser seinen Freigelassenen Wasser fideikommissarisch vermacht hatte. Natürlich kann sich dieser individuelle Fall nur an einem Orte zugetragen haben, der Glossator aber wollte anmerken, daß es auch in Ägypten Orte gebe, wo das Wasser Kaufgegenstand sei.[2] — Unecht ist — was hier nicht weiter von Interesse ist — das 'cum'; denn entweder müssen wir 'cum' oder 'igitur' streichen[3]); da nun das cum causale mit dem Indikativ steht, so werden wir uns lieber zu seiner Streichung entschließen.[4] —

D. (32) 55, 5.

Ulpianus libro vicensimo quinto ad Sabinum. Lignorum appellatione in quibusdam regionibus, ut in Aegypto, ubi harundine pro ligno utuntur, et harundines *et papyrum comburitur et herbulae quaedam vel spinae vel vepres* continebuntur. *quid mirum?* cum ξύλον hoc et naves ξυληγὰς appellant, quae haec ἀπὸ τῶν ἑλῶν deducunt.

Der Vordersatz: 'Unter den Begriff Holz fällt in gewissen Gegenden, wie in Ägypten, wo man Schilfrohr als Holz braucht', fordert unweigerlich den Nachsatz: 'auch das Schilfrohr'. Die Erweiterungen sind eine eingedrungene Glosse, schon das 'comburitur' fällt völlig aus der Konstruktion. Der Glossator hatte am Rande bemerkt: 'Auch Papyrus brennt man, sowie gewisse Kräuter und Dornsträucher'.[5]) Auch der Schlußsatz ist eine Glosse[6]): abgesehen davon, daß cum causale c. Indicat. steht, ist der sinnlose Wechsel von 'hoc' und 'haec' unschön, beide Worte sollen sich auf harundines beziehen, das aber femin. gen. ist!

5. Casus-Glossen.

Erörtert der Klassiker sein Thema abstrakt, ohne einen Fall zu geben, so entsteht in der nachklassischen Rechtsschule wie bei den bologneser Glossatoren der Wunsch, selbst einen Casus zu bilden.

---

1) Ein anderes Beispiel einer einschränkenden Glosse bietet *Gaius* 3, 138; siehe dazu *Riccobono*, SZ. 35, 298. 2) So *Eisele*, SZ. 13, 141.

3) So *Mommsen* zu der Stelle. 4) *Beseler* 3, 63.

5) So *Lenel*, Paling. 2, 1107. 6) *Beseler* 2, 87.

D. (43, 24) 7, 3.

Ulpianus libro septuagensimo primo ad edictum. Bellissime apud Julianum quaeritur, an haec exceptio noceat in hoc interdicto 'quod non tu vi aut clam feceris'. *ut puta: utor adversus te interdicto quod vi aut clam, an possis obicere mihi eandem exceptionem quod non tu vi aut clam fecisti?* Et ait Julianus aequissimum esse hanc exceptionem dare: nam si tu, inquit, aedificaveris vi aut clam, ego idem demolitus fuero vi aut clam et utaris adversus me interdicto, hanc exceptionem profuturam.[1])

Der Fall, den die kursiv gedruckten Worte bringen, ist doppelt überflüssig, weil ja im klassischen Text unmittelbar wirklich ein 'Fall' folgt; hätte Julian den kritischen Satz geschrieben, so hätte er schwerlich in dem folgenden Fall so unmotiviert und verwirrend die Parteibezeichnungen geändert: im ersten Fall ist 'Tu' der Exzeptionsberechtigte, im zweiten Fall 'Ego'.[2]) —

D. (21, 1) 31, 16.

Ulpianus libro primo ad edictum aedilium curulium. Si quis egerit quanto minoris propter servi fugam, deinde agat propter morbum, quanti fieri condemnatio debeat? et quidem saepius agi posse quanto minoris dubium non est, sed ait Julianus id agendum esse, ne lucrum emptor faciat et bis eiusdem rei aestimationem consequatur.

D. (21, 2) 32, 1.

Ulpianus libro quadragesimo sexto ad Sabinum. Ergo et illud procedit, quod Julianus libro quinto decimo digestorum scribit: egit, inquit, quanti minoris propter fugam servi, deinde agit propter morbum: id agendum est, inquit, ne lucrum faciat emptor et bis eiusdem vitii aestimationem consequatur. *Fingamus emptum decem, minoris autem empturum fuisse duobus, si tantum fugitivum esse scisset emptor: haec consecutum propter fugam: mox comperisse, quod non esset sanus: similiter duobus minoris empturum fuisse, si de morbo non ignorasset: rursus consequi debebit duo: nam et si de utroque simul egisset, quattuor esset consecuturus, quia eum forte, qui neque sanus et fugitivus esset, sex tantum esset empturus.*[3])

Die Julianentscheidung geht nach beiden Berichten dahin: der Käufer kann mehrere Male mit der Minderungsklage vorgehen, natürlich nicht mehrmals wegen desselben Mangels. Dazu ist nun in Fr. 32 ein 'Fall' gegeben, den sicherlich Ulpian nicht geschrieben hat. Schon die naive Freude an der elementaren Arithmetik — daß $2 + 2 = 4$ und daß $10 - 4 = 6$ ist — ist einem Klassiker nicht zuzutrauen. Vor allem weist die Erörterung eine Reihe formaler Mängel auf: 1. den schroffen Subjektwechsel 'fingamus emptum (scil. servum!) ... empturum (scil. emptorem!)'; 2. 'consequi debebit' statt 'consequetur' oder 'consequi potest'; 3. 'comperisse quod' statt c. Acc. c. Inf.; 4. 'quia — empturus' ist ganz überflüssig, da sich das hier Gesagte schon aus dem Vorhergehenden ergibt; besonders überflüssig, ja irreführend, ist darin 'forte'. —

D. (3, 2) 4, 2.

Ulpianus libro sexto ad edictum. Ait praetor: 'qui lenocinium fecerit'. lenocinium facit, qui quaestuaria mancipia habuerit: sed et qui in liberis hunc quaestum exercet,

---

1) Zur Sache *Dernburg* 1, 413[23]. 2) *Lenel*, Paling. 1. 446
3) Dazu *Beseler* 3, 158.

in eadem causa est. sive autem principaliter hoc negotium gerat sive alterius negotiationis occasione utatur (*ut puta si caupo fuit vel stabularius et mancipia talia
habuit ministrantia et occasione ministerii quaestum facientia: sive balneator
fuerit, velut in quibusdam provinciis fit, in balineis ad custodienda vestimenta conducta habens mancipia hoc genus observantia in officina*) lenocinii poena tenebitur.[1]

Der Praetor erklärt den Kuppler für infam. Kuppler ist, definiert Ulpian, wer freie
oder unfreie käufliche Dirnen hält; gleichgültig ist es, ob das sein Hauptgeschäft
oder Nebengeschäft ist. Für die Kuppelei im Nebengeschäft werden nun zwei Fälle
gebracht: der Gastwirt und der Badewirt, deren Personal zugleich Prostitutionszwecken dient. Sachlich sind die Fälle in Ordnung, sprachlich aber so dargestellt
daß man sie Ulpian nicht zutrauen kann: 1. Sehr häßlich sind die vielen Partizipia;
2. 'si caupo fuit … sive balneator fuerit': der Moduswechsel ist unmotiviert und
häßlich; 3. statt 'velut' müßte 'sicut' stehen; der ganze Satz 'velut — fit' steht an der
falschen Stelle, er sollte hinter 'officina' stehen; 4. der ungeschickt-verschämte
Ausdruck 'hoc genus observantia' = die Prostitution ausübend. —

6. Der Randindex.

Die Handschrift wird übersichtlich gemacht durch kurze Randnotizen, die
über den Inhalt der Erörterung des Textes orientieren. Das kann geschehen
einfach durch Angabe der Materie, die der Text behandelt (De immodicis donationibus[2]), De donationibus sub emptionis titulo factis[3]), aber auch in etwas
ausführlicherer Art.

Vat. 282.

Diocletianus et Maximianus Calpurniae Aristaenetae. Quoniam non contenta rescripto, quod ad primas preces acceperas, iterato supplicare voluisti, ex iure rescriptum reportabis. communes res in solidum donari nequeunt, sed portiones eorum
qui donant ad eos qui dono accipiunt transitum faciunt. nec ambigi oportet
donationes etiam inter absentes, si ex voluntate donantium possessionem ii quibus
donatum est nanciscantur, validas esse.

'Da du, nicht zufrieden mit dem Reskript, das du auf deine erste Bitte hin
erhalten hattest, aufs neue dich an uns gewandt hast, so sollst du von Rechts wegen
folgendes Reskript erhalten. Sachen, die im Miteigentum stehen, können (von einem
einzelnen Gemeinschafter) nicht in solidum verschenkt werden; die ideellen Anteile
der Schenker gehen freilich auf die Beschenkten über. Es kann nicht bezweifelt
werden, daß auch Schenkungen unter Abwesenden gültig sind, wenn nämlich die
Beschenkten mit Willen der Schenker den Besitz der Sache erlangen'.

Das Reskript geht noch ein Stück weiter. Am Rande unserer Handschrift steht
folgende Glosse zu dem wiedergegebenen Text: 'Communes res in solidum donari non
posse. donationes etiam inter absentes posse fieri et validas esse, si ex voluntate
donantium hi quibus donatum est nanciscuntur possessionem rerum donatarum.'
Diese Glosse paraphrasiert nicht, sie zieht auch nicht eine längere Erörterung kurz
zusammen (über letztere unten S. 30); sie kann nur den Zweck haben, die Handschrift
zum Nachschlagen übersichtlicher zu machen. —

---

1) Dazu *Eisele*, SZ. 11, 13. 2) Vat. 271.
3) Vat. 273.

Vat. 269.

Ulpianus libro XXXXVI. ad Sabinum. *Ut quod utendum mater filiae dedit, non videatur donatum, et, si donatum sit, non valeat, in potestate filia constituta patris; aliud esse, si dotem dedit.* Ulpianus: constat quod utendum filiae datum est, non esse donatum; *sed et si donator esset, aeque donatio non valeret in filiam conlata, quae in patris erat potestate.* plane si in dotem mater filiae dedisset, valet quod factum est; *potest enim donare filiae, cum res mariti fiant, quamvis quandoque filia vel sola, si iuris sui fuerit, vel voluntate filiae pater habeat rei uxoriae actionem.* merito igitur Sabinus ait, si inscia uxore vel invita maritus[1]) in dotem dedit, rem mariti[2]) non esse factam et ideo vindicari ab herede mulieris posse; quod si sciente ea hoc factum sit, consequens erit dicere in dotem conversum esse id quod datum est.

Dazu steht am Rande die Glosse: 'Mater filio in patria potestate posito donando nihil agit'.

D. (23, 3) 34.

Ulpianus libro XXXIII. ad Sabinum. Mater cum filiae aurum dedisset utendum, pater puellae id aurum in dotem viro adpendit; dein mortua est mater. si inscia invitave uxore vir id aurum in dotem dedisset, manet id aurum heredis matris vindicarique potest et eo minorem dotem viro datam esse placuit. *quia res evicta est, marito competit adversus socerum actio.*[3])

Auf den ersten Blick glaubt man, daß am Anfang der Vat.-Stelle der Sabinustext steht, den die Note Ulpians kommentiert. Genaueres Zusehen zeigt, daß das nicht der Fall ist: formell ist der Eingang kein Satz, sondern ein Satzfragment; sachlich bringt er nicht das, was nach der Note Ulpians (verb. merito igitur Sabinus ait) in dem Text des Sabinus gestanden haben muß. Der Sabinustext steht vielmehr in der Digestenstelle. Freilich stimmen die Buchzahlen in den beiden Inskriptionen nicht überein, aber das Zitat in Vat. muß falsch sein, da die Erörterung ins 46. Sabinusbuch gar nicht paßt; der Schreiber wird III als UI (= VI) verlesen haben, daß bei Ziffern mit mehreren Zehnerzeichen eine X zuviel geschrieben wird, ist nichts Auffälliges. Im 33. Buche ad Sabinum besprach Ulpian die oratio des Severus und Caracalla,[4]) wonach die an sich nichtige Schenkung unter Ehegatten konvalesziert, wenn der Schenker, ohne widerrufen zu haben, vor dem Beschenkten in der Ehe verstirbt.[5]) Dazu passen nun auch unsere Stellen.[6]) Sabinus sagte (Fr. 34): Eine Mutter hat der Tochter einen goldenen Gegenstand zur Leihe gegeben, der Vater hat dieses Gold dem Tochtermann zur Mitgift gegeben, hierauf ist die Mutter gestorben. Wenn der Vater ohne Wissen und Willen der Mutter das Gold zur dos gegeben hat, so ist der Erbe der Mutter Eigentümer des Goldes geblieben und kann es daher von dem Tochtermann vindizieren. Ulpian erläutert diesen Satz dahin: 1. Wenn die Mutter der Tochter das Gold nur zur Leihe gegeben hat, so hat sie nicht

---

1) Der Mann der Mutter.

2) Der Tochtermann. Es ist freilich auffällig, daß man dasselbe Wort so kurz hintereinander in verschiedener Bedeutung verstehen muß, aber in der nachstehenden Digestenstelle wird das Wort 'vir' entsprechend nachlässig verwandt.

3) Zu diesen Stellen *Lenel*, Paling. 2, 1174, *Czyhlarz*, Röm. Dotalrecht 181.

4) Siehe *Lenel*, Paling. 2, 1144.   5) *Dernburg* 2, 879.

6) Es ist meines Erachtens ein Irrtum, wenn *Lenel* glaubt, sie paßten nicht hinein.

geschenkt. Das scheint selbstverständlich, aber Ulpian will damit sagen: wäre es
geschenkt, dann könnte von einem Anspruch des Erben der Mutter keine Rede sein;
die Schenkung liefe freilich — da die Tochter in der Gewalt des Vaters steht, der
zugleich der Ehemann der Mutter ist — auf eine verbotene Schenkung unter Ehegatten hinaus, aber die Nichtigkeit dieser Schenkung wäre ja nach der erwähnten
oratio durch den laut Tatbestand gegebenen Tod der Mutter konvalesziert. Sicher
unecht ist daher der folgende Satz 'sed — potestate', für den die genannte oratio
nicht zu existieren scheint; stilistisch fällt 'aeque' auf: im vorhergehenden Fall ist
gar nicht von einer gleichfalls nichtigen Schenkung die Rede, sondern eine
Schenkung überhaupt nicht vorhanden. 2. Ulpian fährt fort: Das Gold ist nicht
geschenkt, und da der Mann nicht das Eigentum der Mutter vernichten kann, so
hätte der Erbe der Mutter die Vindikation. Wenn freilich die Mutter der Tochter
das Gold gegeben hatte, damit es dem Tochtermann als Mitgift gegeben werde, dann
ist das dotale Übereignungsgeschäft des Vaters an den Tochtermann gültig, denn dann
geschieht die Übereignung zwar durch den Nichteigentümer, aber mit Willen der
Eigentümerin, nämlich der Mutter. Dieses einfache Raisonnement wird freilich
durch den Satz 'potest enim — actionem' gestört, der genau so töricht ist, wie der
vorhergehende Zusatz; er besagt: die Mutter kann der Tochter im Wege der dos-
Bestellung schenken, denn da wird ja (nicht der eigene Ehemann, sondern) der
Tochtermann Eigentümer, wenn auch freilich der (eigene Ehemann und) Vater der
Tochter unter Umständen bei Auflösung der Ehe die dos zurückfordern kann.[1])
Der Gedanke des Schreibers dieses Satzes ist wiederum: 'In der dos-Bestellung liegt
keine verbotene Schenkung unter Ehegatten, läge eine solche vor, dann wäre der
Erbe der Mutter vindikationsberechtigt.' Grundfalsch! Läge Schenkung unter Ehe-
gatten vor, so wäre sie konvalesziert, und der Erbe der Mutter hätte unter keinen Umständen die Vindikation. Stilistisch fällt in dem Satz die unbeholfene Gegenüberstellung auf: filia,
> vel sola, si iuris sui fuerit
> vel voluntate filiae pater.

Korrekt müßte es heißen: filia

> vel sola, si sui iuris fuerit
> vel una cum patre, si in potestate fuerit.

Die Erwähnung der Rückforderungsklage der gewaltfreien Tochter paßt in den
quamvis-Satz gar nicht hinein[2]); hinter 'potest enim' wünschte man ein 'sic' oder
'eo modo'.

Vat. 269 erweist sich also als ein stark überarbeitetes Stück.[3]) Es enthält drei Glossen: 1. eine berichtigende 'sed — potestate'; 2. eine begründende 'potest — actionem';
3. einen Randindex: der Eingang bis 'dotem dedit', dieser hat den echten Sabinustext
verdrängt. Der Randindex ist natürlich erst geschrieben worden, nachdem die bei-

---

1) Vgl. Ulpian, Reg. 6, 6, 6: Divortio facto si quidem sui iuris sit mulier, ipsa
habet rei uxoriae actionem, id est dotis repetitionem; quod si in potestate patris
sit, pater adiuncta filiae persona habet actionem rei uxoriae. Vat. 119: . . . in patre
servabitur qui consentiente filia repetit.

2) Das hat zu verschiedenen Konjekturen Anlaß gegeben, worüber *Mommsen*
in seiner Ausgabe der Fragm. Vat.

3) Schon *Czyhlarz* sprach von einer 'auf Rechnung des Kompilators gehenden
zerfahrenen Darstellung'.

den anderen Glossen bereits in den Text eingedrungen waren. Nachdem dieser Randindex auch in den Text geraten war, wurde ein neuer Randindex nötig: die Glosse, die noch in unserer Vat.-Handschrift am Rande steht.

Nur der Vollständigkeit wegen mag kurz darauf hingewiesen werden, daß in der Digestenstelle der Schlußsatz interpoliert ist. Das 'quia' ist ganz unverständlich, es müßte 'si' dafür stehen; sachlich betrachtet ist es durchaus nicht richtig, daß der Ehemann stets bei Eviktion der Dotalsachen einen Anspruch gegen den Besteller der dos hat.[1]) —

D. (28, 2) 14, 2.

Africanus libro quarto quaestionum. Si quis ita scripserit: 'ille quem scio ex me natum non esse exheres esto', hanc exheredationem ita nullius momenti esse ait, si probetur ex eo natus: non enim videri quasi filium exheredatum esse. *cum elogium pater, cum filium exheredaret, proposuisset et adiecisset propter eam causam exheredare probaturque patrem circa causam exheredationis errasse.*

'Wenn jemand im Testament folgendes geschrieben hat: 'X, von dem ich weiß, daß er nicht mein Sohn ist, soll enterbt sein', so ist diese Enterbung, wie Julian sagt, nichtig, wenn bewiesen wird, daß X der Sohn des Erblassers ist. Wenn der Vater einen Zusatz zugeschrieben hat und den Grund der Enterbung zugefügt hat, und bewiesen wird, daß der Vater betreffs des Enterbungsgrundes geirrt habe.'

Zur gültigen Enterbung eines Sohnes ist erforderlich, daß er nominatim als filius enterbt wird: filius meus X exheres esto! Eben darum ist im obigen Fall die Enterbung nichtig, denn der Sohn X ist zwar enterbt, aber nicht als Sohn, die Form ist also nicht gewahrt. Der nun folgende Schlußsatz der Stelle ist formell und sachlich sonderbar. Wie in der oben (S. 28) besprochenen Vat.-Stelle ist es nur ein Satzfragment; denn offensichtlich fehlt der Nachsatz; man kann auch nicht mit Mommsen vor 'elogium' ein 'idem est' einschalten, dadurch würde der Text nur sehr. äußerlich geheilt. Der Schlußsatz bringt ja keinen neuen Fall (den man freilich mit 'idem est' anknüpfen könnte), sondern verallgemeinert die vorangegangene Entscheidung. Diese Verallgemeinerung ist auch sachlich sehr bedenklich: danach wäre die Exheredation auch nichtig, wenn als Enterbungsgrund etwa liederlicher Lebenswandel des Sohnes angegeben war, und der Sohn den Irrtum des Vaters erweisen kann. Für eine so weit gehende Norm fehlt es uns aber an Belegen: den Klassikern ist das Prinzip des § 2078 BGB., wonach jeder Irrtum im Beweggrunde zur Anfechtung berechtigt, durchaus nicht geläufig.[2]) Bezeichnenderweise gründet auch African-Julian seine Entscheidung nicht auf den Irrtum des Erblassers, sondern auf den Mangel der Form. Man wird nicht fehlgehen, wenn man auch dieses anstößige Satzfragment als Randindex erklärt.[3])

7. Resumierende Glossen.[4])

Der Glossator zieht eine längere klassische Erörterung kurz zusammen, formuliert insbesondere aus einer kasuistischen Darstellung die abstrakte Regel.

---

1) *Rabel*, Haftung des Verkäufers 1, 116.

2) *Pernice*, Labeo 3, 1 S. 72f.

3) So *Beseler* 3, 50.   4) Dazu *Birt* 157.

D. (22, 2) 6.

Paulus libro vicesimo quinto quaestionum. Faenerator pecuniam usuris maritimis mutuam dando quasdam merces in nave pignori accepit, ex quibus si non potuisset totum debitum exsolvi, aliarum mercium aliis navibus impositarum propriisque faeneratoribus obligatarum si quid superfuisset, pignori accepit. quaesitum est *nave propria perempta, ex qua totum solvi potuit, an id damnum ad creditorem pertineat,* intra praestitutos dies amissa nave, an ad ceterarum navium superfluum admitti possit. respondi: alias quidem pignoris deminutio ad damnum debitoris, non etiam ad creditoris pertinet: sed cum traiecticia pecunia ita datur, ut non alias petitio eius creditori competat, quam si salva navis intra statuta tempora pervenerit, ipsius crediti obligatio non existente condicione defecisse videtur, et ideo pignorum quoque persecutio perempta est etiam eorum, quae non sunt amissa. *si navis intra praestitutos dies perisset, et condicionem stipulationis defecisse videri ideoque sine causa de pignorum persecutione, quae in aliis navibus fuerunt, quaeri. quando ergo ad illorum pignorum persecutionem creditor admitti potuerit? scilicet tunc cum condicio exstiterit obligationis et alio casu pignus amissum fuerit vel vilius distractum vel si navis postea perierit, quam dies praefinitus periculo exactus fuerit.*

'Ein Geldverleiher gab ein Darlehn zu Seezinsen[1]) und empfing dafür ein Pfandrecht an gewissen Waren in einem Schiffe; für den Fall, daß diese zur vollen Befriedigung nicht ausreichen sollten, erhielt er noch an anderen in andere Schiffe verladenen Waren hinter anderen Pfandgläubigern[2]) ein Pfandrecht. Es wurde gefragt: [Wenn das eigene Schiff untergegangen ist, aus dem die ganze Summe hätte gezahlt werden können, trägt dann der Gläubiger den Schaden?] Wenn das Schiff innerhalb der vertraglich festgesetzten Zeit[3]) untergegangen ist, kann dann der Gläubiger auf den Überschuß der übrigen Schiffe greifen? Ich habe geantwortet: Im allgemeinen ist die Minderung der Pfandsache ein Schaden des Schuldners, nicht des Gläubigers. Da aber das Seedarlehn so gegeben wird, daß der Gläubiger zur Rückforderung nur berechtigt ist, wenn das Schiff innerhalb der bestimmten Frist heil ans Ziel kommt, so ist in unserem Fall die pfandrechtlich gesicherte Schuld durch Ausfall der Bedingung untergegangen und damit auch das Pfandrecht an den nicht verlorenen Sachen. [Wenn das Schiff innerhalb der bestimmten Frist untergegangen war, so ist die Bedingung der Stipulation ausgefallen, und daher werde grundlos wegen der Geltendmachung der Pfänder, die in den anderen Schiffen gelegen haben, gefragt: Wann also wird der Gläubiger zur Geltendmachung jener Pfänder zugelassen werden können? Natürlich dann, wenn die Bedingung der gesicherten Schuld eingetreten und nun durch einen anderen Zufall das Pfand verlorengegangen ist, oder wenn die Pfandsache billiger verkauft worden ist, oder wenn das Schiff erst untergegangen ist, nachdem der ausgemachte Gefahrtermin bereits verstrichen war.]'

Die Rechtsfrage wird zweimal aufgeworfen; unecht ist die erste Formulierung, denn sie enthält zwei Inkorrektheiten: 1. 'nave propria'; das Schiff ist aber gar nicht das eigene des Gläubigers! 2. 'ex qua totum solvi potuit'; im Tatbestand ist darüber nichts gesagt, daß durch das erste Pfandrecht die Forderung bereits gedeckt sei, für die Entscheidung ist es auch völlig unerheblich. Auch die Entscheidung wird doppelt

---

1) Vgl. *Dernburg* 2, 736.

2) Vgl. *Manigk*, Pauly-Wissowa Art. Hyperocha S. 305.

3) Innerhalb deren der Gläubiger die Gefahr trägt.

berichtet; hier ist der zweite Bericht unecht[1]), da er mit seiner indirekten Rede aus der Konstruktion fällt[2]): gerade diese Form ist uns in den Randglossen der Fragmenta Vaticana wiederholt bezeugt.[3]) Endlich ist auch der Schlußsatz unecht. Der wortkarge Paulus wird schwerlich die selbstverständliche Umdrehung seiner Entscheidung ins Positive selbst vorgenommen haben, zumal sie auch stilistische Mängel aufweist: 1. 'potuerit' statt 'poterit'; 2. 'alio casu' statt 'aliquo casu'; streng genommen ist der ganze Satz 'et — fuerit' überflüssig; 3. 'pignus' ist ungenau, gemeint ist das Pfand im ersten Schiff, auch sollte besser 'pignora' dastehen. — Die erste der drei Glossen ist ein einfacher Randindex der unter 6. geschilderten Art, in der zweiten ist bereits ein leichtes Zusammenziehen des klassischen Textes wahrnehmbar, die dritte zieht das positive Schlußergebnis der ganzen Erörterung. —

D. (41, 2) 47.

Papinianus libro vicensimo sexto quaestionum. Si rem mobilem apud te depositam *aut ex commodato* tibi possidere neque reddere constitueris, confestim amisisse me possessionem vel ignorantem responsum est: *cuius rei forsitan illa ratio est, quod rerum mobilium neglecta atque omissa custodia, quamvis eas nemo alius invaserit, veteris possessionis damnum adferre consuevit:* idque Nerva filius libris de usucapionibus rettulit. idem scribit aliam causam esse hominis commodati omissa custodia: *nam possessionem tamdiu veterem fieri, quamdiu nemo alius eum possidere coeperit,* videlicet ideo, quia potest homo proposito redeundi domino possessionem sui conservare, cuius corpore ceteras quoque res possumus possidere. *igitur earum quidem rerum, quae ratione vel anima carent, confestim amittitur possessio, homines autem retinentur, si revertendi animum haberent.[4])*

Geliehene Sklaven hat der Entleiher, wie wir wissen, nur ausnahmsweise zu bewachen[5]); liegt ein solcher Ausnahmefall nicht vor, so genügt der bloße Wille des Entleihers, fortan für sich und nicht mehr für den Verleiher zu besitzen, nicht, um ihm den Besitz zu verschaffen. Ist das die Meinung des Nerva, so kann das Schlußrésumé unmöglich von Papinian sein, da Nervas Regel hier durchaus schief wiedergegeben wird: für den homo commodatus gilt durchaus nicht schlechtweg etwas anderes wie für sonstige Sachen; wenn der Sklave gefesselt geliehen wurde, so nutzt ihm sein animus revertendi natürlich gar nichts. Sprachlich ist der falsche Konjunktiv 'haberent' zu beanstanden. Die Stelle ist auch noch anderweit bearbeitet: 1. 'aut ex commodato' ist von den Kompilatoren oder einem Glossator zugesetzt, wir finden diese Parallelisierung der beiden Rechtsinstitute in zahlreichen nachklassischen Zusätzen[6]); sachlich ist dagegen in unserer Stelle nichts einzuwenden. 2. 'cuius

---

1) So schon *Huschke*, Zur Pandektenkritik 89.

2) Auffällig ist auch die plötzliche Erwähnung der Stipulation, von der im Tatbestand keine Rede war.　　　　　3) Vgl. Vat. 249, 282.

4) Zu der Stelle *Eisele*, SZ. 13, 142, *Beseler* 3, 89, *Hruza*, GrünhutZ. 24, 221. Siehe auch unten 2. Teil, I.

5) D. (13, 6) 5, 6: Sed an etiam hominis commodati custodia praestetur, apud veteres dubitatum est. nam interdum et hominis custodia praestanda est, si vinctus commodatus est, vel eius aetatis ut custodia indigeret: certe si hoc actum est, ut custodiam is qui rogavit praestet, dicendum erit praestare.

6) *De Ruggiero*, Bull. 19, 1 ff., der aber unsere Stelle nicht beanstandet (S. 18); wie hier Beseler l. c.

— consuevit' ist ein begründendes Glossem. Der schon stilistisch sehr ungeschickte Satz will sagen: der Deponent verliert den Besitz durch die bloße Willensänderung des Depositars, weil er, der Deponent, die Bewachung der Sache aufgegeben hat; der Schreiber hat die Worte 'omissa custodia' der folgenden Entscheidung verwertet, weil er sie total mißverstand, er verstand sie nämlich von der Bewachung seitens des Deponenten und Kommodanten, wovon doch natürlich in keinem Fall die Rede sein kann. 3. Auch die zweite Begründung 'nam — fieri' wird unecht sein. Stilistisch fällt auf: 'possessionem veterem fieri' statt 'possessionem retineri'; 'eum' nach dem eben vorhergegangenen 'possessionem' ist jedenfalls unschön, es sollte 'hominem' oder 'servum' dastehen. Sachlich betrachtet wird idem per idem begründet: der Kommodant verliert den Besitz nicht, weil er ihn so lange behält, bis ein anderer zu besitzen anfängt; es fragt sich doch aber gerade, ob nicht der Entleiher durch seine Willensänderung 'zu besitzen angefangen' habe. —

Eine schwierige, weil vielfach überarbeitete Stelle, in der sich auch zwei Résumés finden, ist

D. (21, 1) 1, 9—11; 4 pr. — 4.

Ulpianus libro primo ad edictum aedilium curulium. Apud Vivianum quaeritur, si servus inter fanaticos[1] *non semper* caput iactaret[2] et aliqua profatus esset, an nihilo minus sanus videretur. et ait Vivianus nihilo minus hunc sanum esse: neque enim nos, inquit, minus animi vitiis aliquos sanos esse intellegere debere: alioquin, inquit, futurum, ut in infinito hac ratione multos sanos esse negaremus, ut puta levem[3], superstitiosum, iracundum, contumacem et si qua similia sunt animi vitia: *magis enim de corporis sanitate, quam de animi vitiis promitti.* interdum tamen, inquit, vitium corporale usque ad animum pervenire et eum vitiare, veluti contingeret φρενητικῷ, *quia id ei ex febribus acciderit.* quid ergo est? si quid sit animi vitium tale, ut id a venditore excipi oporteret neque id venditor cum sciret pronuntiasset, ex empto eum teneri. Idem Vivianus ait, quamvis aliquando quis circa fana bacchatus sit et responsa reddiderit, tamen, si nunc hoc non faciat, nullum vitium esse. neque eo nomine, quod aliquando id fecit, actio est, sicuti si aliquando febrem habuit: ceterum si nihilo minus permaneret in eo vitio, ut circa fana bacchari soleret et quasi demens responsa daret, etiamsi per luxuriam id factum est, vitium tamen esse, sed vitium animi non corporis, ideoque redhiberi non posse, *quoniam aediles de corporalibus vitiis loquuntur: attamen ex empto actionem admittit.* Idem dicit etiam in his, qui praeter modum timidi cupidi avarique sunt aut iracundi, *ob quae vitia negat redhibitionem esse, ex empto dat actionem. Sed si vitium corporis usque ad animum penetrat, forte si propter febrem loquantur aliena, vel qui per vicos more insanorum deridenda loquantur, in quos id animi vitium ex corporis vitio accidit, redhiberi posse.* Item aleatores et vinarios non contineri edicto quosdam respondisse Pomponius ait, quemadmodum nec gulosos[4] nec impostores aut mendaces aut litigiosos. Idem Pomponius ait, quamvis non valide sapientem servum venditor praestare debeat, tamen, si ita fatuum[5] vel morionem[6] vendiderit, ut in eo usus nullus sit, *videri vitium* et videmur

---

1) Religiöse Schwärmer.

2) Quintil. inst. 11, 3, 71: iactare caput et comas excutientem rotare fanaticum est. Plastische Schilderung des Zustands bei Gerhart *Hauptmann*, Emanuel Quint cap. 16 (Ges. Werke 5, 353). 3) Leichtsinnige.

4) Gefräßige. 5) Blödsinniger. 6) Narr.

hoc iure uti, ut vitii morbique appellatio non videatur pertinere nisi ad corpora: *animi autem vitium ita demum praestabit venditor, si promisit, si minus non.* et ideo nominatim de errone et fugitivo excipitur: *hoc enim animi vitium est non corporis.* unde quidam iumenta pavida et calcitrosa morbosis non esse adnumeranda dixerunt: *animi enim, non corporis hoc vitium esse. In summa si quidem animi tantum vitium est, redhiberi non potest, nisi si dictum est hoc abesse et non abest: ex empto tamen agi potest, si sciens id vitium animi reticuit: si autem corporis solius vitium est aut et corporis et animi mixtum vitium, redhibitio locum habebit.*

Ulpian kommentiert das aedilizische Sklavenedikt; hier wird die actio redhibitoria verheißen, 'si quid morbi vitiive servo sit', ferner 'si servus fugitivus errove sit' d. h. wenn er zum Ausreißen oder zum Sichherumtreiben neigt.[1]) Die Klassiker interpretieren dieses Edikt dahin: 'morbus' und 'vitium' bedeuten dasselbe, beide bezeichnen nämlich körperliche Eigenschaften des Sklaven; von den geistigen Mängeln heben die Aedilen zwei hervor, offenbar weil sie die übrigen für unbeachtlich erklären wollen. Wegen geistiger Mängel des Sklaven — von erro und fugitivus abgesehen — ist also die Wandelungsklage nicht gegeben, es sei denn, die Abwesenheit des Mangels sei vom Verkäufer zugesichert worden, denn beim Vorliegen eines Garantievertrages verhieß das Edikt stets die actio redhibitoria, ohne zwischen den Mängelarten zu unterscheiden.

A. Zunächst muß in unserer Stelle die Pomponius-Entscheidung rekonstruiert werden. Der Satz 'animi — non' ist sachlich ungenau, denn es ist nicht wahr, daß der Verkäufer wegen animi vitia nur auf Grund eines Garantieversprechens haftet, er haftet auch bei arglistigem Schweigen (nämlich mit der a. empti). Auch die Worte 'videri vitium' sind unecht; man hat das folgende 'et' in 'sed' verändern wollen, aber damit ist die Stelle nicht geheilt, denn zu dem Vordersatz 'si — vendiderit' paßt der Nachsatz 'videri vitium' überhaupt nicht, es müßte mindestens heißen: 'vitiosum venditum videri'. Was Pompon-Ulpian in Wahrheit geschrieben haben, läßt sich dem Sinne nach mit höchster Wahrscheinlichkeit rekonstruieren, nämlich so:

> 'si ita fatuum vel morionem vendiderit, ut in eo nullus usus sit, ⟨redhiberi posse si dictum promissumve fuerit hoc vitium abesse, si minus, non: animi enim vitium est⟩ et videmur hoc iure uti, ut vitii morbique appellatio non videatur pertinere nisi ad corpora et ideo nominatim de errone et fugitivo excipitur'.

Zu diesem Text ist die ungenaue Glosse geschrieben worden:[2])

> 'animi autem vitium ita demum praestabit venditor si promisit, si minus non.'

Diese Glosse war bereits in dem Exemplar der Kompilatoren in den Text eingedrungen; die Kompilatoren merkten, daß fast dasselbe zweimal gesagt war und haben ungeschickt gekürzt.

B. Nunmehr das Schlußrésumé, das die ganze vorhergehende Erörterung zusammenfassen will. Stilistische und sachliche Indizien erweisen seine Unechtheit.[3]) 1. 'et non abest' ist überflüssig, weil gar zu selbstverständlich. 2. Zu 'reticuit' fehlt

---

1) *Lenel*, Edictum 530.

2) Dem Glossenschreiber genügte die Begründung 'animi enim vitium est' noch nicht.

3) Zum folgenden *Eisele*, SZ. 11, 22.

das Subjekt. 3. 'id animi vitium' tut so, wie wenn von einem bestimmten geistigen Mangel gesprochen wäre, es müßte entweder 'id vitium' oder 'animi vitium' dastehen. 4. Sachlich ist die Gegenüberstellung: wegen animi vitium steht a) bei Vorliegen eines dictum die actio redhibitoria zu, b) bei arglistigem Verschweigen die a. empti, — irreführend und ungenau; denn einmal steht dem dictum das promissum gleich, vor allem ist aber die actio empti nicht nur bei arglistigem Verschweigen sondern auch bei Vorliegen eines dictum vel promissum[1]) gegeben. 5. 'mixtum vitium': derartige Mischkategorien sind stets verdächtig.[2])

C. Ein zweites Résumé faßt die Erörterung Vivians zusammen. Es verrät sich als unklassisch schon durch sein abscheuliches Latein: zu 'loquantur' fehlt das Subjekt, bei 'vel qui' geht die Konstruktion total in die Brüche, statt 'in quos' müßte 'si' stehen. Sachlich ist der Satz 'ex empto dat actionem' ungenau, denn so schlechtweg ist diese Klage gar nicht gegeben.[3])

D. Schließlich muß noch auf einige unbedeutendere Zusätze aufmerksam gemacht werden. Durch die ganze Erörterung zieht sich mit ermüdender Eintönigkeit die Begründung: es handelt sich um ein vitium animi non corporis, daher ist das Aedilenedikt unanwendbar. Die Begründung ist richtig, ist aber mit dieser Beharrlichkeit von Ulpian nicht geschrieben worden, wie die konstant in diesen Zusätzen auftauchenden stilistischen Mängel zeigen: 1. 'neque enim — debere'; 'minus' steht an falscher Stelle, statt 'aliquos' möchte man 'affectos' erwarten (neque enim nos animi vitiis affectos minus sanos esse intellegere debere). 2. 'magis enim — promitti'. Zu 'promitti' fehlt 'actionem redhibitoriam'; der Gegensatz ist unlogisch, richtig: 'de corporis quam de animi vitiis'. 3. 'quoniam aediles — admittit'. Es müßte 'loquantur' heißen; sachlich ist der Satz ungenau: die Aedilen sprechen auch von psychischen Mängeln (erro, fugitivus); die actio empti ist nicht so schlechthin gegeben.[4]) 4. 'hoc enim — corporis' und 5. 'animi enim — esse': beide Male müßte statt 'hoc vitium' offensichtlich 'haec vitia' stehen.

Verdorben ist ferner 'veluti contingeret — acciderit'. Zu 'id' fehlt im vorangehenden Satze ein Substantiv, auf das es sich beziehen könnte. Die Worte 'quia id ei ex febribus acciderit' werden eine Glosse sein zu φρενητικῷ (= Fieberdelirant).

Unecht ist wohl auch 'non semper'. Dieser Ausdruck statt 'interdum' ist geziert, man vermißt auch ein 'nur' (interdum tantum). Auch sachlich ist der Zusatz bedenklich; er führt natürlich auf die Unterscheidung von erheblicher und unerheblicher Geisteskrankheit, die folgende Ausführung Vivians zeigt aber, daß er gar nicht so unterschied, sondern nur zwischen vitia animi und corporis.

8. Paratitla-Glossen.

In Ulpians Ediktskommentar wird die Erörterung eines Ediktstitels regelmäßig mit einer empfehlenden Generalbegründung des Titels eröffnet. Zum Teil mag sie Ulpian selbst geschrieben haben, zum Teil aber sind sie inhaltlich so platt und nichtssagend und zugleich sprachlich so ungeschickt, daß wir sie

---

1) *Partsch*, SZ. 33, 611.

2) Vgl. *Berger*, SZ. 36, 217—19.

3) Vgl. *Beseler* 3, 37.

4) Vgl. *Beseler* l. c.

Ulpian nicht zutrauen können; sie dürften Produkte der nachklassischen Rechtsschule sein.[1])

Zum Ediktstitel De pactis lautet die Einleitung:

D. (2, 14) 1 pr.

Ulpianus libro quarto ad edictum. Huius edicti aequitas naturalis est. quid enim tam congruum fidei humanae, quam ea quae inter eos placuerunt servare ?[2])

Sachlich inhaltsleer, fällt sprachlich Folgendes auf: 1. ein Substantiv (homines), auf das sich 'eos' beziehen könnte, fehlt; man muß es sich aus 'humana fides' herausschälen; das ist eine griechische Konstruktion.[3])   2. statt 'naturalis' sollte 'perspicua' stehen. 3. 'congruus' ist in den Digesten immer unecht.[4])

3. Justinianische Interpolationen.

Unter Interpolationen verstehen wir absichtliche Änderungen eines überlieferten Textes.[5]) Daß die justinianische Gesetzgebungskommission die klassischen Texte interpoliert hat, bedarf keines weiteren Beweises, es genügt der Hinweis auf die constitutio Deo auctore § 7ff. und die constitutio Tanta § 10: in der Kompositionsanweisung ermächtigt Justinian die Kommission ausdrücklich zu ausgiebiger Überarbeitung der klassischen Exzerpte und in der Einführungsverordnung zu den Digesten bekundet er, daß diese Anweisung beobachtet worden ist, und die klassischen Texte wichtige und sehr zahlreiche Änderungen erfahren haben: 'multa et maxima sunt, quae propter utilitatem rerum transformata sunt'. Die Forschung der letzten Jahrzehnte hat gezeigt, daß diese Worte des Kaisers keine byzantinische Übertreibung, sondern die Wahrheit sind. Die Interpolationen sind in der Tat nach Zahl und Inhalt beträchtlich, und noch ist unsere Forschung vom Abschluß weit entfernt. Man darf an der Wahrheit der justinianischen Worte auch nicht deshalb zweifeln — ein Zweifel,

---

1) Siehe dazu *Pernice*, Ulpian als Schriftsteller (Sitz.-Ber. der Berl. Akademie der Wiss., phil.-hist. Klasse, 1885) S. 448, der aber noch alles Ulpian zur Last legt (vgl. unten S. 62). Die Stellen findet man leicht bei Durchsicht des Ulpianschen Edikts-Kommentars in Lenels Paling. Dazu zahlreiche richtige Bemerkungen in Beselers Beiträgen.

2) Zu der Stelle *Seckel*, Handlex. v. fides 2a, *Beseler* 1, 52; 3, 7.

3) *Beseler* 3, 7.

4) Siehe die Stellen Vocab. Jur. Rom. 1, 917 Z. 30 und bei *Beseler* 1, 52ff.

5) 'Interpolare' heißt 'auffrischen, frisch zustutzen', z. B. togam, doch gebraucht schon Cicero das Wort im literarischen Sinne. — Zu eng ist die Definition bei *Gradenwitz*, Interpolationen in den Pandekten S. 1, erst recht natürlich die bei *Appleton*, Des Interpolations dans les Pandectes (Thèse de Lyon, 1894) S. 2, *Kalb*, Jagd 14, *Kübler*, SZ. 23, 509.

der in Intervallen immer wieder in der Literatur auftaucht[1]) —, weil eine so umfängliche Arbeitsleistung in dem knappen Zeitraum von noch nicht drei Jahren nicht hätte bewältigt werden können. Einmal war natürlich die Anbringung der Interpolationen eine viel einfachere Sache, als jetzt ihre Aufdeckung[2]); dann aber haben die Kompilatoren notorisch glossierte Exemplare der klassischen Schriften benutzt, die ihnen die Modernisierung der alten Texte wesentlich erleichtert haben wird.[3]) Zu einer gründlichen Erledigung der Arbeit reichte freilich die Zeit nicht aus. Eine textkritische Revision, die zur Entfernung der eingedrungenen Glossen und Schreibfehler geführt hätte, haben die Kompilatoren nicht oder doch nur sehr unvollkommen vorgenommen; die Interpolationen sind unsorgfältig und oft inkonsequent durchgeführt, vielfach ist auch das, was sie sagen wollten, in unklarer und unvollkommener Form zum Ausdruck gebracht: daher sind gerade die interpolierten Stellen so oft die Quelle großer gemeinrechtlicher Kontroversen geworden. Über das technische Verfahren, das die Kompilatoren beim Interpolieren beobachtet haben, wissen wir leider gar nichts. Wir wissen, daß die Kompilatoren die zu exzerpierenden Schriften zunächst in drei Massen einteilten, und daß danach auch die Einordnung der Fragmente in die Digestentitel erfolgt ist.[4]) Daß entsprechend die Gesetzeskommission sich in drei Teilkommissionen gesondert habe, ist wahrscheinlich; freilich ist es bisher nicht gelungen, den drei Kommissionen Verschiedenheiten in der Bearbeitung der Texte nachzuweisen.[5])

In der Form der interpolierten Zusätze schließen sich die Kompilatoren eng an die nachklassische Glossenpraxis an, wie sie überhaupt doch noch Stilgefühl genug haben, um wenigstens danach zu streben, die Tonart des diskutierenden Juristen festzuhalten und die diktatorische Sprache des allmächtigen Gesetz-

---

1) Beispiel: *Erman-André*, GrünhutZ. 31, 588.

2) *Lenel*, SZ. 34, 389.

3) Siehe oben S. 19. Richtig *Ferrini*, Il Digesto S. 65, *Albertario*, Bull. 26, 128: 'Siamo avvisati che l'opera di Giustiniano fu in realtà più semplice e più facile di quel che fin qui è stato ritenuto.'

4) Das Nähere bei *Krüger*, Geschichte 379 ff.

5) Die von *Scialoja*, Bull. 1, 151 aufgeworfenen Fragen sind noch nicht beantwortet. Siehe dazu *Fitting*, SZ. 29, 283 ff., andrerseits aber auch *H. Krüger*, SZ. 19, 56; *Riccobono*, SZ. 35, 288 (der die Sabinusmasse für am stärksten interpoliert erachtet); *Bluhme*, Zfgesch RW. 4, 347 (der die meisten Interpolationen in der Papiniansmasse vermutet). *Mommsen* (Jur. Schr. 2, 106) wird wohl recht behalten: 'Der Nutzen, den *Bluhmes* Ermittlungen der Wissenschaft gebracht haben, ist nicht allzu groß ...' Bis auf weiteres wird man jedenfalls eine Interpolationsannahme nicht deshalb ablehnen dürfen, weil die Interpolation gleichmäßig in Fragmenten verschiedener Massen durchgeführt ist.

gebers zu vermeiden[1]); daß ihnen dies nicht immer gelingt, ist nur natürlich.[2)[3)

4. Vorjustinianische Interpolationen.

Müssen wir in unsern Texten auch mit vorjustinianischen Interpolationen
rechnen? Haben schon die nachklassischen Juristen vor Justinian absichtlich
die klassischen Vorlagen verändert? Diese Fragen sind zu bejahen, wenn auch
über den Umfang, in dem diese Interpolationen vorgenommen worden sind,
sich zurzeit noch nichts Abschließendes sagen läßt. So frei freilich, wie die durch
die· kaiserliche Ermächtigung gedeckte justinianische Kommission, konnte der
private Jurist nicht verfahren, wenn er sich nicht der Fälschung schuldig machen
wollte. Schwerlich wird man es aber als eine strafbare Fälschung angesehen
haben, wenn die Interpolation sich darauf beschränkte, die Ergebnisse der nachklassischen Entwicklung, der Theorie wie der Praxis, namentlich der kaiserlichen Praxis, in die alten Texte hinein zu korrigieren.[4) In den Sentenzen des
Paulus und in den Fragmenta Vaticana finden sich jedenfalls Stücke, die nicht
klassisch sein können, und die sich doch auch nicht als unabsichtlich in den Text
hineingeratene Glossen erklären lassen. Höchstwahrscheinlich sind auch die
Sinai-Fragmente[5) und die Institutionen des Gaius[6) interpoliert.

Will man in den Sentenzen des Paulus vorjustinianische Interpolationen privater
Juristen ganz exakt nachweisen, so darf man keine Fragmente wählen, die in Justinians Digesten überliefert sind, denn hier kann die Interpolation von der justinianischen Kommission stammen; man darf auch keine Fragmente wählen, die durch
das Breviar überliefert sind, denn hier kann die Interpolation auf Rechnung
der westgotischen Gesetzgebungskommission zu setzen sein. Man muß vielmehr
z. B. Fragmente wählen, die in manchen Breviarhandschriften am Rande aus den
echten Paulussentenzen zur Ergänzung des Breviartextes nachgetragen worden
sind, wie sie insbesondere in einem von Cuiacius benutzten, heute verschollenen

---

1) Vgl. *P. Krüger* Festgabe für Bekker (Aus römischem u. bürgerl. Recht,
1907) S. 13, *Pernice*, Labeo 3, 1 S. 186. Unrichtig *Kalb*, Jagd 17.

2) *Krüger* l. c.; *Pampaloni*, Archivio giuridico 55, 500; *Bonfante*, Storia 678;
Beseler 2, 4.

3) Siehe im übrigen über die Interpolationstätigkeit der Kompilatoren *Krüger*,
Geschichte 373 ff.; *Lenel* bei Holtzendorff-Kohler 1, 383 ff.; *Joers* bei Pauly-Wissowa, Art. Digesta.

4) Siehe über diese Frage *Riccobono*, SZ. 35, 293 ff., *Albertario*, Bull. 26, 129 N. 1
und die in den folgenden Anmerkungen aufgeführte Ltr.

5) Siehe die Literatur über die Frage bei *Schulz*, SZ. 34, 67[2] und daselbst 87
und 102 f.; *Lenel*, SZ. 34, 379; *Mitteis* ibid. 415.

6) *Kniep*, Der Rechtsgelehrte Gaius und die Ediktskommentare S. 30 ff. *Derselbe*, Gaii institutionum commentarii quattuor. Dazu *Fehr*, SZ. 32, 390; 34, 416;
Weiß, KritVJSchr. 52, 21; *Beseler*, Beiträge passim.

Codex Vesontinus sich gefunden haben.[1]) Finden sich hier unklassische Stücke, so müssen diese auf einen privaten nachklassischen Bearbeiter zurückgeführt werden.

Sent. (2, 31) 17.

Si res vendita ante traditionem subrepta sit, emptor et venditor furti agere possunt: utriusque enim interest rem tradi vel tradere.[2])

Die Stelle ist durch den Vesontinus überliefert und doch sicherlich total unecht. Nach klassischem Recht hat der Verkäufer dem Käufer bis zur Tradition unbedingt, ohne Rücksicht auf Verschulden, einzustehen für den Verlust der Sache durch Entwendung; eben darum steht dem Verkäufer, und nur ihm die actio furti zu. Selbst das justinianische Recht, das die strenge Haftung des Verkäufers nicht mehr kennt, hat die ausschließliche Legitimation des Verkäufers zur Diebstahlsklage unberührt gelassen:

D. (47, 2) 14pr.

Ulpianus libro vicensimo nono ad Sabinum. Eum qui emit, si non tradita est ei res, furti actionem non habere, sed adhuc venditoris esse hanc actionem Celsus scripsit.

D. (47, 2) 81pr.

Papinianus libro duodecimo quaestionum. Si vendidero neque tradidero servum et is sine culpa mea subripiatur, magis est, ut mihi furti competat actio.

Daß Paulus gleicher Ansicht war, machen schon diese Belege wahrscheinlich, läßt sich aber auch aus Äußerungen von ihm selbst erschließen. Paulus muß geschrieben haben:

> Si res vendita ante traditionem subrepta sit, venditor furti agere potest: eius enim interest rem furto non perisse.

Durch versehentlich eingedrungene Glossen kann man diese Umgestaltung natürlich unter keinen Umständen erklären. Ein zweites Beispiel bietet

Sent. (2, 21 a) 5.

Si peculiari servo filii familias libera se mulier coniunxerit, nulla disquisitione paternae voluntatis iure sollemni decurso adquiret ancillam.[3])

'Wenn eine Freie sich mit dem Pekuliarsklaven eines Haussohnes verbunden hat, so erwirbt sie der Vater als Sklavin, ohne daß erst sein Wille erforscht zu werden brauchte, lediglich durch die Beobachtung der gesetzlichen Förmlichkeiten.' Mit den Förmlichkeiten ist die durch das senatusconsultum Claudianum geforderte dreimalige Denuntiation an die Frau und der Zuspruch der Frau an den Herrn des Sklaven durch den Magistrat gemeint.[4]) Gehört der Sklave zum peculium eines Haussohnes, so kann der Sohn die Denuntiation ergehen lassen, und der Zuspruch erfolgt an ihn. Sachlich ist gegen die Stelle nichts einzuwenden, stilistisch ist sie für Paulus unmöglich. Der geschwollene Ausdruck 'iure sollemni decurso' paßt in die Sprache der nachklassischen kaiserlichen Kanzlei[5]), nicht in den Mund eines Klassikers; vor allem fehlt zu 'adquiret' das Subjekt (pater), das man sich erst

---

1) *Krüger*, Geschichte 279.

2) Zum folgenden *Schulz*, SZ. 32, 71 ff., 75; *Seckel* bei *Seckel-Kübler*, Jur. Anteiust. 2 zu der Stelle.

3) Dazu *Beseler* 2, 95.   4) Paulus Sent. (2, 21 a) 1 und 17.

5) Belege bei *Beseler* l. c.

aus dem vorhergehenden 'paternae voluntatis' herausschälen muß; daß dies eine
griechische Konstruktion ist, wurde bereits oben hervorgehoben.[1]

Für die Fragmenta Vaticana darf heute als allseits zugestanden angesehen
werden, daß Interpolationen zwecks Ausgleichung von tutela und cura vorgenommen worden sind.[2][3]

II. Die Methode.

Anweisungen, die Veränderungen der klassischen Texte zu erkennen und
den Grundtext zu rekonstruieren, lassen sich nicht geben; richtig sagte schon
Friedrich·August Wolf in seinen Vorlesungen[4]): 'Um die Interpolationen in
den Autoren herauszubringen, dazu gehört ein eigener nasus. Wer beständig
den Schnupfen hat, der sieht nichts.'[5]

Vgl. Th. Mommsen, Reden und Aufsätze 10: 'Darin unterscheidet sich die Ge-
schichtsforschung von ihren Schwestern, daß sie ihre Elemente zu eigentlich theo-
retischer Entwicklung zu bringen nicht vermag. Wo die Geistesfähigkeit, auf der
sie beruht, der richtige Blick, wie man sie treffend bezeichnet, überhaupt vorhanden
ist, kann sie ohne Zweifel durch den weiteren Bildungsprozeß wesentlich gesteigert
werden, aber nicht eigentlich durch theoretische Lehre, sondern nur durch prakti-
sche Übung. Die richtige Schätzung der vorliegenden Zeugnisse, die rechte Verknüpfung des scheinbar Unzusammenhängenden oder Sichwidersprechenden zur tat-
sächlichen Folge treten überall in so unendlicher Einfachheit der Prinzipien und so
unendlicher Mannigfaltigkeit der Anwendung auf, daß jede Theorie entweder tri-
vial ausfallen müßte oder transzendental.'

Doch sind folgende Forschungsgrundsätze festzuhalten.[6]

---

1) Oben S. 36.

2) Siehe *Albertario*, Lo sviluppo delle excusationes nella tutela e nella cura
dei minori; Pavia 1912, S. 11ff.; *Partsch*, Studien zur negotiorum gestio 1, 93
(Sitz.-Ber. der Heidelb. Akademie der Wiss., phil.-hist. Kl., 1913); *Mitteis*, SZ. 33,
637; 34, 414; *Lenel*, SZ. 34, 378; 35, 189, freilich auch 137^1; Festgabe f. Sohm
(1914) S. 220; *Berger*, L'Indirizzo (oben S. 19) S. 25.

3) Auch Ulpians Opinionen sind höchstwahrscheinlich ein von einem Nach-
klassiker stark überarbeitetes Werk: *Lenel*, Paling. 2, 1001; *Joers* bei Pauly-Wissowa, Art. Ulpian, S. 1451; *Pernice*, Ulpian als Schriftsteller S. 443; *Fitting*, Alter
und Folge 115; *Beseler* 1, 99; 2, 21.

4) Vorlesung über die Enzyklopädie der Altertumswissenschaft, herausg. von
Gürtler (1831), S. 329.

5) Anton *Faber* hatte diesen nasus; ein gelehrter Mann wie Moritz *Voigt* beständig den Schnupfen.

6) Nur noch für die Geschichte der Interpolationenforschung bedeutsam sind
die Ausführungen von *Spangenberg*, Einleitung in das Römisch-Justinianische
Rechtsbuch (1817) S. 238ff.; *Eckhard*, Hermeneutica Juris (ed. *Walch* 1779) cap. VI:
De interpolationibus legum eiusque cognoscendi principiis; cap. III: De latinitate
et stilo veterum iurisconsultorum (dazu *Landsberg*, Geschichte der deutsch. RW.
3, 1 S. 242f., *Albertario*, Contributo alla storia della ricerca delle interpolazioni.
Pavia 1913); *Ch. Fr. Georg Meister*, Select. opusc. sylloge 1 (Götting. 1766) Nr. IV:
De principio cognoscendi emblemata Triboniani.

1. Berichtigung falscher Auflösungen von Siglen.

Dazu muß man natürlich die Abkürzungen kennen, die tatsächlich von den antiken Schreibern verwandt worden sind. Doch sind unsere Kenntnisse in dieser Beziehung lückenhaft, und man darf daher die Behauptung einer falschen Auflösung nicht schon deshalb ablehnen, weil die behauptete Abkürzung uns nicht überliefert ist.[1]

2. Ermittlung von Glossemen und Interpolationen.

Glosseme, vorjustinianische und justinianische Interpolationen kann man oft nicht mit Sicherheit auseinanderhalten. Die Sonderung der Glosseme und vorjustinianischen Interpolationen voneinander ist freilich ohne erhebliches rechtsgeschichtliches Interesse, wichtig aber wäre es allerdings, vorjustinianische und justinianische Änderungen trennen zu können. Die große Masse der lediglich erläuternden Zusätze wird man — falls nicht besondere Gründe auf die Kompilatoren weisen — unbedenklich als vorjustinianische Glossen ansprechen dürfen, sei es, daß diese bereits in den Klassikerausgaben der Kompilatoren in den Text geraten waren, sei es, daß erst die Kompilatoren sie in den Text aufnahmen. Zu einer eigenen umfassenden Erläuterungstätigkeit hätte die Zeit, die die Kompilatoren tatsächlich für ihre Arbeit gebraucht haben, unmöglich ausgereicht.[2] Rechtsändernde Interpolationen sind grundsätzlich den Kompilatoren zuzuschreiben, nur aus besonderen Gründen den vorjustinianischen Juristen.[3] Im einzelnen bleibt natürlich die Sonderung des justinianischen und vorjustinianischen Gutes vielfach unsicher, bleiben die Etappen der nachklassischen Rechtsentwicklung in ein unerwünschtes Dunkel gehüllt, während der Gegensatz: klassisches Recht und nachklassisches Recht (einschließlich des justinianischen Rechts) relativ scharf sich wird herausarbeiten lassen.

Der Nachweis einer nachklassischen Veränderung ist in seltenen Fällen ein einfacher Zeugenbeweis: ein glaubwürdiger Zeuge berichtet uns, daß ein Stück einer scheinbar klassischen Erörterung ein nachklassischer Zusatz sei.

D. (40, 4) 39.

Paulus libro sexto decimo ad Plautium. 'Stichus servus meus, si eum heres alienaverit, liber esto!' inutiliter libertas datur, quia in id tempus confertur, quo alienus futurus sit. nec contrarium est quod statuliber, etiamsi venierit, ex testamento libertatem consequitur: quippe utiliter libertas data facto heredis non peremitur. *aut quid in legato eo modo dato dicemus? diversum enim nulla ratione dicetur, nam libertatem et legatum quantum ad hanc causam nihil distat.*[4]

---

1) So ausdrücklich *P. Krüger*, Mélanges Girard 2, 40, N. 3—5.

2) Richtig *Riccobono*, Bull. 6, 171. Unrichtig *Gradenwitz*, Interpolationen, S. 1: 'Solche Veränderungen sind natürlich für uns höchst selten zu vermuten.'

3) *Lenel*, Festgabe f. Sohm 220.

4) Zum folgenden: *Alibrandi*, Opere 1, 53.

Die testamentarische Freilassung ist nur möglich bei eigenen Sklaven des Testators; sie müssen zur Zeit der Testamentserrichtung wie im Zeitpunkt des Todes des Erblassers in seinem Eigentum stehen[1]); noch mehr: sie müssen grundsätzlich auch im Eigentum des Erben stehen in dem Moment, in dem sich der Freilassungsbefehl verwirklicht.[2]) Bei der bedingten Freilassung haben hier bereits die 12 Tafeln eine Ausnahme gemacht:

Ulp. Reg. 2, 4.

Sub hac condicione liber esse iussus: si decem milia heredi dederit, etsi ab herede abalienatus sit, emptori dando pecuniam ad libertatem perveniet, idque lex duodecim tabularum iubet.

Der Sklave erwirbt also auch bei dem neuen Herrn die Freiheit: natürlich, sonst könnte ja der Erbe stets das Freiwerden durch Veräußerung verhindern.[3]) Bei einer Bedingung, wie sie unser Fr. 39 bringt, spielt diese Erwägung natürlich keine Rolle, hier bleibt es also bei dem Grundsatze: bei dem neuen Herrn kann der Freiheitsbefehl keine Wirksamkeit entfalten. Merkwürdig ist nur, daß der testamentarischen Freiheitserteilung ohne weiteres das Legat an die Seite gestellt wird: fremde Sklaven kann man nicht freilassen, wohl aber kann man fremde Sklaven legieren, wenigstens per damnationem[4]), warum also nicht auch unter der Bedingung 'si servum heres alienaverit'? Vom Vindikationslegat eines Sklaven freilich wissen wir, daß die gleichen Erfordernisse galten wie für die Freiheitserteilung, das Legat fremder Sachen war ungültig.[5]) Für das Vindikationslegat und nur für dieses paßt also die Parallele. Da nun Justinian die klassischen Legatsarten nicht übernommen hat[6]), so darf man vermuten, daß er auch hier eingegriffen und die Beziehung auf das Vindikationslegat getilgt hat. Darauf weisen auch sprachliche Mängel: was soll 'aut'?; der Satz 'diversum enim' begründet eine imaginäre Entscheidung! Aber dieses Indizienbeweises bedürften wir gar nicht, denn Dorotheus sagt zu der Stelle mit dürren Worten[7]): τοῦτο δὲ πρὸς τὴν ποτὲ vindicationem εἴρηται, ἐφ' ἧς τὰ ἴδια μόνα ἐληγάτευεν ὁ τεστάτωρ. σήμερον δὲ ἀσθενὲς μὲν οὐκ ἔστι τὸ ληγάτον, ἀλλὰ ἀνάγκην ἔχει τῇ περσοναλίᾳ χρήσασθαι. ὅσον οὖν πρὸς τὴν ἰν ῥὲμ νομίζεται ἀσθενεῖν.

'Das ist mit Rücksicht auf das frühere Vindikationslegat gesagt, mit dem der Testator nur seine eigene Sache vermachen konnte. Nach heutigem (d. h. justinianischem Recht) ist das Legat zwar nicht ungültig, der Legatar aber ist auf die persönliche Klage angewiesen; nur bezüglich der dinglichen Klage ist also das Legat ungültig.' —

D. (12, 2) 35 pr.

Paulus libro vicensimo octavo ad edictum. Tutor pupilli omnibus probationibus aliis deficientibus iusiurandum deferens audiendus est.

---

1) Gaius 2, 186, 188; Ulpian, Regulae 22, 11 u. 12.

2) Vgl. D. (40, 7) 2 pr.: sed statuliberi causam non prius servus nanciscitur nisi adita vel ab uno ex institutis hereditate: ceterum ante aditionem sive traditur sive usucapietur sive manumittetur, spes statutae libertatis intercidit.

3) BGB. 161.   4) Gaius 2, 202.

5) Gaius 2, 196, Ulp. Reg. 22, 7.   6) Inst. (2, 20) 2.

7) Zu Bas. (48, 3) 39; *Heimbach* 4, 638.

Daß die Kompilatoren hier eingegriffen haben, kann man schon aus folgendem entnehmen: Paulus handelt im 28. Buche vom Schiedseid in iure [1]), dieser Eid ist kein Beweismittel — die Beweiserhebung gehört ja in das Verfahren in iudicio — sondern ein Mittel den Prozeß zu vermeiden; also paßt omnibus — deficientibus nicht. [2]) Nun sagt aber Stephanus zu unserer Stelle [3]): *Τοῦτο σήμερον προσετέθη διὰ τὸ τῶν πουπίλλων συμφέρον.* 'Das ist im heutigen (d. h. justinianischen) Recht zugesetzt worden im Interesse der Mündel.' Man wird daher den ganzen Satz für unecht erklären müssen. [4]) [5])

In der Regel ist der Nachweis eines Glossems oder einer Interpolation ein Indizienbeweis. Die Indizien sind entweder formal-sprachlicher oder sachlicher Natur. In günstigen Fällen (die aber sehr zahlreich sind!) treffen Indizien beiderlei Art zusammen; verfehlt aber wäre es, jeden Nachweis einer nachklassischen Änderung a limine als mißlungen zu erachten, der nur auf der einen oder andern Indizienkategorie aufbaut. [6]) Die Feststellung des Umfangs der Veränderung und die Rekonstruktion des klassischen Textes wird freilich meist unter ausschließlicher Verwertung sprachlicher Gesichtspunkte nicht möglich sein. [7])

A. Sprachliche Indizien.

Nach den bisherigen Forschungen darf man über das Juristenlatein folgendes sagen: Das klassische Juristenlatein bleibt den guten Traditionen der Republik treu und macht die Sprachverschlechterung und die Sprachkünsteleien der Kaiserzeit nicht oder doch nur sehr bedingt mit [8]); 'in seiner klaren und schönen Sachlichkeit spiegelt sich noch einmal die Größe und der Ernst römischen

---

1) *Lenel*, Paling. 1, 1021, Edictum 229f.

2) *Gradenwitz*, Bull. 2, 10. 3) Zu Bas. (22, 5) 35, *Heimbach* 2, 562.

4) Auf die Stephanusstelle hat *Pringsheim*, SZ. 35, 330 aufmerksam gemacht, dort auch über die Bedeutung der Worte: προσθήκη, προστίθημι, πρόσκειμαι für die Interpolationenforschung.

5) Weitere Beispiele bei *Pringsheim* l. c. und (für den Codex Just.) bei *Alibrandi*, Opere 53ff., *Eisele*, Beiträge z. Röm. RG. 77.

6) Unrichtig *Erman*, Mélanges Appleton (Lyon 1903) S. 238, dagegen mit Recht *Eisele*, SZ. 30, 115. Mit der vorsichtigen Formel *Küblers* (Festgabe der Berl. jur. Fakult. für Gierke am Schluß seines Beitrags) kann man sich einverstanden erklären.

7) *Berger*, L'Indirizzo (oben S. 19) S. 11, *Riccobono*, SZ. 35, 242: I testi sono tante volte alterati con mezzi tenui; e cioè per via di brevi aggiunte soppressioni mutamenti spostamenti e fusioni: E perciò togliar fuori interi e lunghi brani, perchè nel mezzo occorrono discordanze o una parola, nuova di formazione o solo per il senso, è arbitrario; perchè tutte le mende dei passi dipendono tante volte da tagli e rattoppi, mentre essi conservano idee ed elementi genuini.

8) *Beseler* 3, 3 und 201; *P. Krüger*, Geschichte 139. Wenn freilich *Beseler* die Juristen als 'Attizisten strenger Observanz' bezeichnet, so ist das verwirrend. Denn die Attizisten der Kaiserzeit vertreten die archaistische Richtung (*Norden*, Antike Kunstprosa 1 S. 260, 357, 361), die die Juristen unzweideutig ablehnten: D. (1, 2) 2, 46.

Wesens'.[1]) Freilich sind die Juristen, auch was die Sprache anlangt, keine fungiblen Personen, und diese Differenzen werden sich vielleicht noch schärfer herausarbeiten lassen; aber die feste Schultradition wirkt doch auch in der Sprache uniformierend. Erst mit dem Ende der klassischen Rechtswissenschaft mündet die Juristensprache wieder ein in den Strom der allgemeinen Sprachentwicklung.[2]) Wo wir daher in den Digesten auf verworrene, schwülstige, rhetorische, poetische, gezierte oder saloppe Ausdrucksweise stoßen, da ist der Verdacht der Unechtheit gegeben. Im übrigen muß man auf folgende Weise vorgehen: Erscheint ein Wort, eine Konstruktion oder eine stilistische Eigentümlichkeit verdächtig, so müssen zunächst nach Möglichkeit alle Stellen gesammelt werden, in denen sich der kritische Sprachgebrauch in Juristenschriften findet. Diese Stellen müssen nun auf ihre Echtheit nach sprachlichen und sachlichen Gesichtspunkten geprüft werden; erweist sich eine relativ große Anzahl dieser Stellen als unecht, so darf der kritische Sprachgebrauch für den Rest der Stellen, in denen er sich findet, als Verdachtsmoment verwendet werden.[3]) Unterstützend tritt hinzu die Beobachtung des justinianischen Lateins, wie es uns in den Verordnungen des Kaisers entgegentritt, sowie des Lateins der nicht juristischen Literatur. Findet sich der kritische Sprachgebrauch im Latein Justinians häufig verwendet, so erhöht dies den Verdacht. Dagegen darf man nicht umgekehrt schließen: der kritische Sprachgebrauch ist der justinianischen Sprache fremd, also ist er kein Unechtheitsindiz.[4]) Dieser Schluß wäre verfehlt, denn 1. geben uns unsere Hilfsmittel — was man vielfach übersieht — durchaus keine vollständige Übersicht über das justinianische Latein[5]); 2. kann es sich um eine vorjustinianische Textänderung handeln; 3. selbst wo eine justinianische Interpolation in Frage steht, können sich die Kompilatoren an eine Glosse mehr oder weniger eng angeschlossen haben. Mit der nicht juristischen Literatur ist umgekehrt zu verfahren. Findet sich der kritische Sprachgebrauch hier in klassischer Zeit nicht, so erhöht das den Verdacht[6]); findet

---

1) Eduard *Norden* in *Gercke-Norden*, Einleitung in die Altertumswissenschaft 1 (2. Aufl.) 394; derselbe, Antike Kunstprosa 2 (1898) S. 581.

2) *Norden*, Kunstprosa 2, 582, 946.

3) So schon richtig *Gradenwitz*, SZ. 7, 46, irrig *Schirmer*, SZ. 8, 155. Wer den Schluß des Textes nicht mitmacht, der mache sich klar, daß er dann überhaupt auf die Verwertung sprachlicher Momente für den Unechtheitsbeweis verzichten muß.

4) Verfehlt *Kalb*, Juristenlatein (2. Aufl.) S. 78 und andere, die ihm gefolgt sind; richtig *Scialoja*, Bull. 11, 66; *Peters* (oben S. 3) S. 94; *P. Krüger*, Deutsche LitZ. 33 (1912) S. 2736; *Beseler* 3, 201; *H. Krüger*, GrünhutZ. 41, 306.

5) Siehe unten S. 59.

6) Beispiele: 'Hypotheca' siehe *Fehr*, Beiträge zur Lehre vom röm. Pfandrecht, S. 12ff.; *Manigk*, Art. hypotheca bei Pauly-Wissowa; 'inhabitator' siehe *Schulz*, GrünhutZ. 38, 47.

sich dagegen hier der Sprachgebrauch, so ist damit noch nicht seine Klassizität
in Juristenschriften erwiesen, eben wegen der splendid isolation der Juristensprache. Dies gilt insbesondere von Belegen aus Dichtern oder aus Schriftstellern,
die sich entschieden des archaistischen oder neoterischen Stils befleißigen.[1]
Nicht nur der Sprachwandel liefert uns aber unsere sprachlichen Unechtheits-
indizien. Unendlich zahlreiche Stellen sind derart geschrieben, daß man sagen
kann: auch ein nachklassischer Jurist, auch die Kompilatoren hätten nicht so
geschrieben, wenn sie die Stelle überhaupt in einem Zuge geschrieben hätten.
In den Text geratene Glossen, die flüchtigen Striche und Zusätze der Kompilatoren mußten notwendigerweise eine Sprache hervorrufen, die nirgends und
von niemandem je gesprochen oder geschrieben worden ist.

B. Sachliche Indizien.

Diese werden gewonnen durch Vergleichung des Inhalts der kritischen Stelle
mit der sonstigen Überlieferung. Dabei gelangt man zu folgenden typischen
Situationen:

**a) Eine bestimmte Stelle einer bestimmten Juristenschrift[2] wird
uns mehrfach überliefert, sei es, daß der Originaltext dieser Stelle
selbst sich an verschiedenen Punkten unserer Überlieferung wie-
derfindet, sei es, daß andere Juristen über den Inhalt der Stelle
referieren.** Dabei muß wiederum geschieden werden:

α) **Die mehrfache Überlieferung geschieht durch die Digesten.[3]**
Wenn und soweit die Überlieferungen voneinander abweichen, so ist freilich a
priori ungewiß, welches die echte Fassung ist, doch wird sich im konkreten Fall
diese Frage vielfach leicht beantworten. Soweit die Überlieferungen übereinstimmen, wird man zunächst den Text als unberührt von justinianischen Interpolationen annehmen dürfen. Denn da Justinian die Aufnahme von Dubletten
untersagt hatte, darf man grundsätzlich annehmen, daß die doppelte Aufnahme
derselben Stelle durch ein Versehen der Kompilatoren verursacht worden ist,
diese also die beiden Texte nicht nebeneinander gehalten haben und daher
auch nicht gleichlautend interpoliert haben können. Doch bedarf dieser Satz

---

1) *Beseler* 3, 3; *Kalb*, Jagd 18.

2) Bei Vergleichung eines an bestimmter Stelle überlieferten Kaisererlasses
mit der sonstigen Überlieferung findet das im Text Gesagte entsprechende Anwendung.

3) Zum folgenden: *Beseler* 1, 102; 3, 17, 87, 99; *H. Krüger,* GrünhutZ. 41, 307;
Berger, KritVJSchr. 50, 442, Teilungsklagen 181, GrünhutZ. 40, 324; *Fehr*, SZ. 33,
580. Material bei *Bluhme*, Dissertatio de geminatis et similibus quae in Digestis
inveniuntur capitibus, Jena 1820; *De Francisci*, Rendic. del Istituto Lombardo
Ser. II 44 (1911) S. 185ff.; *Bonfante*, Storia 659. In Vorbereitung ist *Stella Maranca*,
Le similitudines nelle Pandette.

der Einschränkung.[1]) Schon in der Constitutio Deo auctore[2]) hatte Justinian die Nichtaufnahme von similia, nur 'secundum quod possibile est' befohlen, und in der Einführungsverordnung erklärt er ausdrücklich, daß die Kommission absichtlich mitunter Dubletten aus didaktischen Gründen aufgenommen habe, teils weil dieselbe Stelle zur Erläuterung verschiedener Titel notwendig erschien, teils um den Zusammenhang nicht zu zerreißen[3]); namentlich in den didaktischen Titeln de verborum significatione und de regulis iuris dürfte manche Stelle, die in dem Werk bereits Aufnahme gefunden hatte, absichtlich noch einmal aufgeführt worden sein.[4]) Dann aber ist es auch recht gut möglich, daß die Kompilatoren die beiden an verschiedenen Stellen der Digesten aufgenommenen Fragmente gleichmäßig interpoliert haben, was sich denn in der Tat auch mitunter nachweisen läßt. Auch durch vorjustinianische Textänderungen können die beiden Stellen gleichmäßig durchsetzt sein: die Kompilatoren schrieben den glossierten Text eben zweimal ab; Voraussetzung einer solchen Annahme ist freilich[5]), daß es sich um zwei Originaltexte handelt; sie ist unwahrscheinlich, wenn etwa die eine Stelle ein bestimmtes Originalfragment aus Julians Digesten ist, die andere ein Fragment aus einer Schrift Ulpians, in dem er die Julianische Erörterung referiert.

D. (4, 2) 13.

Callistratus libro quinto de cognitionibus. Exstat enim decretum divi Marci in haec verba: 'Optimum est, ut, si quas putas te habere petitiones, actionibus experiaris'. cum Marcianus diceret: 'vim nullam feci', Caesar dixit: 'tu vim putas esse solum, si homines vulnerentur? vis est et tunc, quotiens quis id, quod deberi sibi putat, non per iudicem reposcit. quisquis igitur probatus mihi fuerit rem ullam debitoris *vel pecuniam debitam* non ab ipso sibi *sponte* datam sine ullo iudice temere possidere *vel accepisse*, isque sibi ius in eam rem dixisse: ius crediti non habebit.'

D. (48, 7) 7.

Callistratus libro quinto de cognitionibus. Creditores si adversus debitores suos agant, per iudicem id, quod deberi sibi putant, reposcere debent: alioquin si in rem debitoris sui intraverint id nullo concedente, divus Marcus decrevit ius crediti eos non habere. verba decreti haec sunt: 'Optimum est, ut, si quas putas te habere petitiones, actionibus experiaris; interim ille in possessione debet morari, tu petitor es'. Et cum Marcianus diceret: 'vim nullam feci', Caesar dixit: 'tu vim putas esse solum, si homines vulnerentur? vis est et tunc, quotiens quis id, quod deberi sibi putat, non per iudicem reposcit. non puto autem nec verecundiae nec dignitati nec pietati tuae convenire quicquam non iure facere. quisquis igi-

---

1) Das scheint zu übersehen *Berger*, KritVJSchr. l. c.

2) §§ 4, 9.

3) Constit. Tanta § 13, *Krüger*, Geschichte 373.

4) Vgl. *Krüger*, Geschichte 374; unrichtig *Berger*, Teilungsklagen 34, KritVJ-Schr. l. c.

5) Gut *Berger*, Teilungsklagen 182, KritVJSchr. l. c.

tur probatus mihi fuerit rem ullam debitoris non ab ipso sibi traditam sine ullo
iudice temere possidere eumque sibi ius in eam rem dixisse, ius crediti non habebit.'

Callistratus handelt von dem sogenannten decretum divi Marci über die Selbst-
hilfe.[1]) Der Text des Fr. 7 ist offenbar der echte, die Kompilatoren haben ihn
in Fr. 13 gekürzt und mit einem Einleitungssatz versehen. Daraus darf man aber
auch schließen, daß die sachlichen Abweichungen des Fr. 13 auf Interpolationen
beruhen: Marc Aurel sprach allein von der Wegnahme von Sachen (daran erinnert
in Fr. 13 noch das stehengebliebene 'in eam rem'); er sprach auch nur von der
vis absoluta, die Kompilatoren dehnten die Entscheidung auf vis compulsiva aus,
was die Einfügung des Wortes 'sponte' in Fr. 13 nötig machte. —

D. (13, 6) 19.

Julianus libro primo digestorum. Ad eos qui servandum aliquid conducunt
aut utendum accipiunt, damnum iniuria ab alio datum non pertinere procul dubio
est: qua enim *cura et diligentia* consequi possumus, ne aliquis damnum nobis
iniuria det?

D. (19, 2) 41.

Ulpianus libro quinto ad edictum. Sed de damno ab alio dato agi cum eo non
posse Julianus ait: qua enim custodia consequi potuit, ne damnum iniuria ab
alio dari possit? sed Marcellus *interdum esse posse ait, sive custodiri potuit, ne
damnum daretur, sive ipse custos damnum dedit: quae sententia Marcelli probanda est.*

D. (50, 16) 9.

Ulpianus libro quinto ad edictum. Marcellus apud Julianum notat verbo
'perisse' et 'scissum' et 'fractum' contineri et 'vi raptum'.[2])

Der entgeltliche Verwahrer und der Entleiher haften im klassischen Recht
für custodia und damit — wie wir aus Gaius wissen [3]) — für das Abhandenkommen
der Sache durch Diebstahl schlechtweg, ohne daß es auf ein Verschulden seinerseits ankäme. Haften sie auch für Sachbeschädigungen, die Dritte verursacht
haben? Julian verneint die Frage, Marcell und Ulpian aber waren anderer Ansicht. Zunächst sind in Fr. 19 die Worte 'cura et diligentia' von den Kompilatoren
statt 'custodia' eingesetzt worden; das Referat Ulpians weist den der Terminologie des Gaius entsprechenden Ausdruck auf, der auch allein der Sache entspricht:
denn die custodia-Haftung war für Gaius — und erst recht natürlich für
Julian — noch keine bloße Diligenzhaftung. Was aber war die Meinung des Marcell? Wir besitzen Ulpians Referat über seine Note gleichfalls doppelt, wenn diese
Tatsache auch auf den ersten Blick nicht erkennbar ist. Man erwäge aber: 1. die
Fr. 9 und 41 sind aus demselben Buche Ulpians; 2. aus der Marcellus-Note in Fr. 9
geht hervor, daß sie zu einem Texte geschrieben ist, in dem Julian in einem bestimmten Falle nicht für Sachbeschädigung einstehen ließ; unsere Julianentscheidung entspricht dieser Bedingung; 3. die Note in Fr. 41 zeigt stilistische Mängel:
'esse posse' so absolut gebraucht ist kein Latein und hat schon zu manchen Konjekturen Anlaß gegeben. Aus alledem darf man schließen: der echte Marcellus-

---

1) Zur Sache *Windscheid* 1, § 123³, *Dernburg* 1, 221; *Ferrini*, Diritto penale
romano 166 ff.; *Bertolini*, Appunti didattici ser. 2. Processo civile 1, 20 f.

2) Zu diesen Stellen *Schulz*, GrünhutZ. 38, 36.

3) Gaius 3, 203 ff. Soweit ist heute ein Zweifel nicht mehr möglich, wie man
auch im übrigen über die custodia denken mag: *Rabel*, Grundzüge 479.

text steht in Fr. 9; Ulpian schrieb: 'sed Marcellus apud Julianum notat verbo 'perisse' et 'scissum' et 'fractum' contineri et 'vi raptum', quae sententia Marcelli probanda est'. Die Kompilatoren änderten, weil nach ihrer Lehre der Kustodient nur für Sorgfalt und daher durchaus nicht unbedingt für Sachbeschädigung zu haften haben sollte; im Titel de verborum significatione war die Note in ihrer Isoliertheit unschädlich. —

Eine dreifache Überlieferung besitzen wir für folgende Marcellus-Entscheidung:

D. (12, 2) 3, 3.

Ulpianus libro vicensimo secundo ad edictum. Marcellus scribit etiam de eo iurari posse, an praegnas sit mulier vel non sit, et iuriiurando standum: denique ait, si de possessione erat quaestio, servari oportere, si forte quasi praegnas ire in póssessionem volebat et, cum ei contradiceretur, vel ipsa iuravit se praegnatem vel contra eam iuratum est: nam si ipsa, ibit in possessionem sine metu, si contra eam, non ibit, quamvis vere praegnas fuerit: proderitque, inquit Marcellus, mulieri iuranti iusiurandum, ne conveniatur quasi calumniae causa ventris nomine fuerit in possessionem neve vim patiatur in possessione. sed an iusiurandum eo usque prosit, ut post editum partum non quaeratur, ex eo editus sit an non sit cuius esse dicitur, Marcellus tractat: et ait veritatem esse quaerendam, quia iusiurandum alteri neque prodest neque nocet: matris igitur iusiurandum partui non proficiet: nec nocebit, si mater detulerit et iuretur ex eo praegnas non esse.

D. (25, 6) 1pr.

Ulpianus libro trigesimo quarto ad edictum. Si de possessione ventris nomine quaeratur et deferente herede mulier iuraverit praegnatem se esse, servandum est iusiurandum nec tenebitur mulier, quasi calumniae causa fuerit in possessionem missa, nec vis ei facienda est post iusiurandum. si tamen peperit, quacretur veritas, an ex eo praegnas fuerit: alteri enim nec prodest nec nocet iusiurandum inter alios factum, nec partui igitur nocebit.

D. (37, 10) 10.

Marcellus libro septimo digestorum. Cum mulier deferente herede iuraverit se praegnatem esse, bonorum possessio ex edicto Carboniano dari debet, vel denegari, si illa heredi detulit iusiurandum, cum causa cognita detur possessio, ne aut heredi bonorum possessio data faciat praeiudicium aut denegata ius ordinarium eripiat pupillo.

Ein Erblasser verstirbt ohne Testament unter Hinterlassung seiner Witwe und seines Bruders. Der Bruder wäre an sich Alleinerbe. Die Witwe behauptet aber, vom Erblasser schwanger zu sein und fordert wegen ihres Kindes — das, wenn es geboren wird, Alleinerbe ist — die bonorum possessio ventris nomine.[1]) Der Bruder bestreitet die behauptete Schwangerschaft und schiebt der Witwe darüber den Eid zu, den diese auch schwört.[2]) Bei diesem Eid hat sich der Bruder zu beruhigen, die Witwe erhält die bonorum possessio ventris nomine und darf weder durch Gewalt im Besitz gestört noch mit der Klage behelligt werden, die der Praetor verheißt 'si mulier ventris nomine in possessione calumniae causa esse dicetur'.[3]) Wird nun das Kind geboren, so kann jetzt dieses die bonorum possessio

---

1) *Dernburg* 2, 1047.　　　2) *Lenel*, Edictum 145.　　　3) *Lenel*, Edictum 304.

ex Carboniano edicto erbitten.[1]) Der Praetor erteilt diese bonorum possessio aber nur causa cognita[2]), nach Prüfung der Sachlage; für diese Kognition wird der Eid der Witwe nicht berücksichtigt: die Parteien sind ja hier andere als bei der Erbittung der bonorum possessio ventris nomine. Die Erörterung des Marcellus steht am vollständigsten und fast ohne Fehler in Fr. 3. Daß sie auch in Fr. 1 cit. referiert wird, liegt auf der Hand; schwerlich wird der zitierfreudige Ulpian Marcell ohne Namensnennung so wörtlich ausgeschrieben haben, erst die Kompilatoren haben, wie so oft, das Zitat gestrichen. Ihre Hand zeigt sich auch in dem verstümmelten Schlußsatze. Mommsen wollte 'nocebit' streichen, weil er die Parallelstelle anscheinend nicht kannte, der Schluß ist vielmehr so zu rekonstruieren:

> nec partui igitur ⟨matris iusiurandum proficiet nec⟩ nocebit, ⟨si mater detulerit et iuretur ex eo praegnas non esse.⟩

Andrerseits kann man mittels Fr. 1 einen Fehler in Fr. 3 verbessern. In dem Satze 'quasi calumniae causa ventris nomine fuerit in possessionem' fällt 'possessionem' auf, es sollte 'possessione' dastehen[3]), das man auch durch Konjektur hat einsetzen wollen; Fr. 1 zeigt, daß vielmehr 'missa' ausgefallen ist. Die Originalentscheidung des Marcellus steht in Fr. 10, freilich zur Unkenntlichkeit entstellt: die beiden Arten der bonorum possessio, um die es sich handelt, werden völlig durcheinander geworfen. Wörtliche Rekonstruktion ist unmöglich; Marcell muß gesagt haben: Hat die Mutter geschworen, so kann dem Kinde doch die Einweisung ex Carboniano edicto verweigert werden, wie sie ihm andrerseits gewährt werden kann, obwohl der Erbe geschworen hat, daß die Frau nicht vom Erblasser schwanger sei. —

D. (31) 21.

Celsus libro vicesimo digestorum. Cum quidam uxori suae dotem reddisset, quadraginta ei legare voluisset et quamquam sciret dotem redditam, hoc tamen praetextu usus esset, *quasi dotis reddendae nomine eam summam legaret*, existimo deberi quadraginta: *etenim 'reddendi' verbum quamquam significationem habet 'retro dandi', recipit tamen et 'per se dandi' significationem.*

D. (50, 16) 94.

Celsus libro vicensimo digestorum. Verbum 'reddendi' quamquam significationem habet 'retro dandi', recipit tamen et 'per se dandi' significationem.[4])

A. setzt seiner Frau ein Vermächtnis aus, indem er anordnet, die 40, die er noch als dos habe, sollen der Frau zurückgegeben werden; er hat aber bereits bei Lebzeiten die ganze dos der Frau zurückgegeben und weiß das auch im Moment der Testamentserrichtung recht gut. Das Legat ist gültig, denn es steht fest, daß er der Frau 40 vermachen wollte, und 'falsa demonstratio non nocet'.[5])

---

1) *Dernburg* 2, 1046.   2) *Lenel*, Edictum 336.

3) So wollte auch *Haloander* verbessern.

4) Zu diesen Stellen *Beseler* 3, 17.

5) Vgl. Ulpian D. (33, 4) 1, 8: Si quis uxori fundum Titianum his verbis legasset: 'is enim fundus propter illam ad me pervenit', omnimodo debetur fundus: nam quidquid demonstratae rei additur satis demonstratae frustra est. Die Worte 'satis demonstratae' sind eine besorgte Glosse zu 'demonstratae'. Siehe auch *Eisele*, IheringJ 23, 27 f.

Die Begründung, die in unserer Stelle steht, kann nicht echt sein. Freilich heißt 'reddere' nicht nur 'zurückgeben', aber in der Verbindung 'dotem reddere' kann es sicherlich nichts anderes heißen; dazu der Stil: hinter 'quamquam' vermißt man 'plerumque'. Wie die Klassiker so etwas ausdrücken, zeigt D. (32) 100 pr.: 'qui 'reddere' iubetur, simul et 'dare' iubetur'. Es handelt sich wohl um eine eingedrungene begründende Glosse. Die Stelle enthält noch eine zweite Glosse: die störenden Worte 'quasi — legaret' sind wohl eine Paraphrase zu 'hoc — esset'; auffällig ist 'legaret' statt 'legisset'.

β) Die mehrfache Überlieferung geschieht durch die Digesten einerseits, durch die justinianischen Institutionen andrerseits.[1]

Man muß sich zunächst vergegenwärtigen, daß die Ausarbeitung der Institutionen erst nach Fertigstellung der Digesten in Angriff genommen worden ist[2]; sodann, daß das klassische Material, das die Institutionenverfasser benutzt haben, in zwei Massen zerfällt: 1. Exzerpte aus klassischen Institutionenschriften einschließlich der res cottidianae des Gaius: diese Schriften haben die Verfasser im Original gelesen; 2. Exzerpte aus andern klassischen Schriften: diese haben die Institutionenverfasser aus den Digesten, nicht aus den Originalschriften genommen[3]; nur in verschwindend wenigen Fällen scheinen sie aus dem Urtext geschöpft zu haben.[4] Daraus ergibt sich:

Gehört die Schrift, aus der uns ein Fragment sowohl in den Digesten wie in den Institutionen erhalten ist, zu denen, die die Institutionenverfasser nicht im Urtext gelesen haben, so ist natürlich der Text der Institutionen für die Ermittlung des klassischen Textes vollkommen gleichgültig.[5] Ist dagegen die Schrift im Urtext gelesen worden[6], so sind alle Möglichkeiten gegeben:

aa) die Institutionen überliefern den echten Text.

I. (2, 1) 4 u. 5.

Riparum quoque usus publicus est iuris gentium, sicut ipsius fluminis: itaque navem ad eas appellere, funes ex arboribus ibi natis religare, onus aliquid in his reponere cuilibet liberum est, sicuti per ipsum flumen navigare. sed proprietas earum illorum est quorum praediis haerent: qua de causa arbores quoque in isdem natae eorundem sunt. Litorum quoque usus publicus iuris gentium est, sicut ipsius maris: et ob id quibuslibet liberum est casam ibi imponere in qua se recipiant, sicut retia siccare et ex mare deducere. proprietas autem eorum potest

---

1) *Ferrini*, Intorno ai passi comuni ai Digesti ed alle Istituzione, Rend. Lomb. Serie II 22, 825 ff.

2) *Krüger*, Geschichte 368, *v. Kotz-Dobrž* bei Pauly-Wissowa, Art. Institutionen S. 1572.

3) *Krüger*, Geschichte 385 f., *v. Kotz-D.* S. 1580 f.

4) Vgl. *Ferrini*, Bull. 13, 104, 178 u. 199, *Krüger*, Geschichte 386³, *Berger*, SZ. 35, 46, *v. Kotz-D.* S. 1581.

5) Richtig *Ferrini*, Rend. S. 834, *Berger*, SZ. 35, 45.

6) Über diesen Fall ungenau *Berger*, KritVJSchr. 50, 438.

intellegi nullius esse, sed eiusdem iuris esse, cuius et mare et quae subiacent mari, terra vel harena.

D. (1, 8) 5.

Gaius libro secundo rerum cottidianarum sive aureorum. Riparum usus publicus est iure gentium sicut ipsius fluminis. itaque navem ad eas appellere, funes ex arboribus ibi natis religare, retia siccare et ex mare reducere, onus aliquid in his reponere cuilibet liberum est, sicuti per ipsum flumen navigare. sed proprietas illorum est, quorum praediis haerent: qua de causa arbores quoque in his natae eorundem sunt. In mare piscantibus liberum est casam in litore ponere, in qua se recipiant.[1])

Ripa ist das Flußufer, nicht auch das Meeresufer. Die Digestenverfasser aber glaubten die Gaianische Darstellung abkürzen zu können, indem sie ripa als Ufer schlechtweg auffaßten. Sie haben daher in Fr. 5 die Worte 'retia — reducere' eingeschaltet, die überraschend kommen, da vorher nur vom flumen die Rede war; sie haben ferner am Schluß, da sie das Hüttenbauen auf dem Flußufer so wenig wie das klassische Recht gestatten wollten, die Worte 'in mare piscantibus' eingeschaltet.

bb) Die Digesten überliefern den echten Text.

D. (27, 1) 21 pr.

Marcianus libro secundo institutionum. Propter litem, quam quis cum pupillo habet, excusare se a tutela non potest, nisi forte de omnibus bonis aut plurima parte eorum controversia sit.

I. (1, 25) 4.

Item propter litem, quam cum pupillo vel adulto tutor vel curator habet, excusare se nemo potest: nisi forte de omnibus bonis vel hereditate controversia sit.[2])

Die Institutionenverfasser haben die nachklassische Ausgleichung zwischen tutela und cura hineinkorrigiert, damit freilich ungeschickterweise die grammatische Konstruktion ganz zerrüttet. 'Niemand kann sich entschuldigen, wenn tutor oder curator mit dem Schutzbefohlenen einen Prozeß haben!' Es soll natürlich heißen: Niemand kann tutela oder cura ablehnen, weil er mit dem pupillus oder minor im Prozesse steht. Auch die törichten Worte 'vel hereditate' haben erst die Institutionenverfasser eingesetzt.[3])

cc) Keine der beiden Überlieferungen gibt den echten Text: vorjustinianische nachklassische Änderungen und Zusätze können gleichmäßig in die Digesten und Institutionen geflossen sein[4]); nachweislich haben auch mitunter die In-

---

1) Dazu *Ubbelohde* bei *Glück*, Serie d. Bücher 43 u. 44, Teil 4 S. 449.

2) Zu diesen Stellen *Albertario*, Lo sviluppo delle excusationes S. 48.

3) Accursius erklärt: 'propter magnitudinem enim litis ponit de hereditate'; es mag das der Gedanke der Institutionenverfasser gewesen sein; wie primitiv er ist, liegt auf der Hand: es gibt doch auch kleine Erbschaften.

4) *Berger*, KritVJSchr. 50, 438, L'Indirizzo 26f., *Partsch*, Negotiorum Gestio 1 (oben S. 40) S. 39.

stitutionenverfasser den interpolierten Digestentext aufgenommen, wo sie die
Schrift, aus der das Fragment stammt, im Original benutzten.¹⁾

D. (28, 5) 50, 1.

Florentinus libro decimo institutionum. In extraneis heredibus illa observan-
tur: ut sit cum eis testamenti factio, sive ipsi heredes instituantur sive hi, qui
in potestate eorum sunt, et id duobus temporibus inspicitur: testamenti facti, ut
constiterit institutio et mortis testatoris, ut effectum habeat. *hoc amplius et cum
adibit hereditatem esse debet cum eo testamenti factio, sive pure sive sub condicione
heres institutus sit: nam ius heredis eo vel maxime tempore inspiciendum est, quo
adquirit hereditatem.* medio autem tempore inter factum testamentum et mortem
testatoris *vel condicionem institutionis exsistentem* mutatio iuris heredi non nocet,
quia, ut dixi, *tria* tempora inspicimus.²⁾

Derselbe Text findet sich mit unwesentlichen stilistischen Abweichungen
I. (2, 19) 4. Die Institutionen des Florentin haben sonst die Institutionenverfasser
im Original benutzt, diese Stelle müssen sie aber aus den Digesten genommen haben,
da sie deutliche Spuren justinianischer Interpolation aufweist. Die testamenti
factio passiva wird in drei Momenten in unserer Stelle gefordert: 1. im Zeitpunkt
der Testamentserrichtung; 2. im Zeitpunkt der Delation (grundsätzlich also im
Zeitpunkt des Todes des Erblassers, nur bei bedingter Erbeinsetzung im Zeitpunkt
des Eintritts der Bedingung); 3. im Zeitpunkt der Akquisition.³⁾ Stilistisch fällt
auf ꞌet cum adibit . . . esse debet cum eoꞌ: im Vorhergehenden ist von heredes
die Rede; typisch kompilatorisch wird die Konstruktion unvermittelt abgebrochen
und im Singular fortgefahren, wodurch nun zu den Verben das Subjekt fehlt;
außerdem müßte entweder statt ꞌadibitꞌ ꞌaditꞌ dastehen — so haben die Institutionen korrigiert — oder aber statt ꞌdebetꞌ ꞌdebebitꞌ. Ungeschickt ist es auch,
erst zu verkünden, daß zwei Momente in Betracht kämen, und dann doch drei an-
zuführen. Verdächtig sind auch die Worte ꞌin extraneis — observanturꞌ. Freilich
kann die Lehre von den drei Momenten nur für extranei gelten, da bei den sui
heredes Delation und Akquisition zusammenfällt; aber die Worte stehen im falschen Satze, nämlich im ersten, der doch ausschließlich von den beiden ersten
Zeitpunkten spricht und also für die sui genau wie für die extranei Geltung haben
könnte; die Worte müßten hinter ꞌhoc ampliusꞌ stehen. Florentin erwähnte offenbar nur die beiden ersten Zeitpunkte, und brauchte dann natürlich seine Erörterung nicht auf die sui zu beschränken; die Kompilatoren fügten den Zeitpunkt
des Erbschaftserwerbes hinzu und wünschten daher klarzustellen, daß diese ihre
Lehre von den drei Momenten sich ausschließlich auf die extranei bezöge, und
haben dies mit den ungeschickten Eingangsworten getan.⁴⁾ Die beiden entscheidenden Zeitpunkte waren für Florentin der der Testamentserrichtung und der des
Todes (nicht der der Delation): die Fähigkeit, Passivbeteiligter bei dem Rechtsgeschäft der Testamentserrichtung zu sein, muß in den Zeitpunkten vorhanden
sein, die für das definitive Zustandekommen des Rechtsgeschäfts entscheidend
sind, und diese sind der Moment der Erklärung des Willens und der, in dem

---

1) *Ferrini*, Rend. 828.   2) Zum folgenden: *Schulz*, SZ. 35, 112 ff.
3) *Dernburg* 2, 915 f.
4) Über den Anlaß zur Interpolation *Schulz* l. c. 120.

diese Erklärung unwiderruflich wird. Erst die Kompilatoren scheinen die Worte 'vel — exsistentem' eingeflickt zu haben: im Eingang des Textes wird der Eintritt der Bedingung nicht erwähnt, und Florentin wird nicht in einem Satze, der sich gar nicht mehr mit der Bestimmung der maßgebenden Zeitpunkte, sondern mit der Bedeutung der Zwischenzeit befaßte, so nebenher gesagt haben, daß bei bedingter Erbeinsetzung der Zeitpunkt des Eintritts der Bedingung an Stelle der Todeszeit maßgebend sei.[1]

γ) Die mehrfache Überlieferung geschieht durch die Digesten einerseits, den Codex Justinianus andrerseits. Diese Fälle sind sehr selten, da die Kaisererlasse nur selten die Juristenschriften zitieren.[2] Soweit sie es ausnahmsweise doch tun und aus der Zeit vor der Abfassung der Digesten stammen, haben sie natürlich aus den Urtexten geschöpft, doch besteht die Möglichkeit, daß die Kompilatoren bei der zweiten Auflage des Codex nach den Digesten korrigiert haben.

δ) Die mehrfache Überlieferung geschieht durch die Digesten einerseits, die byzantinischen Rechtsbücher andrerseits.[3] Im allgemeinen wird aus dieser Vergleichung für die Ermittlung des klassischen Textes nichts gewonnen werden können, da die Byzantiner natürlich grundsätzlich vom justinianischen Digestentext ausgehen. Bisweilen scheinen sie aber doch die klassischen Texte, vielleicht in griechischer Übertragung, herangezogen zu haben, wobei sie dann mitunter versehentlich den nicht interpolierten Text wiedergeben.

D. (17, 2) 52, 1 und 2.

Ulpianus libro trigensimo primo ad edictum. Venit autem in hoc iudicium pro socio bona fides. Utrum ergo tantum dolum an etiam culpam praestare socium oporteat, quaeritur. et Celsus libro septimo digestorum ita scripsit: socios inter se dolum *et culpam* praestare oportet. Si in coeunda societate, inquit, artem operamve policitus est alter, veluti cum pecus in commune pascendum aut agrum politori damus in commune quaerendis fructibus, nimirum ibi etiam culpa praestanda est.

Bas. (12, 1) 50:

Ὁ κοινωνὸς ἀπὸ δόλου ἐνέχεται; εἰ δὲ τέχνην ἢ ὑπηρεσίαν ἐν τῷ συνίστασθαι τὴν κοινωνίαν ὑπέσχετο, καὶ ἀπὸ ἀμελείας ἐνέχεται.

---

1) Ein weiteres Beispiel bietet D. (41, 1) 9, 6, worüber Teil 2, I gehandelt ist.

2) Z. B. D. (31) 77, 33 = C. (6, 25) 9; D. (35, 1) 102 = C. (6, 25) 7, 1 und C. (6, 42) 30 und dazu *H. Krüger*, SZ. 19, 40.

3) Zum folgenden: *Riccobono*, Bull. 18, 197ff., Mélanges Fitting 2, 465, SZ. 33, 288; 34, 192, *Krüger*, Geschichte 406 und SZ. 36, 82ff., *Mitteis*, Röm. Privatrecht 1, 330[43] und SZ. 34, 406, *Braßloff*, Wiener Studien 24, 567, *Kübler* (oben S. 43) S. 25 des Sonderdrucks, *Schulz*, GrünhutZ. 38, 16 und KritVJSchr. 50, 50, *Peters* (oben S. 3) S. 36f., *Arangio-Ruiz*, Bull. 25, 162, *Rotondi*, Dolus ex delicto e dolus ex contractu (Perugia 1913) S. 33f., *Albertario*, Rivista ital. 52 (1912) S. 33ff., *Biondi*, Bull. 21, 222ff., Praef. zur italien. Dig.-Ausg. S. VI.

Nach der Digestenstelle soll der Gesellschafter für dolus und culpa einstehen, der Aufbau der Stelle ist aber seltsam unlogisch. Celsus sagt: Wenn der socius im Vertrage eine bestimmte Kunst oder Arbeit versprochen habe (z. B. das gemeinsame Vieh zu weiden oder ein Grundstück für gemeinsame Rechnung zu bewirtschaften), dann hafte der socius auch für culpa. In solchen Sonderfällen auch für culpa; liegen diese nicht vor — so muß man schließen —, also wohl nur für dolus? Richtig sagt denn auch der Basilikentext: Der Gesellschafter haftet für dolus; wenn er aber eine Kunst oder Arbeit im Gesellschaftsvertrage versprach, so haftet er auch wegen Unachtsamkeit. Das ist offenbar der klassische Text, der Digestentext ist ungeschickt interpoliert[1]): die Kompilatoren wollten die Haftung verschärfen.

ε) Die mehrfache Überlieferung geschieht durch die Digesten einerseits, durch vorjustinianische Juristenschriften andrerseits. Stimmen die beiden Texte überein, so ist damit jedenfalls festgestellt, daß keine justinianische Interpolation vorliegt. Die Klassizität ist freilich damit noch keineswegs gesichert, da die Kompilatoren glossierte und interpolierte Texte benutzten[2]), in beiden Stellen also dieselbe vorjustinianische Änderung stecken kann. Weichen die Texte voneinander ab, so ist nicht etwa der außerdigestalen Überlieferung stets der Vorzug zu geben, da wir keine Überlieferung besitzen, die vom Verdacht nachklassischer Überarbeitung frei wäre; mitunter haben nachweislich die Digesten den besseren Text; es muß also im Einzelfall geprüft werden, welcher Text Glauben verdient.

Vat. 44.

Ulpianus libro II. Respondit Aurelio Felici fructus ex fundo per vindicationem pure relicto post aditam hereditatem a legatario perceptos ad ipsum pertinere, colonum autem cum herede ex conducto habere actionem.

D. (30) 120, 2.

Ulpianus libro secundo responsorum. Fructus ex fundo pure legato post aditam hereditatem a legatario perceptos ad ipsum pertinere, colonum autem cum herede ex conducto habere actionem.

A hat dem C sein Grundstück verpachtet, dasselbe aber per vindicationem an B vermacht; Erbe des A ist X. Mit dem Moment, wo X die Erbschaft antritt, erwirbt B das Vermächtnis und zwar wird er ohne weiteres Eigentümer.[3]) B hat sich nun von C das Grundstück herausgeben lassen, wozu auch C verpflichtet war, und hat die Früchte gezogen. Diese Früchte gebühren auch dem B, da er ja Eigentümer ist und ihn der Pachtvertrag nichts angeht: in diesen ist nur der Universalsukzessor X sukzediert, an ihn muß sich also auch C halten.[4]) Wäre das Vermächt-

---

1) So *Braßloff* u. *Mitteis* l. c., *Rabel*, Grundzüge 478, *Rotondi*, La misura della responsabilità dell' actio fiduciae S. 6, A. M. *Kübler*, Festgabe der Berl. jur. Fak. f. Gierke S. 19 des Sonderdrucks (nicht durchschlagend).

2) Das wird wohl heute nicht mehr bestritten; richtig schon *Riccobono*, Bull. 6, 171. Ein Beispiel oben S. 22. Vgl. *Beseler* 3, 59, *H. Krüger*, GrünhutZ. 41, 308.

3) Nach der Lehre der Sabinianer; vgl. Gaius 2, 195, *Dernburg* 2, 983.

4) Eigentumswechsel bricht Miete.

nis bedingt erteilt, so würde B erst mit Eintritt der Bedingung das Eigentum und damit das Anrecht auf die Früchte erwerben.[1]) Der Text von Vat. ist offenbar der echte, denn die Entscheidung paßt im klassischen Recht nur auf das Vindikations-, nicht auch auf das Damnationslegat. Da Justinian diesen Unterschied beseitigt hatte[2]), mußten die Kompilatoren die Beziehung auf das Vindikationslegat streichen; auch die Einleitungsworte haben sie als überflüssig gestrichen. —

Paul. Sent. (1, 9) 2 (Breviar).

Qui minori mandavit, ut negotia sua agat, ex eius persona in integrum restitui non potest *nisi minor sua sponte negotiis eius intervenerit.*

D. (4, 4) 24 pr.

Paulus libro primo sententiarum. Quod si minor sua sponte negotiis maioris intervenerit, restituendus erit.[3])

Die Digesten geben den echten Text, der in der Breviarstelle unmittelbar hinter 'non potest' anzusetzen ist. Die Verfasser des Breviars haben geglaubt, diese Entscheidung rasch mit einem nisi-Satze anfügen zu können: verfehlt, denn die negotiorum gestio kann vom Mandat nicht ausgenommen werden (nisi!), da sie überhaupt nicht darunter fällt.

Soviel von der mehrfachen Überlieferung ein und derselben Stelle einer bestimmten Juristenschrift.

b) Ein und derselbe Rechtsfall oder dasselbe Problem wird von demselben Juristen mehrfach behandelt, sei es in verschiedenen Schriften, sei es an verschiedenen Stellen derselben Schrift.

Widersprechen sich die Entscheidungen, so darf der Widerspruch als Interpolationsindiz genommen werden, zum Nachweis der Interpolation genügt er freilich allein nicht: Widerspruch mit sich selbst und (bei schwierigen Fragen) Meinungswechsel ist im Altertum so gut wie heute vorgekommen.[4]) Freilich sind selbst bei einem viel beschäftigten und von seinen Vorlagen stark abhängigen Mann wie Ulpian die Widersprüche in Wahrheit viel weniger zahlreich, als man früher angenommen hatte.[5]) Übereinstimmung der Entscheidung sichert nach dem früher Gesagten nicht ohne weiteres die Echtheit.

D. (9, 2) 5, 3—7 pr.

5. Ulpianus libro octavo decimo ad edictum. Si magister in disciplina vulneraverit servum vel occiderit, an Aquilia teneatur, quasi damnum iniuria dederit? et

---

1) Gaius 2, 200.   2) *Dernburg* 2, 972.

3) Zu diesen Stellen *Gradenwitz*, Interpolationen 222, *Eisele*, SZ. 18, 14.

4) Vgl. C. (6, 2) 22, 3a: variatum est et ab ipso Papiniano in contrarias declinante sententias.

5) In den Stellen, die *Pernice*, Ulpian als Schriftsteller S. 452, 454, anführt, ist wohl überwiegend etwas nicht in Ordnung.

Julianus scribit Aquilia teneri eum, qui eluscaverat discipulum in disciplina, multo magis igitur in occiso idem erit dicendum. proponitur autem apud eum species talis: sutor, inquit, puero discenti ingenuo filio familias, parum bene facienti quod demonstraverit, forma calcei cervicem percussit, ut oculus puero perfunderetur. Dicit igitur Julianus iniuriarum quidem actionem non competere, quia non faciendae iniuriae causa percusserit, sed monendi et docendi causa: an ex locato dubitat, quia levis dumtaxat castigatio concessa est docenti: *sed lege Aquilia posse agi non dubito.*

6. Paulus libro vicensimo secundo ad edictum. Praeceptoris enim nimia saevitia culpae adsignatur.

7. Ulpianus libro octavo decimo ad edictum. [Qua actione patrem consecuturum ait, quod minus ex operis filii sui propter vitiatum oculum sit habiturus, et impendia quae pro eius curatione fecerit.

D. (19, 2) 13, 4.

Ulpianus libro trigesimo secundo ad edictum. Item Julianus libro octagesimo sexto digestorum scripsit, si sutor puero parum bene facienti forma calcei tam vehementer cervicem percusserit, ut ei oculus effunderetur, ex locato esse actionem patri eius: quamvis enim magistris levis castigatio concessa sit, tamen hunc modum non tenuisse: *sed et de Aquilia supra diximus.* iniuriarum autem actionem competere Julianus negat, quia non iniuriae faciendae causa hoc fecerit, sed praecipiendi.[1])

Ein Meister schlägt seinem freien Lehrling, der seinen Anweisungen nicht nachkommt, mit dem Leisten ins Genick, so daß der Lehrling, der wohl die Ahle in der Hand hatte, ein Auge verliert. Kann der Vater des Lehrlings gegen den Meister klagen? Julian leugnet die actio iniuriarum, da sie Verletzungsabsicht voraussetzt, er gewährt die Klage aus dem Lehrvertrag. Ulpian gibt anscheinend in beiden Stellen außerdem die actio legis Aquiliae, doch beide Stellen sind in dieser Hinsicht interpoliert, auch Ulpian hat die Sachbeschädigungsklage auf die Verletzung freier Menschen nicht ausgedehnt. Deutlich ist zunächst der Einschub in Fr. 5 zu erkennen. Wenn eine Autorität wie Julian die actio legis Aquilia versagte, so wird ein abhängiger Autor wie Ulpian schwerlich seine abweichende Meinung mit 'non dubito' eingeführt haben; vor allem aber: wenn Ulpian wirklich die Worte 'sed lege — dubito' geschrieben hätte, so hätte er ja in dem folgenden Satze Julian den Inhalt einer Klage bestimmen lassen, die Julian gar nicht gab, denn 'qua actione' müßte sich ja dann auf 'lege Aquilia agi' beziehen. Auch in Fr. 13 kann Ulpian den saloppen Satz: 'auch über die actio legis Aquilia haben wir oben gesprochen' nicht geschrieben haben; korrekt müßte es heißen: 'sed et lege Aquilia posse agi, ut supra diximus'. — Die Kompilatoren haben hier die beiden Referate über dieselbe Julianentscheidung gleichmäßig interpoliert; sie waren sich der Dublette auch wohl bewußt: die zweite Interpolation weist ja ausdrücklich auf die erste Stelle zurück.[2])

---

1) Zu diesen Stellen siehe *Pernice*, Lehre von den Sachbeschädigungen 90 f., *De Medio*, in Studi Scialoja 1, 49 ff.

2) In Fr. 5 scheint auch sonst nicht alles in Ordnung zu sein; 'dubito an' heißt freilich 'hinneigen zu einer Meinung', so daß inhaltlich die beiden Referate übereinstimmen. Aber was soll 'igitur'?

c) Derselbe Rechtsfall, dasselbe Problem wird mehrfach, aber von verschiedenen Juristen behandelt.

Aus einem Widerspruch der Entscheidungen ist grundsätzlich nichts zu schließen, da wir mit zahlreichen Meinungsverschiedenheiten der Juristen zu rechnen haben. Doch muß man auch hier die einzelnen Juristen scheiden: wenn uns die Institutionen des Gaius einen Rechtssatz als ganz sicher und unbestritten berichten[1]), oder wenn wir in einer Frage eine feste Praxis des 2. Jahrhunderts nachweisen können, so ist ein Widerspruch Ulpians sehr wenig glaublich. Auch scheint sich in der Severerzeit über die wichtigsten Fragen bereits eine communis opinio gebildet zu haben, Widersprüche unter den Juristen von Ulpian abwärts dürfen daher als Verdachtsmoment[2]) gebucht werden.

d) Die Stelle paßt sonstwie nicht zu unserer Überlieferung.

α) Sie paßt nicht in den Zusammenhang, in dem sie in der klassischen Schrift gestanden hat[3]); um dies zu beurteilen, ist es natürlich nötig, die klassischen Schriften aus den uns erhaltenen Fragmenten, so gut es geht, zu rekonstruieren (Palingenesie).

β) Sie paßt nicht zu den Normen, die uns im übrigen für das betreffende Rechtsinstitut überliefert sind.

γ) Sie paßt nicht in die uns sonstwie bekannte historische Entwicklung, insbesondere, weil sie einen Anachronismus enthält.[4])

δ) Das geistige Niveau der Stelle ist nicht das, welches wir sonst bei dem betreffenden Klassiker oder bei den Klassikern überhaupt gewahrt sehen. Die Logik des Räsonnements ist schwach, die Erörterung verirrt sich ins Platt-Selbstverständliche, in abwegige oder gar absurde Gedankengänge.[5])

e) Auch die Übereinstimmung einer Digestenstelle mit unserer sonstigen Überlieferung kann ein Verdachtsmoment bieten. So wenn die Stellen x und y übereinstimmen, wir aber die Interpolation von x nachweisen können; doch ist hier mit Vorsicht zu verfahren, da die Kompilatoren möglicherweise nur klassische Meinungsverschiedenheiten ausgeglichen haben, z. B. x nach dem klassischen Text von y interpoliert haben. Auch die Übereinstimmung mit Ideen des hellenistischen und byzantinischen Rechtskreises (byzantinische Papyri,

---

1) Beispiel: Die Darstellung des Gaius über die Aktivlegitimation zur actio furti (Inst. 3, 203ff.).

2) Allein kann es freilich zum Nachweise nicht genügen.

3) Beispiel oben S. 42f.

4) Siehe *Appleton*, Interpolations 216, *Bonfante*, Storia 670ff.

5) *Appleton* l. c. 220ff.

byzantinische Rechtsbücher) kann als unterstützendes (aber nur als solches) Verdachtsmoment verwertet werden.[1])

III. Die wissenschaftlichen Hilfsmittel.

1. Hilfsmittel zur Berichtigung falscher Siglen-Auflösungen.

a) Fehlerhafte Stellen mit Berichtigungsvorschlägen finden sich angemerkt in unsern Digestenausgaben, sowie in Lenels Palingenesie; eine (nicht abschließende) Liste bei P. Krüger, Mélanges Girard 2, 40f.

b) Zusammenstellungen tatsächlich gebrauchter Abkürzungen findet man bei Keil, Grammatici Latini 4, 265 (Th. Mommsen); Seckel-Kübler, Jurispr. Anteiust. 1, 82; Studemund, Gaii Inst. (Apographum) S. 253ff.; Mommsen, Fragmenta Vat. (Apographum), Abhandl. der Berliner Akademie phil.-hist. Klasse, 1859, S. 385ff.; P. Krüger, SZ. 9, 145.

2. Glosseme und Interpolationen.

a) Nachweise über bereits aufgedeckte Veränderungen der klassischen Texte.

Ein allgemeiner Glossen- und Interpolationen-Index wird von der Redaktion der Savigny-Zeitschrift (Mitteis) vorbereitet.[2]) Bis zu seinem Erscheinen sind die Noten in der von P. Krüger besorgten kleinen Digestenausgabe ein unschätzbares Hilfsmittel; freilich sind hier nur die Verbesserungsvorschläge aufgenommen, die der Herausgeber billigte; auch sind die Schriften nur mit dem Autornamen zitiert, sodaß das Auffinden dem Anfänger einige Schwierigkeiten bereitet. Nur für die ältere (nicht sehr umfangreiche) interpolationenkritische Arbeit liegen bereits Verzeichnisse vor: Für Anton Faber: De Medio, I Tribonianismi avvertiti da Antonio Fabro Bull. 13, 208; 14, 276; Baviera, Archivio giuridico 69, 398. Für Cuiacius: Albertario, I Tribonianismi avvertiti dal Cuiacio, SZ. 31, 158. Für Wissembach und Eckhard: Biondi, I Tribonianismi avertiti da I. I. Wissembach e H. Eckhard 1911; zu Eckhard auch Albertario, Contributo alla storia della ricerca delle interpolazioni, Pavia 1913. Für Ulrich Huber (Praelectiones iuris civilis) Albertario, Filangieri 35, 364.

b) Zur Rechtssprache.

Eine zusammenfassende Darstellung der römischen Rechtssprache ist zurzeit noch nicht möglich. Die Arbeiten Kalbs — Das Juristenlatein, 2. Aufl. 1888, Roms Juristen nach ihrer Sprache dargestellt, 1890, dazu E. Th. Schulze, SZ. 12, 100ff., Die Jagd nach Interpolationen (Progr. d. alten Gymn. Nürnberg 1896/97) — sind durch die neueren Forschungen vielfach überholt. Kalbs Büchlein: 'Wegweiser in die röm. Rechtssprache für Absolventen des human. Gymnasiums, 1912' sollte man zur Hand haben, wenn darin auch freilich die neuere rechtshistorische Forschung zu wenig berücksichtigt ist. Die Untersuchungen von Lang, Beiträge zur Hermeneutik des röm. Rechts, 1857, sind ganz veraltet.

Zur Latinität Justinians: Eisele, SZ. 7, 15; Grupe, SZ. 14, 224; 15, 327; H. Krüger, Arch. f. lat. Lexicographie 10, 147; 11, 453; Kalb, Jahresberichte 102.

---

1) Siehe z. B. *Longo*, Bull. 17, 34ff., *Rotondi*, Bull. 24, 18ff., *Albertario*, Riv. ital. 52, 51ff.   2) SZ. 30 p. V; 31 p. V; 32 p. VII.

Zur Latinität des Gaius: Kalb, Arch. f. lat. Lexicograph. 1, 82; Kniep, Der Rechtsgelehrte Gaius, S. 57; Grupe, SZ. 16, 300; 17, 311; 18, 213.

Zur Sprache Papinians: Leipold, Über die Sprache des Juristen Aemilius Papinianus 1891; Costa, Papiniano 1, 260.

Zu Modestin: Braßloff, Wiener Studien 32, 137.

Viele sprachliche Einzelbemerkungen bei Gradenwitz, Interpolationen in den Pandekten, 1887; Appleton, Interpolations 38ff.; Seckel, Handlexikon, und schließlich in jeder modernen interpolationenkritischen Untersuchung. Von besonderer Bedeutung sind die viel umstrittenen 'Beiträge zur Kritik der röm. Rechtsquellen' von Gerhard Beseler 1 (1910, dazu Kalb, Berl. Phil. Wochenschr. 1911, S. 990, Albertario, Riv. ital. 50, 77ff.), 2 (1911, dazu Mitteis, SZ. 33, 180; Berger, KritVJSchr. 50, 397; Albertario, Bull. 25, 236; Kalb, Berl. Phil. Wochenschr. 1913, S. 332), 3 (1913, dazu Berger, KritVJSchr. 52, 147; H. Krüger, GrünhutZ. 41, 303; Kübler, Berl. Phil. Wochenschr. 1914, S. 1252).

Der Materialsammlung zu sprachlichen Untersuchungen dienen die Wörterbücher und Wörterverzeichnisse. Vollständige Wörter- und Wortverbindungsverzeichnisse für die Digesten und die außerhalb der Digesten erhaltene klassische Rechtsliteratur gibt das Vocabularium Jurisprudentiae Romanae. Es ist noch nicht vollendet; zurzeit liegt vor: Bd. 1 (A—C), Bd. 2, 1 und 2 (D—ex), Bd. 3, 1 (H—idem), Bd. 4, 1 (N—numen), Bd. 5, 1 (R—sed). Das WB. ist aufgebaut auf einem handschriftlichen Wortindex, der in der Königl. Bibliothek in Berlin aufbewahrt wird. Einsicht und Benutzung ist gestattet, auch Abschriften (für einzelne Worte) werden angefertigt. Soweit das Vocabular noch nicht vorliegt, ist der Index zu benutzen. Zur Geschichte des Unternehmens siehe SZ. 4, 125; 8, 279; 9, 1; 12, 179; Deutsche Juristenzeitung 1910, S. 865.

Zu den Institutionen Justinians wird ein 'Index verborum Justiniani Institutionum' von Vassalli vorbereitet.

Ein Wörterbuch zum Codex Justinianus hatte H. Krüger begonnen, das Unternehmen ist aber nicht zu Ende geführt worden.[1]) Ein 'Vocabularium Codicis Justiniani' ist jetzt von R. v. Mayr in Angriff genommen. Vgl. SZ. 32, 338; 34, 390.

Zu den lateinischen Konstitutionen Justinians im Corpus iuris besitzen wir einen vollständigen Wortindex von Longo im Bull. 10.[2]) Das vollständige Material der justinianischen lateinischen Erlasse überhaupt wird uns damit freilich nicht geboten, da namentlich die außerhalb des Corpus iuris überlieferten kirchenpolitischen Erlasse Justinians nicht mit berücksichtigt sind. Vgl. Wenger, Sitz.-Ber. der Königl. Bayr. Akademie der Wiss. phil.-hist. Klasse 1914, 5, S. 25.

Zum Codex Theodosianus wird von Gradenwitz ein Index ausgearbeitet. Vgl. Sitz.-Ber. der Heidelberg. Akademie der Wiss., phil.-hist. Klasse, 1910, 3. Abhandlung.

Ein Spezialwörterbuch zu den Institutionen des Gaius ist Elvers, Promptuarium Gaianum 1824; vollständige Verzeichnisse gibt P. Zanzucchi, Vocabulario delle Istituzioni di Gaio, 1910.

Ein Wortverzeichnis zu den Fragmenten des Celsus findet sich bei Stella Maranca, Intorno ai frammenti di Celso (1915) am Schluß des Werkes.

Zu den in Bruns, Fontes (Teil I) gesammelten Quellen hat Gradenwitz einen vollständigen Wortindex hergestellt (1912).

---

1) Arch. f. lat. Lexikogr. 10, 246.

2) Ergänzend ist hinzuzuziehen das Vocabular von *Marchi*, Bull. 18, 5ff.

Die gesamte römische Rechtssprache umfaßt das (das Belegmaterial freilich nur in Auswahl vorlegende) Handlexikon zu den Quellen des römischen Rechts von Heumann, in 9. Aufl. neu bearbeitet von E. Seckel. Zur Ergänzung ist Dirksen, Manuale latinitatis font. iur. civ. rom. 1837, heranzuziehen.

Über die nicht juristische Literatur orientiert erschöpfend der Thesaurus linguae latinae, soweit er vorliegt. Im übrigen ist man auf die allgemeinen Lexica von Georges, Klotz und Forcellini, sowie auf die vorhandenen Wörterverzeichnisse und Spezialwörterbücher zu einzelnen Autoren angewiesen. Über die letzteren orientiert P. Rowald, Repertorium lat. Wörterverzeichnisse und Speziallexika, 1914 (M. 0,60); dazu Klussmann, Berlin. Philolog. Wochenschr. 1914 S. 1197.

c) Sachliche Unechtheitsindizien.

Diese kann man nur durch gründliches Studium der einschlägigen Spezialliteratur erschöpfend auffinden, doch kommen nicht alle Perioden der juristischen Literaturgeschichte für diesen Zweck gleichmäßig in Betracht.

a) Ein wichtiges Hilfsmittel ist immer noch die Accursische Glosse mit den späteren Zusätzen. Sie bringt — vielfach vollständig — die für die kritische Forschung unbedingt notwendigen Parallelstellen, macht auch meist schon auf die Unstimmigkeiten in der Digestenüberlieferung aufmerksam; die hier gegebenen Lösungsversuche sind freilich nur noch von Interesse für die Dogmengeschichte und für die Geschichte der Rechtswissenschaft.

β) Die Literatur der Konsiliatoren (sogenannte Postglossatoren) und der deutschen Praktiker bis zum Ausgang des 18. Jahrhunderts kann unbeachtet bleiben; sie ist ausschließlich für die Dogmengeschichte, die Geschichte des römischen Rechts in Deutschland und für die Geschichte der Rechtswissenschaft von Interesse.

γ) Die humanistische Literatur vom Zeitalter des Humanismus bis in den Anfang des 19. Jahrhunderts ist noch heute vielfach beachtenswert, namentlich die Arbeiten der Koryphäen Jacobus Cuiacius und Anton Faber. Nachweise für diese Literatur liefern die schon oben S. 17 genannten Werke von Schulting und Schimmelpfeng, sowie die S. 58 erwähnten Interpolationenverzeichnisse.

δ) Die gemeinrechtliche Literatur des 19. Jahrhunderts bis zum Untergang des gemeinen Rechts (1. Januar 1900). Auch diese Literatur hat, soweit sie das Digestenrecht behandelt, — anders, wo sie nicht ins Corpus iuris aufgenommene Quellen, Institutionen des Gaius, Inschriften usw., erörtert, die nicht als geltendes Recht anzuwenden waren — in erster Linie Bedeutung für die Geschichte des römischen Rechts deutscher Nation im 19. Jahrhundert; für die Ermittlung des antiken römischen Rechts, insbesondere des klassischen römischen Rechts, hat sie zum überwiegenden Teil nur heuristische Bedeutung. Die Gemeinrechtler verfolgen vorwiegend nicht historische, sondern praktisch-dogmatische Ziele; sie wollen aus dem Corpus iuris ein brauchbares, zur Anwendung durch den deutschen Richter fähiges Recht herausarbeiten. Darum muß das

justinianische Gesetzbuch und insbesondere die Digesten in eine möglichst vollkommene Harmonie gebracht werden: über kleine Unstimmigkeiten in der
Überlieferung wird einfach hinweggelesen, Widersprüche werden — oft durch
allerlei Künsteleien — beseitigt, Lücken durch neue Rechtsbildungen ausge-
füllt. Diese Tätigkeit mußte natürlich mit dem Untergang des gemeinen Rechts
als eines geltenden Rechts ihr Ende erreichen. Nunmehr handelt es sich nicht
mehr um dogmatische Exegese, nicht um Herausarbeitung eines anzuwendenden
Rechts[1]), sondern ausschließlich um eine möglichst genaue Ermittlung des historischen Tatbestands, um ein Nachdenken des vom Verfasser der Quellen Ge-
dachten. Es kommt nicht mehr darauf an, die alten gemeinrechtlichen Kontroversen durch neue Konstruktionen zu lösen, es ist lediglich historisch festzustellen, wie es zu der Kontroverse gekommen ist und kommen konnte. Nicht
mehr kommt es darauf an, Widersprüche in den Quellen hinwegzudisputieren,
sondern umgekehrt, sie soviel als möglich aufzuspüren und in all ihrer Schärfe
vorzuführen; nicht darauf, Lücken auszustopfen, sondern umgekehrt darauf,
sie in ihrer ganzen klaffenden Ausdehnung aufzuweisen.[2]) Kurz, es handelt
sich heute nur noch darum, das römische Recht wie es eigentlich war, in all
seiner historischen Bedingtheit und Unvollkommenheit, unter steter Ausübung
der ars nesciendi zu erkennen.

Mommsen an Pernice (Reden und Aufsätze 204): 'Es ist sicher ein Nachteil
für die Einsicht in das Recht der Vergangenheit, wenn die Gedanken anderer Kreise
und anderer Zeiten aus dem römischen Recht heraus oder in dasselbe hineingelesen
werden. In Ihnen ist das Bewußtsein lebendig, daß das römische Recht in der Tat
das der Römer gewesen ist und nur im Zusammenhang mit dem Wesen des römischen Staats, der Republik wie des Cäsarenreichs, als ein Teil der eigenartigen
römischen Zivilisation recht und voll begriffen werden kann.'

Doch behält die gemeinrechtliche dogmatische Literatur, wie gesagt, für die
moderne historische Forschung heuristische Bedeutung: sie vermittelt uns das
Material und macht uns auf Widersprüche und sonstige Schwierigkeiten aufmerksam. Man findet diese Literatur vollständig bei Windscheid, Lehrbuch
des Pandektenrechts, 9. Aufl. von Kipp.

---

1) Denn die Ausführungen von *Koschembahr-Lyskowski* (Festschrift zur Jahr-
hundertfeier des Allgem. Bürgerl. Gesetzbuchs 1, 209ff., 264f.), wonach die modernen, der Erforschung des klassischen Rechts gewidmeten Forschungen unmittelbare Bedeutung für die Auslegung des österreichischen BGB. haben sollen,
sind wohl allseits als Entgleisung erkannt; vgl. *Weiß*, Prager Jur. VJSchr. 44, 53,
Berger, L'Indirizzo 16 u. 18f. *Landsberg*, SZ. (germ. Abt.) 32, 461.

2) *Kantorowicz*, Aschaffenburgs Monatsschr. f. Kriminalpsycholog. u. Straf-
rechtsreform 4, 75, *Schulz*, Rhein. Z. f. Zivil- und Prozeßrecht 1, 377, *Lenel*,
Deutsche JuristenZ. 1911 S. 825: 'Die alte Pandektenwissenschaft ist tot und
selbst nur noch ein Gegenstand historischer Forschung. Leben herrscht nur
in der Wissenschaft des rein römischen Rechts und der Dogmengeschichte.'

ε) Die moderne historisch-kritische Literatur vom Ausgang der achtziger Jahre des 19. Jahrhunderts bis zur Gegenwart.

Verweisungen auf diese Literatur (bis 1906) finden sich noch in Windscheids Pandekten. Der oben erwähnte Index der Savigny-Zeitschrift wird das Auffinden wesentlich erleichtern. Eine Bibliographie über 1895—1899 erschienene Bücher, 1900—1906 erschienene Bücher und Periodica enthält Cesare Bertolini, Bibliographia (Roma 1912). Fortlaufende sehr ausführliche Literaturübersichten im Bull., in der Rivista italiana per le scienze giuridiche und in der Nouvelle Revue Historique. Die einzige deutsche romanistische Zeitschrift, die Zeitschrift der Savigny-Stiftung, roman. Abteilung, berichtet nur über eine Auswahl der Neuerscheinungen (nur Bücher!), ebenso das Archivio giuridico. Literaturnachweise geben natürlich auch die zusammenfassenden Darstellungen; aus der deutschen Jurisprudenz besonders das treffliche Werk von E. Rabel, Grundzüge des röm. Privatrechts in Holtzendorff-Kohlers Enzyklopädie 1, 399 (1915); unvollendet ist Mitteis, Röm. Privatrecht 1 (1908). Aus der ausländischen Wissenschaft: Girard, Manuel élémentaire de droit romain, 5. Aufl. 1911, 4. Aufl. deutsch von Robert v. Mayr 1908; Costa, Storia del diritto romano privato, 1911; Perozzi, Istituzioni di diritto romano, 2 Bde., 1906; Bonfante, Istituzioni di diritto romano, 5. Aufl. 1912 u. Storia del diritto romano, 2. Aufl. 1908.

Aus der älteren Literatur dieser Richtung seien als grundlegend hervorgehoben: Eisele, SZ. 7, 15; 10, 296; 11, 1; 13, 118; 18, 1, dazu neuerdings SZ. 30, 99; 35, 1. Beiträge zur röm. Rechtsgeschichte, 1896; Gradenwitz, Interpolationen in den Pandekten (dazu Lenel, SZ. 9, 177; Scialoja, Bull. 1, 152), Derselbe, Bull. 2, 3; SZ. 6, 56; 7, 45; 14, 115. Lenel, Edictum perpetuum, 2. Aufl. 1907 (dazu Partsch, SZ. 30, 490; 31, 407) und Palingenesia iuris civilis, 2 Bde., 1889. Alfred Pernice[1]), Zur Lehre von den Sachbeschädigungen nach römischem Recht, 1867. Derselbe, Labeo, Röm. Privatrecht im ersten Jahrhundert der Kaiserzeit, Bd. 1 (1873), Bd. 2 (1878), Bd. 3, 1 (1892); der größte Teil des 2. Bandes liegt in 2. Aufl. vor, nämlich 2, 1 (1895), 2, 2, 1 (1900). Endlich seine Parerga: I. SZ. 3, 48; II. SZ. 5, 1; III. SZ. 9, 195; IV. SZ. 13, 246; V. SZ. 14, 135; VI. SZ. 17, 167; VII. SZ. 17, 205; VIII. SZ. 19, 82; IX. SZ. 19, 140; X. SZ. 20, 127. Bei der Benutzung der Perniceschen Werke muß man seine beiden verschiedenen Schaffensperioden auseinanderhalten: bis in die Mitte der achtziger Jahre ist Pernice zwar kein gemeinrechtlicher Dogmatiker, aber die Interpolationenkritik übt er genau so selten und unentschlossen, wie die ganze historische Schule Savignys; auf diesem Standpunkt steht er noch 1885 in seiner Schrift 'Ulpian als Schriftsteller', woraus sich die totale Verzeichnung des Bildes Ulpians erklärt.[2]) Seit der Mitte der achtziger Jahre wird dagegen von ihm mit steigender Entschiedenheit die neue interpolationenkritische Methode verwandt.

. 1) 1841—1901. Weder die Nekrologe (*Bekker*, SZ. 22, XVII; *Mommsen*, Jur. Schrift. 3, 579), noch *Landsberg*, Geschichte der deutsch. Rechtswissenschaft 3, 2 S. 883, geben eine befriedigende Würdigung des Mannes; gegen *Mommsen* richtig *Seckel*, Sitz.-Ber. der Berlin. Akademie, phil.-hist. Klasse, 34 (1912), S. 602. — Der Name ist italienisch auszusprechen, vgl. *Ferrini*, Bull. 14, 80.

2) *Joers*, Art. Domitius Ulpianus bei Pauly-Wissowa trifft das Richtige.

Zweiter Teil.

Ausgewählte Digestenprobleme.

> Eine tätige Skepsis ist die, welche unablässig bemüht ist, sich selbst zu überwinden und durch geregelte Erfahrung zu einer Art von bedingter Zuverlässigkeit zu gelangen.
>
> Goethe, Maximen und Reflexionen.

I. Traditio brevi manu und longa manu.

Die Tradition ist anfangs nichts anderes als die leibliche Übergabe der Sache. Die Mobilie wandert aus der Hand des Veräußerers in die Hand (leiblich gedacht) des Erwerbers[1]); bei Grundstücken war vielleicht eine Art Umgang des Erwerbers üblich[2]), aber unsere allen umständlichen Zeremonien abholden Klassiker begnügen sich jedenfalls mit dem Betreten einer Parzelle.

D. (41, 2) 3, 1.

Paulus libro quinquagensimo quarto ad edictum. Quod autem diximus et corpore et animo adquirere nos debere possessionem, non utique ita accipiendum est, ut qui fundum possidere velit, omnes glebas circumambulet[3]): sed sufficit quamlibet partem eius fundi introire, dum mente et cogitatione hac sit, uti totum fundum usque ad terminum velit possidere.

Von dieser ursprünglichen Gestalt der rechtsgeschäftlichen Besitzübertragung haben sich die Klassiker nur zögernd und nicht allzu weit entfernt. Es handelt sich dabei um die Fälle, die wir herkömmlicherweise mit den Namen Traditio brevi manu, Traditio longa manu und Constitutum possessorium bezeichnen; von den beiden ersten soll hier, vom Besitzkonstitut im nächsten Abschnitt[4]) gehandelt werden.

A. Die Traditio brevi manu.[5])

Soll der Detentor einer Sache Besitz erwerben, so bedarf es keiner Tradition, es genügt die Einigung zwischen dem Detentor und dem bisherigen Besitzer.[6])

---

1) Cic. ad fam. 7, 5, 3: totum denique hominem tibi ita trado de manu, ut aiunt, in manum tuam istam.

2) Vgl. *Grimm*, Deutsche Rechtsaltertümer 1, 119; 124, 329.

3) Dazu *Beseler* 1, 97 (meines Erachtens nicht zutreffend).

4) Unten S. 73.

5) *Windscheid* 1, § 154², *Dernburg* 1, 307, 358, *Rabel*, Grundzüge 439, 445.

6) BGB. 854, 929.

D. (41, 1) 9, 5.

Gaius libro secundo rerum cottidianarum sive aureorum. Interdum etiam sine traditione nuda voluntas domini sufficit ad rem transferendam, veluti si rem quam commodavi aut locavi tibi aut apud te deposui, vendidero tibi: licet enim ex ea causa tibi eam non tradiderim, eo tamen quod patior eam ex causa emptionis apud te esse, tuam efficio.

D. (12, 1) 9, 9.

Ulpianus libro vicensimo sexto ad edictum. Deposui apud te decem, postea permisi tibi uti: Nerva Proculus etiam antequam moveantur, condicere quasi mutua tibi haec posse aiunt et est verum, ut et Marcello videtur: *animo enim coepit possidere. ergo transit periculum ad eum, qui mutuam rogavit et poterit ei condici.*

In der Ulpianstelle hat der Depositar den Deponenten um ein Darlehn gebeten, der Deponent gestattet, das hinterlegte Geld als Darlehn zu gebrauchen. Der Besitz und damit auch das Eigentum an dem Gelde geht jetzt ohne weiteres auf den Detentor über, mithin ist das Darlehn perfekt. Aus der Berufung auf mehrere Autoritäten wird man entnehmen dürfen, daß die Entscheidung nicht unstreitig war, daß nämlich manche Juristen einen körperlichen Besitzergreifungsakt seitens des Verwahrers forderten.[1]) Von Proculus und seinen Anhängern — zu denen auch Nerva gehört — wissen wir, daß sie im Gegensatz zur Sabinianischen Schule auch sonst in den Fragen des Besitzerwerbs eine freiere Stellung einnahmen.[2])

Fr. 9, 9 ist übrigens verdorben. Hinter 'posse' fehlt 'me', was freilich ein Schreibfehler sein kann.[3]) Der Schluß ist wohl ein begründendes und resumierendes Glossem: die ich- und du-Konstruktion wird unvermittelt verlassen und in der dritten Person fortgefahren; 'et — condici' bringt schon Gesagtes noch einmal.

Eine Parallele zum Besitzerwerb des Detentors durch brevi manu traditio bietet der eigenmächtige Besitzerwerb des Detentors.[4]) Der Depositar oder Entleiher faßt den widerrechtlichen Entschluß, fortan Besitzer der Sache sein zu wollen; erwirbt er damit den Besitz? Papinian bejaht in einem von uns schon behandelten[5]) Fragment diese Frage; er beruft sich auf Neratius, von dem wir wissen, daß er zur Proculianer-Schule gehörte. Vor Neraz scheint man in beiden Schulen anders entschieden zu haben.[6]) Eine Frage für sich war es dabei, ob

---

1) *Klein,* Sachbesitz und Ersitzung, S. 6; a. M. *Hruza,* GrünhutZ. 24, 278.

2) *Hruza* 278ff.

3) Durch Abirrung (Homoioteleuton); *Bonfante* will (ital. Dig.-Ausg.) 'condici' statt 'condicere' schreiben.

4) *Klein* 6ff., *Hruza* 276.

5) Oben S. 32.

6) Siehe die alsbald folgende Entscheidung des Celsus in (47, 2) 68pr.

man in dem angeführten Falle bereits den Tatbestand des furtum als gegeben erachten sollte: zum furtum ist eine contrectatio, d. h. eine Berührung der Sache erforderlich[1]), und man kann einen Besitzerwerb des Detentors annehmen und doch das furtum leugnen; doch scheint man beide Fragen parallel behandelt zu haben.[2])

D. (47, 2) 1, 1 und 2.

Paulus libro trigensimo nono ad edictum. Sola cogitatio furti faciendi non facit furem. Sic is qui depositum abnegat, non statim etiam furti tenetur, sed ita, si id intercipiendi causa occultaverit.

D. (41, 2) 3, 18.

Paulus libro quinquagensimo quarto ad edictum. Si rem apud te depositam furti faciendi causa contrectaveris, desino possidere. Sed si eam loco non moveris et infitiandi animum habeas, plerique veterum et Sabinus et Cassius recte responderunt possessorem me manere, quia furtum sine contrectatione fieri non potest nec animo furtum admittatur.

D. (47, 2) 68 pr.

Celsus libro duodecimo digestorum. Infitiando depositum nemo facit furtum (*nec enim furtum est ipsa infitiatio, licet prope furtum est*): sed si possessionem eius apiscatur intervertendi causa, facit furtum. nec refert, in digito habeat annulum an dactyliotheca, *quem cum deposito teneret, habere pro suo destinaverit.*

Nach dem überlieferten Text hätte Celsus ein furtum ohne contrectatio angenommen: das bloße Fürsichbestimmen der deponierten Sache soll ja genügen. Doch der Text ist verfälscht. Der Schlußsatz 'quem — destinaverit' ist offensichtlich angeflickt: 'annulum' hätte in nächste Nähe von 'quem' gestellt werden sollen[3]), auch der Ausdruck 'deposito tenere aliquid' ist nur hier überliefert.[4]) Zu 'habeat' und 'apiscatur' fehlt das Subjekt, denn 'nemo' kann es nicht sein. Auffällig ist auch, daß die abstrakte Erörterung bei 'nec refert' unvermittelt zu einem bestimmten Fall übergeht. Alles das erklärt sich wohl sehr einfach: Die Stelle ist aus dem Zusammenhang gerissen. Celsus brachte einen Fall, in dem der Depositar eines Ringes diesen ableugnete; hat dieser ein furtum begangen? Celsus verneinte die Frage: 'Niemand nämlich begeht durch bloßes Ableugnen ein furtum. Wenn er (nämlich der im Fall genannte Depositar) aber den Besitz ergriffen hat, dann begeht er ein furtum, wobei gleichgültig ist, ob

---

1) Vgl. *Dernburg* 2, 823.

2) Siehe einerseits Sabin in der alsbald folgenden Stelle, andrerseits Ulpian in (47, 2) 43, 2 unten S. 67.

3) *Mommsen* hat mit einer ziemlich unglücklichen Konjektur helfen wollen.

4) Voc. Jur. Rom. 2, 180, Z. 24.

er den Ring am Finger oder im Ringkästchen hatte.' Die Kompilatoren strichen den Bericht des Falls am Eingang und waren nun genötigt, den Schlußsatz anzukleben, weil man sonst aus der Erwähnung des Ringes gar nicht hätte klug werden können. Celsus entschied also ebenso wie Sabin und Cassius: Besitzverlust und furtum ist erst mit der Kontrectation gegeben. Eine Glosse ist wohl der sinnlose Satz 'nec enim — est'.[1]

B. Traditio longa manu.[2]

Die einschlägigen Stellen sind zum Teil von den Kompilatoren verändert worden und zwar in der Richtung, die Traditionsvoraussetzungen möglichst zu erleichtern. Um die Fragmente nicht zu zerreißen, lassen wir zunächst das Quellenmaterial im Zusammenhang folgen.

1. D. (41, 2) 51.

Javolenus libro quinto ex posterioribus Labeonis. Quarundam rerum animo possessionem apisci nos ait Labeo: veluti si acervum lignorum emero et eum venditor tollere me iusserit, simul atque custodiam posuissem, *traditus mihi videtur*. idem iuris esse vino vendito, cum universae amphorae vini simul essent. sed videamus, inquit, ne haec ipsa *corporis* traditio sit, quia nihil interest, utrum mihi an et cuilibet iusserim custodia tradatur. In eo puto hanc quaestionem consistere, an, etiamsi corpore acervus aut amphorae adprehensae non sunt, nihilo minus traditae videantur: *nihil video interesse, utrum ipse acervum an mandato meo aliquis custodiat: utrubique animi quodam genere possessio erit aestimanda.*

2. D. (46, 3) 79.

Javolenus libro decimo epistularum. Pecuniam quam mihi debes aut aliam rem, si in conspectu meo ponere te iubeam, efficitur, ut et tu statim liberaris et mea esse incipiat: nam tum quod a nullo corporaliter eius rei possessio detinetur, adquisita mihi et quodammodo[3] manu longa tradita existimanda est.

3. D. (41, 2) 1, 21.

Paulus libro quinquagensimo quarto ad edictum. Si iusserim venditorem procuratori rem tradere, cum ea in praesentia sit, videri mihi traditam Priscus ait, idemque esse, si nummos debitorem iusserim alii dare. *non est enim corpore et tactu necesse adprehendere possessionem, sed etiam oculis et affectu. argu-*

----

1) *Ferrini*, Diritto penale romano 260;' *Stella Maranca*, Frammenti di Celso S. 77.

2) *Windscheid* 1, § 153[5], *Dernburg* 1, 303f., *Rabel*, Grundzüge 439, *Klein* 10ff., *Hirsch*, Prinzipien des Sachbesitzerwerbs 125ff., *Hruza* 249ff.

3) Hier ist 'quodammodo' auf alle Fälle echt. Siehe zu diesem Wort *Berger*, SZ. 35, 89, Philologus 73, 71.

mento esse eas res, quae propter magnitudinem ponderis moveri non possunt, ut columnas, nam pro traditis eas haberi, si in re praesenti consenserint: et vina tradita videri, cum claves cellae vinariae emptori traditae fuerint.

4. D. (41, 2) 18, 2.

Celsus libro vicensimo tertio digestorum. Si venditorem quod emerim deponere in mea domo iusserim, possidere me certum est, quamquam id nemo dum attigeret: aut si vicinum mihi fundum *mercato* venditor in mea turre demonstret vacuamque se possessionem tradere dicat, non minus possidere coepi, quam si pedem finibus intulissem.

5. D. (41, 1) 9, 6 = I. (2, 1) 45.

Gaius libro secundo rerum cottidianarum sive aureorum. Item si quis merces in horreo repositas vendiderit, simul atque claves horrei tradiderit emptori, transfert proprietatem mercium ad emptorem.

6. D. (18, 1) 74.

Papinianus libro primo definitionum. Clavibus traditis ita mercium in horreis conditarum possessio tradita videtur, si claves apud horrea traditae sint: quo facto confestim emptor dominium et possessionem adipiscitur, etsi non aperuerit horrea: quod si venditoris merces non fuerunt, usucapio confestim inchoabitur.

7. D. (39, 5) 31, 1 = Vat. 254.

Papinianus libro duodecimo responsorum. Species extra dotem a matre filiae nomine viro traditas filiae quae praesens fuit donatas et ab ea viro traditas videri respondi nec matrem offensam repetitionem habere vel eas recte vindicare, quod vir cavisset extra dotem usibus puellae sibi traditas, cum ea significatione non modus donationis declaretur nec ab usu proprietas separetur, sed peculium a dote puellae *distingueretur. iudicem tamen aestimaturum, si mater iure contra filiam offensa eas revocare velit et verecundiae maternae congruam bonique viri arbitrio competentem ferre sententiam.*

8. Paulus Sent. (5, 11) 1.

Species extra dotem a matre in honorem nuptiarum praesente filia genero traditae donationem perfecisse videntur.

9. D. (47, 2) 43, 2.

Ulpianus libro quadragensimo primo ad Sabinum. Si is, qui indebitum accipiebat, delegaverit solvendum, non erit furti actio, si eo absente solutum sit: ceterum si praesente, alia causa est et furtum fecit.

Betrachten wir nunmehr die einzelnen Fälle, die in diesen viel umstrittenen Fragmenten behandelt werden.

a) Tradition durch Schlüsselübergabe.[1])

Nach Papinian (Nr. 6) genügt die Schlüsselübergabe allein noch nicht, um die Traditionswirkungen herbeizuführen; die Schlüssel müssen in der Nähe des Warenspeichers übergeben werden, nur dann wird der Schlüsselempfänger Besitzer der Waren und damit je nachdem Eigentümer derselben oder Ersitzungsbesitzer. Der von Paulus (Nr. 3) genannte Priscus, der entweder Javolenus oder Neraz ist[2]), erwähnt die Anwesenheit des Erwerbers in der Nähe des Weinkellers nicht, aber die ganze vorhergehende Auseinandersetzung zeigt, daß diese Anwesenheit vorausgesetzt wird. Dagegen wird bei Gaius (Nr. 5) von dem Erfordernis der Sachpräsenz anscheinend ganz abgesehen; doch gerade hier läßt sich der Eingriff der Kompilatoren sicher erweisen. Die Stelle steht gleichlautend in den justinianischen Institutionen, damit ist aber nach dem früher Gesagten ihre Echtheit nicht gesichert, obwohl die Institutionenverfasser die res cottidianae des Gaius im Original vor sich liegen hatten.[3]) Die Paraphrase des Theophilus[4]) gibt nun die Institutionenstelle folgendermaßen wieder: *ἐὰν παρεστὼς τῷ ὠρείῳ τὰς τοῦ ὠρείου παραδώσω σοι κλεῖς, εὐθέως δεσπότης γινῇ τῶν φορτίων.* 'Wenn ich, bei dem Speicher stehend, dir die Speicherschlüssel übergebe, so wirst du alsbald Eigentümer der Waren.' Hält man dieses Zeugnis zusammen mit den Äußerungen unserer Nr. 6 und 3, so ist folgende Annahme gerechtfertigt: Sämtliche Klassiker hielten an dem Erfordernis der Sachpräsenz bei der Schlüsselübergabe fest, auch Gaius; die griechische Paraphrase hat den echten Text benutzt[5]); die Kompilatoren aber wollten von diesem Erfordernis absehen: sie haben es sicher in Nr. 5, wahrscheinlich auch in Nr. 3 gestrichen.[6])

b) Bloße Einigung des Veräußerers und Erwerbers in Gegenwart der Sache.

Für Immobilien bekundet Celsus den Besitzerwerb (Nr. 4): Einigung der Parteien in Sehweite hat die gleiche Wirkung wie das Betreten des Grundstücks; das Wort 'mercato' in dieser Stelle ist wohl die Glosse eines Mannes, der im Tatbestand die Angabe vermißte, daß das gezeigte Grundstück die Kaufsache sei.[7]) Für bewegliche Sachen sagt dasselbe Javolen (Nr. 2): der Gläubiger fordert den Schuldner auf, die geschuldete Sache in Sehweite niederzulegen, was dieser tut[8]); damit hat der Gläubiger Besitz und Eigentum erworben, ohne

---

1) Zum folgenden: *Riccobono*, SZ. 34, 197 ff.

2) *Krüger*, Geschichte 157, N. 132. Vgl. unten S. 70[5].

3) Siehe oben S. 52.   4) Ed. *Ferrini* S. 117.   5) Vgl. oben S. 53.

6) So *Riccobono* l. c.

7) Den Fehler hat *Klein* 79 richtig gesehen, seine Emendation aber ist abzulehnen.   8) Das ist ohne weiteres zu subintellegieren; siehe unten S. 70[5].

daß es eines Anfassens der Sache bedürfte, der Schuldner ist daher befreit.[1]) Entsprechend soll nach der Entscheidung des — vielleicht mit Javolen identischen — Priscus (Nr. 3) zur Tradition von Säulen die Einigung in der Nähe der Säulen genügen, doch ist dieser Text schwerlich echt. Die Behauptung, daß Säulen unbewegliche Sachen seien, ist für das Altertum genau so unrichtig, wie für die Gegenwart[2]), man darf sie höchstens als schwer beweglich bezeichnen: zu 'consenserint' fehlt das Subjekt, statt 're praesenti' sollte 'rebus praesentibus' stehen. Auch der vorhergehende Satz 'non est — affectu' ist unecht: 'est' statt 'esse' fällt aus der Konstruktion, hinter 'affectu' fehlt ein Verb, etwa 'possessio adquiri potest'; seltsam ist die Vorstellung des 'oculis adquirere', 'das gierige Auge soll die packende Hand ersetzen'[3]): man urteilt zu nachsichtig, wenn man sagt, daß dieser Gesichtspunkt etwas Mystisches an sich habe[4]); daß er grundverkehrt ist, daß es nicht auf das Sehen, sondern auf die Nähe ankommt, zeigt unzweideutig die Warentradition durch Schlüsselübergabe. Es handelt sich wohl um ein Glossem.

c) Übergabe an Dritte in Gegenwart des Ersterwerbers.

A will dem B eine Sache tradieren, B weist A an, er möge die Sache für ihn, den B, an X tradieren. Ist B bei der Tradition an X anwesend, so wird es angesehen, wie wenn zunächst B Besitz und Eigentum erworben und hierauf A die dem B gehörige Sache in dessen Namen an X tradiert hätte. So entscheidet Papinian (Nr. 7) und gleichlautend Paulus (Nr. 8) bei einer Schenkung der Schwiegermutter an die Tochter durch Tradition an den Tochtermann.[5]) Papinian schließt daraus, daß die später von der Tochter oder dem Schwiegersohn gekränkte Mutter doch die geschenkte Sache von dem Ehemanne nicht zurückfordern kann: sie hat die rei vindicatio nicht, weil sie das Eigentum verloren hat; der Mann hat zwar seinerzeit einen Schein ausgestellt (cavisset) und darin erklärt, die Sachen 'zum Nutzen der Braut' erhalten zu haben, daraus darf man aber nicht schließen, daß nur der usus, nicht auch das Eigentum übertragen worden sei. Die Mutter hat gegen den Mann auch keine condictio; aus den Worten 'usibus puellae' darf man nämlich auch nicht entnehmen, daß die Übereignung nur eine fiduziarische, jederzeit rückgängig zu machende Übereignung ge-

---

1) Ob *Eiseles* Konjektur (SZ. 30, 144), für 'quod' 'quamquam' zu schreiben, das Richtige trifft, ist mir sehr zweifelhaft; man möchte dann statt 'nullo' 'me' erwarten.

2) Belege sind eigentlich unnötig; man sehe *Ribbeck*, Scaenicae Roman. Poesis Fragm. 2345, wo von aus den Provinzen geraubten columnae monolitae gesprochen wird.   3) *Hruza* 263.

4) So *Hruza* l. c.; S. 264 spricht er selbst von einer mißlungenen Konstruktion.

5) Dazu *Riccobono*, SZ. 34, 204, *Gradenwitz*, SZ. 7, 59, Interpolationen 72, *Pernice*, Labeo 3, 1, S. 15.

wesen sei.[1]) Der Schlußsatz wirft freilich die ganze Erörterung um und gibt der
Mutter doch einen Rückforderungsanspruch, doch dieser Satz ist längst als
Interpolation erkannt: er fehlt in Vat. und bringt das nachklassische Widerrufsrecht der Mutter wegen Undanks des beschenkten Kindes[2]); 'congruus' ist immer
unecht[3]); vielleicht ist auch das überflüssige 'distingueretur' auf Rechnung
der Kompilatoren zu setzen. Ulpian (Nr. 9) entscheidet folgenden Fall: A glaubt
irrtümlicherweise, dem B etwas zu schulden; B kennt den wahren Sachverhalt,
weist aber doch den A an, das indebitum an X zu leisten. War B bei dieser
Tradition an X anwesend, so hat er nach Ulpian ein furtum begangen; der zugrunde liegende Gedanke ist: zunächst hat B, und von diesem erst X den Besitz erworben, und das soll zur contrectatio fraudulosa genügen.[4]) — An derartige Fälle ist wohl schließlich auch bei den Entscheidungen des Priscus (Nr. 3)
zu denken: der Käufer heißt den Verkäufer in Gegenwart der Kaufsache
diese dem Prokurator des Käufers zu übergeben; der Gläubiger heißt den Schuldner, das in der Nähe liegende Geld einem Dritten zu geben. Freilich ist hier
nicht davon gesprochen, daß die Tradition an den Dritten auch wirklich erfolgt
ist; wir können aber auch sonst beobachten, daß die Juristen nur den iussus erwähnen und, wenn nichts Gegenteiliges gesagt ist, seine sofortige Ausführung
subintellegieren.[5])

d) Tradition durch Wächterbestellung.

Diesen Fall behandelt ausschließlich eine von Javolen berichtete Labeo-
Entscheidung (Nr. 1).[6]) Die Stelle ist schwierig, weil stark überarbeitet. Ein
Holzhaufen oder eine Anzahl Weinkrüge sind verkauft und sollen tradiert werden; nach dem überlieferten Text erwirbt der Käufer den Besitz auch ohne

---

1) 'Modus donationis' heißt 'Maß, Beschränkung der Schenkung', nicht etwa
'Auflage', wovon hier ja gar keine Rede sein kann; *Pernice* S. 16. 'Modus' ist technischer Terminus für 'Auflage' erst im justinianischen Recht geworden: *Mitteis*,
RP. 1, 194.

2) C. Th. (8, 13) 1 u. 2 u. 4, C. Just. (8, 55) 7.

3) *Beseler* 1, 52 (oben S. 36).

4) Vgl. oben S. 65.

5) Man vgl. D. (24, 1) 3, 12: si vir debitorem suum uxori solvere iusserit, hic
quaeritur, an nummi fiant eius. Ebenso D. (46, 3) 38, 1, siehe auch oben S. 68[8].
Verfehlt *Hruza* 255 f. — Bei dieser Auslegung wird es wahrscheinlich (was auch
Riccobono l. c. und andere mit ungenügender Begründung annehmen), daß der
hier genannte 'Priscus' Javolenus ist: Neraz kennt bereits den Besitzerwerb durch
den Prokurator (*Mitteis*, RP. 1, 212 und unten S. 74), und die Anwesenheit des
Käufers hätte demnach für ihn unerheblich sein müssen.

6) Unkritische Erklärungen bei *Klein* 10, *Hirsch* 139, *Hruza* 269, *Last*, TheringJ.
62, 26; auch *Riccobono*, SZ. 34, 200 ff. hat die Stelle nicht befriedigend behandelt.
Ältere Lit. bei *Schulting-Smallenberg* 6, 407.

Übergabe, indem er bei den zu übergebenden Sachen einen Wächter aufstellt. Diese Entscheidung ist sehr auffällig; einen Besitzerwerb durch Stellvertreter kennt Labeo noch nicht[1]), wie soll man aber dann den Besitzerwerb rechtfertigen? Die Wächterstellung bildet doch offenbar das gerade Gegenstück zur Schlüsselübergabe: bei verschließbaren Vorräten übergibt man den Schlüssel, bei unverschlossenen die custodia an einen Wächter des Käufers. Dann müßte aber auch hier wie bei der Schlüsselübergabe die Sachpräsenz zum Besitzerwerb gefordert werden! Man wende nicht ein, daß es bei Sachpräsenz nicht erst der Wächterbestellung bedürfe, da ja die bloße Einigung in Gegenwart der Sache schon zum Besitzerwerb genüge; der Käufer wird in Fällen wie dem unsrigen regelmäßig den Besitzerwerbswillen erst haben, wenn er den Wächter bestellt. Wir haben auch, wie ich glaube, in unserem Text ein Anzeichen dafür, daß die Sachpräsenz gefordert und erst von den Kompilatoren wie bei der Schlüsseltradition gestrichen wurde. Wie soll man den Satz 'cum universae amphorae vini simul essent' übersetzen? Doch nur so: 'wenn die sämtlichen Krüge zugleich an demselben Ort waren'; so übersetzen auch die Basiliken[2]): κεράμους οἴνων ὑφ᾽ ἒν ὄντας. Nun hat aber 'simul' gar nicht diese Bedeutung! 'simul' heißt zugleich, wie ἅμα die zeitliche Vereinigung bezeichnend, die räumliche Vereinigung bezeichnet una = ὁμοῦ. Es sollte also dastehen 'cum simul eodem loco essent'; 'simul esse' absolut gebraucht heißt: 'zu gleicher Zeit existieren'. Die Ortsbezeichnung ist also gestrichen. Natürlich werden die Kompilatoren nicht die unschuldigen Worte 'eodem loco' beseitigt haben; nach unseren Erfahrungen bei der Schlüsseltradition werden wir vielmehr anzunehmen haben, daß der Urtext die Worte 'cum simul in praesentia essent' aufgewiesen hat. Natürlich muß dann auch im ersten Tatbestand eine entsprechende Klausel gestanden haben.

Die Stelle ist noch weiter überarbeitet worden. Zunächst scheinen, wie so oft, Juristennamen getilgt zu sein.[3]) In dem Satz 'sed videamus' ist anscheinend nicht mehr Labeo der Redende, sondern einer seiner Adnotatoren[4]); mit 'in eo puto' beginnt die eigene Äußerung Javolens, das wird, wie üblich, durch ein vorangestelltes 'Javolenus:' bezeichnet gewesen sein. Wichtiger ist folgendes: 1. 'traditus mihi videtur' fällt aus der Konstruktion, es müßte 'traditum mihi videri' dastehen. 2. Was bedeutet 'corporis traditio'? Versteht man darunter wie üblich die Übergabe der Sache, so müßte 'corporum' dastehen, der Satz bliebe aber selbst dann unverständlich, denn auch Labeo nimmt ja nach der Überlieferung eine Tradition, natürlich doch auch 'der Sachen' an. Man muß also unter 'corpus' etwas wie das gemeinrechtliche Besitzkorpus verstehen[5]): eine ganz singuläre

---

1) *Mitteis*, RP. 1, 212.   2) Bas. (50, 2) 50, *Heimbach* 5, 53.
3) Richtig *Riccobono* l. c.
4) Proculus, Aristo, Aulus; vgl. *Krüger*, Geschichte 158.
5) So auch wohl *Hirsch* 146; jüngere Vulgaten haben entsprechend 'corporalis traditio' geschrieben.

Ausdrucksweise.[1]) 3. Javolen erklärt, der Streit zwischen Labeo und dem Anonymus drehe sich darum, ob Holz und Krüge tradiert seien. Nach unserem Text ist das offenbar falsch, denn Labeo wie sein Adnotator nehmen beide eine Tradition an, nur die Konstruktion ist verschieden: Labeo meint, der Besitz sei lediglich animo, sein Gegner, er sei animo et corpore erworben. 4. Die Entscheidung Javolens ist stilistisch wie sachlich mangelhaft. Die beiden Sätze 'nihil video' und 'utrubique' stehen unverbunden nebeneinander. Zu 'acervum' fehlt 'aut amphoras'; diese Nachlässigkeit hat zur Folge, daß, wenn man im nächsten Satze utrubique = 'in beiden Fällen' liest, man unwillkürlich meint, es handele sich um die zwei eben erwähnten Fälle, nämlich 1. si ipse acervum custodiam, 2. si mandato meo aliquis acervum custodiat; das ist offenbar falsch: die zwei Fälle sind die Wächterstellung beim Holz und bei den Krügen.[2]) Sachlich hat schon Cuiaz[3]) es auffällig gefunden, daß Javolen durchweg eine animi possessio, einen lediglich animo erworbenen Besitz annimmt: er will ja die Wächterstellung ebenso behandelt wissen wie die Übergabe der Bewachung an den Käufer selbst; daß in dem letzteren Falle der Käufer animo et corpore den Besitz erwirbt, kann doch gar nicht zweifelhaft sein. Bei so durchgehender Zerrüttung der Stelle ist natürlich eine wörtliche Rekonstruktion nicht möglich, dem Sinne nach aber läßt sich der Urtext vielleicht doch erraten. Labeo sprach nicht von der Tradition, sondern entschied: in dem angegebenen Tatbestand 'possessionem mihi adquisitam videri'. Ein späterer Jurist, vielleicht Proculus, notierte dazu:

> 'sed videamus, ne haec ipsa traditio sit, quia nihil interest, utrum mihi an et cuilibet iusserim custodia tradatur'.

'Hier liegt wohl eine richtige Tradition vor.' Traditio bezeichnet nämlich, jedenfalls bei den Älteren, nicht einfach jeden Besitzerwerb mit Willen des bisherigen Besitzers, sondern den eigentlichen Handwechsel, das de manu in manum Wandern der Sache.[4]) Wenn also Proculus in den angeführten Tatbeständen eine Tradition annahm, so setzte er sich allerdings in Widerspruch zu Labeo; er nahm damit Besitzerwerb animo et corpore an, Labeo zwar auch Besitzerwerb, aber solo animo. Zu diesem Streit bemerkte nun wohl Javolen:

> 'In eo puto hanc quaestionem consistere, an etiamsi corpore acervus aut amphorae adprehensae non sunt, nihilo minus traditae videantur et utrubique corporis quodam genere possessio sit aestimanda.'

'Die Frage ist die: Ist in diesen Tatbeständen eine Tradition anzunehmen, d. h. ist der Besitz auch corpore erworben?' Die Kompilatoren hatten an diesem Text mancherlei auszusetzen. Sie verstanden unter traditio jede Besitzübertragung, und formulierten daher den Meinungsgegensatz zwischen Labeo und seinem Adnotator in ihrer Weise: auch Labeo muß nun eine Tradition annehmen (wodurch der fehlerhafte Satz 'traditus mihi videtur' entstanden ist); Proculus darf jetzt

---

1) Den Ausdruck weist Voc. Jur. Rom. 1, 1035 Z. 33 nur hier auf. Daß das gemeinrechtliche Besitzkorpus ein unklassischer Terminus ist, weist *Hruza* 245ff. richtig nach; unsere Stelle beachtet er nicht.

2) Cuiacius, Op. (Neapol. 1722) 8, 314.

3) l. c.; zustimmend *Riccobono* l. c.

4) Siehe die Gaiusstelle oben S. 64 und dazu *Kniep*, Vacua possessio 1, 257; *Hruza* 250.

natürlich nicht mehr einfach von traditio reden (das ungeschickte Wort 'corporis' wurde angeklebt). Weiter fehlte aber den Kompilatoren die Entscheidung; Javolen gab keine, sondern präzisierte nur die Fragestellung; die des Proculus war für sie, nachdem sie die Sachpräsenz gestrichen hätten, unannehmbar, es konnte sich für sie nur noch um Besitzerwerb animo handeln. So haben sie denn, wie so oft, unter Benutzung klassischen Materials die Entscheidung unserer Stelle gebaut.

Durchweg wird also von den Klassikern, wo von brevi manu traditio keine Rede sein kann, Sachpräsenz gefordert. Nicht im Widerspruch dazu steht die Entscheidung des Celsus (Nr. 4). Der Käufer weist den Verkäufer an, die Ware in des Käufers Haus zu bringen, was der Verkäufer auch tut[1]); damit hat der Käufer Besitz und Eigentum erworben, ohne daß es einer Berührung der Sache bedarf. Die Sachpräsenz ist hier nicht erforderlich, der Besitzerwerb vollzieht sich auf Grund desselben Tatbestandes, wie bei der brevi manu traditio. Aber im Munde des Celsus ist diese Entscheidung freilich auffällig (oben S. 65f.); vielleicht ist sie unecht, wie sie denn in der zweiten Stelle, wo sie in unseren Quellen vorkommt, sicher interpoliert ist.[2])

II. Constitutum possessorium.[3])

Nach BGB. 868 kann der Besitz an Mobilien auch ohne Übergabe der Sache durch Rechtsgeschäft in folgender Weise übertragen werden: Veräußerer und Erwerber machen miteinander aus, daß der Veräußerer die Sache zwar weiter behalten soll, aber nicht mehr als Eigenbesitzer, sondern als Fremdbesitzer, als Mieter, Entleiher oder Verwahrer des Erwerbers. Dem Veräußerer bleibt dann der unmittelbare Besitz, der Erwerber erhält den mittelbaren Besitz, und dieser mittelbare Besitz genügt nach 930 auch zum Eigentumserwerb. Dies ist der Besitzmittlervertrag oder das (nicht von den Römern!) sogenannte constitutum possessorium. Das eigentümliche Rechtsinstitut, das uns unser Traditionsprinzip zu vernichten droht und durch die Interpretation mühsam in Schranken gehalten wird, haben wir aus dem Corpus iuris übernommen; hier steht es an der Seite anderer spätrömischer, namentlich auch justinianischer Rechtsbildungen, die das Traditionsprinzip einzuschränken trachten.[4]) Auch

---

1) Das ist hier wiederum zu subintellegieren, vgl. oben S. 70⁵; auch die Basiliken haben den Fall so verstanden: Bas. (50, 2) 18, *Heimbach* 5, 50; unrichtig *Hruza* 255f.   2) D. (23, 3) 9, 3 und dazu *Riccobono*, SZ. 34, 250.

3) Zum folgenden *Windscheid* 1 § 155⁸, *Dernburg* 1, 306, 358, *Rabel*, Grundzüge 439, *Kniep*, Vacua possessio 1, 322ff. und Der Besitz des BGB. 250ff., *Last*, IheringJ. 62, 162ff.

4) Siehe die treffliche Abhandlung *Riccobonos*, SZ. 33, 259ff.; 34, 159ff., die aber im einzelnen der Berichtigung und Ergänzung bedarf; einiges ist in diesem und in dem vorhergehenden Abschnitt gegeben.

das constitutum possessorium ist, wenigstens in der Gestalt, wie es uns im Corpus iuris entgegentritt, nicht klassisches, sondern justinianisches Recht.

A. Ehe wir die sehr spärlichen speziellen Quellenzeugnisse betrachten, ist eine allgemeine Überlegung am Platze, die allein schon gegen die Klassizität des Besitzkonstituts spricht. Der Besitzerwerb durch constitutum possessorium ist, wie man schon oft betont hat, ein Fall des Besitzerwerbs durch Stellvertreter.[1] 'Wer nämlich', sagt Savigny, 'überhaupt durch seine Handlungen einem andern den Besitz zu erwerben imstande ist, kann dieses natürlich um deswillen nicht weniger, weil er, der Repräsentant, bis auf diesen Augenblick den juristischen Besitz der Sache gehabt.'[2] Und ebenso rechtfertigt bereits Stephanus den Besitzerwerb durch Konstitut[3]): ἐπειδὴ ἤρεσε δι' ἐλευθέρου προσώπου προσπορίζεσθαι νομήν; 'quoniam per liberam personam possessionem acquiri placuit'. Eine Rechtsordnung also, die den Besitzerwerb durch Stellvertreter nur beschränkt zuläßt, kann auch das constitutum possessorium nur in denselben Schranken gestatten. Nun hält das justinianische Recht zwar noch an dem prinzipiellen Ausschluß der direkten Stellvertretung fest: per liberam personam adquiri nobis non potest; es macht davon aber eine allgemeine Ausnahme für den Besitzerwerb durch Stellvertreter: per liberam personam possessio adquiri nobis potest; damit harmoniert dann die unbedingte Zulassung des constitutum possessorium, wie wir sie im Corpus iuris vorfinden. Die heute herrschende Lehre nimmt aber mit Recht an, daß das klassische Recht den Besitzerwerb durch Stellvertreter nur in weit engeren Grenzen gekannt hat[4]): die Klassiker lassen Besitzerwerb durch gewillkürten[5]) Stellvertreter nur beim procurator zu, dieser aber ist ein dauernd bestellter Vermögensverwalter, nicht ein für ein einzelnes Geschäft bestellter Bevollmächtigter; erst die Kompilatoren haben für den 'procurator' die 'libera persona' schlechtweg eingesetzt.

---

1) Siehe *Windscheid* und *Dernburg* l. c., *Last* 34 und 162. *Schloßmann*, Besitzerwerb durch Stellvertreter 150 darf als erledigt gelten; vgl. *Last* S. 163.

2) Das Recht des Besitzes § 27 (1. Aufl. S. 257).

3) Zu Bas. (15, 1) 77, Supplem. Zachar. S. 32.

4) *Mitteis*, RP. 1, 211 ff., *Rabel*, Grundzüge 512, *V. Bruns*, Besitzerwerb durch Interessenvertreter S. 16 ff. Was dagegen *Last*, IheringJ. 62, 23 ff. ausgeführt hat, scheint mir durchaus mißlungen, eine vollständige Widerlegung ist hier natürlich nicht möglich. (Gegen einige seiner Aufstellungen siehe oben S. 66 ff. und die Ausführungen dieses Abschnittes.) Ebenso verfehlt sind die vollkommen unkritischen und unhistorischen Ausführungen von *Draganesco*, Die Lehre vom Besitzerwerb durch Stellvertreter nach röm. u. bürg. Recht (1916) S. 16 ff.

5) Ob der tutor schon im klassischen Recht dem procurator gleichstand, soll hier unerörtert bleiben; siehe über die Frage *Lewald*, SZ. 34, 449.

Das erweist klar

Paulus Sent. (5, 2) 2.

Per liberas personas, quae in potestate nostra non sunt, adquiri nobis nihil potest. sed per procuratorem adquiri nobis possessionem posse utilitatis causa receptum est.

So konnte Paulus nicht schreiben, wenn zu seiner Zeit bereits durch jeden Freien der Besitz erworben werden konnte. Ebenso redet aber noch Diokletian in

C. (7, 32) 8.

Per procuratorem utilitatis causa possessionem et, si proprietas ab hac separari non possit, dominium etiam quaeri placuit.

Justinian dagegen trägt in seinen Institutionen (2, 9) 5 den Satz vor, daß per liberam personam veluti per procuratorem der Besitz erworben werden könne: für ihn ist der Erwerb durch den Prokurator nur noch ein Fall des jetzt allgemein zulässigen Besitzerwerbes durch Freie. Diesen Satz hat Justinian auch in den Pandekten mittelst Interpolationen durchgeführt. Unzweideutig ist die Interpolation in folgenden Fragmenten erkennbar:

D. (47, 2) 14, 17.

Ulpianus libro vicensimo nono ad Sabinum. Si epistula, quam ego tibi misi, intercepta sit, quis furti actionem habeat? *et primum quaerendum est, cuius sit epistula, utrum eius qui misit, an eius ad quem missa est? et si quidem dedi servo eius, statim ipsi quaesita est, cui misi: si vero procuratori, aeque (quia per liberam personam possessio quaeri potest) ipsius facta est* . . .

Ganz entsprechend der eben mitgeteilten Stelle aus den Paulus-Sentenzen wird dem Besitzerwerb durch Unfreie der Besitzerwerb durch den Prokurator an die Seite gestellt; die beigefügte Begründung geht freilich über die These weit hinaus, kann aber eben darum nicht echt sein: warum wurde erst der Prokurator erwähnt, wenn der Besitzerwerb durch jeden Freien zulässig war? Es tut nichts zur Sache, daß der ganze Text, so wie er dasteht, schwerlich von Ulpian geschrieben sein wird[1]); auf alle Fälle hat ihn (mit Ausnahme der Interpolation) nicht Justinian verfertigt, und wenn es also ein nachklassischer Text ist, so beweist er gerade, daß man auch am Ende der klassischen Entwicklung noch nicht über den Besitzerwerb des Prokurators hinausgekommen war.

---

1) Der erste Satz (et primum) gibt die ich- und du-Konstruktion ganz auf; der zweite (et si quidem) nimmt sie wieder auf, aber doch nur zum Teil (servo eius, nicht servo tuo). si quidem — si vero: nach 'wenn aber' erwartet man natürlich, daß der Besitz nicht erworben werde, und ist überrascht, daß doch wieder alles so wie im ersten Fall ist. Das folgende hier nicht wiedergegebene Stück des § 17 ist gleichfalls stark überarbeitet: *Beseler* 2, 15; 3, 22; auch der finge-Satz wird unecht sein.

D. (13, 7) 11, 6.

Ulpianus libro vicensimo octavo ad edictum. Per liberam autem personam pignoris obligatio nobis non adquiritur, adeo, ut ne per procuratorem *plerumque* vel tutorem[1]) adquiratur: et ideo ipsi actione pigneraticia convenientur. sed nec mutat quod constitutum est ab imperatore nostro posse per *liberam personam* possessionem adquiri: nam hoc eo pertinebit, ut possimus pignoris nobis obligati possessionem per procuratorem vel tutorem adprehendere, ipsam autem obligationem *libera persona* nobis non *semper* adquiret.[2])

Die Pfandhaftung, d. h. das Pfandrecht kann nicht durch freie Stellvertreter erworben werden, nicht einmal durch den Prokurator; der Stellvertreter erwirbt also das Pfandrecht und gegen ihn richtet sich daher auch die actio pigneraticia aus dem Realkontrakt. Etwas anderes ist es natürlich, wenn A sich von B ein Pfand bestellen läßt und seinen Prokurator später schickt, um die Sache in Empfang zu nehmen; hier erwirbt A aus seinem eigenen Geschäft das Pfandrecht und durch den Prokurator nachträglich auch den Besitz der Pfandsache. Daß in dem Bericht des Kaisererlasses wiederum die libera persona interpoliert ist, zeigt klar der Schluß, den Ulpian daraus zieht. Längst erkannt ist auch, daß die Worte 'plerumque' und 'semper' mit Rücksicht auf eine justinianische Verordnung eingeschoben worden sind.[3])

Freilich hat noch in klassischer Zeit der Prokuratorenbegriff eine Erweiterung erfahren.[4]) Es wird sich nicht leugnen lassen, daß als Prozeßprokurator auch derjenige angesehen wird, der nur mit der Führung einer einzelnen Sache betraut worden ist; aber über das Prozeßrecht hinaus läßt sich diese Entwicklung nicht verfolgen; unmöglich hätte auch Paulus in der oben angeführten Sentenzenstelle so den Prokurator in Gegensatz zur libera persona stellen können, wenn jeder Einzelauftrag schon zu seiner Zeit als Prokuratorenbestellung angesehen worden wäre.

Wenn scheinbar schon Neraz auch außerhalb des Prozeßrechts den Einzelbevollmächtigten als procurator bezeichnet[5]), so liegt Interpolation vor:

---

1) Ob hier wie am Schluß die Worte 'vel tutorem' echt sind, soll, wie gesagt, (N. 74[5]) dahingestellt bleiben; vgl. *Lewald* l. c. 453.

2) Dazu *Kniep*, Vacua possessio 225.

3) C. (4, 27) 3: Cum per liberam personam, si pecunia alterius nomine fuerit numerata, adquiritur ei, cuius nomine pecunia credita est, per huiusmodi numerationem condictio, non autem hypotheca vel pignus, quae procuratori data vel supposita sunt, dominis contractus adquiritur: talem differentiam expellentes sancimus et condictionem et hypothecariam actionem vel pignus ipso iure et sine aliqua cessione ad dominum contractus pervenire.

4) *Mitteis* 236.

5) Auf die Stelle beruft sich zu Unrecht *Mitteis* l. c.

D. (21, 1) 25, 3.

Ulpianus libro primo ad edictum aedilium curulium. Procuratoris fit mentio in hac actione. sed Neratius procuratorem hic eum accipiendum ait, non quemlibet, sed cui universa negotia aut id ipsum, propter quod deterius factum sit, mandatum est.

Die Stelle spricht von der actio redhibitoria beim Sklavenkauf. Der Verkäufer muß den fehlerhaften Sklaven zurücknehmen, der Käufer hat aber dafür aufzukommen, wenn während seiner Besitzzeit der Sklave durch ihn selbst, seine familia oder seinen procurator verschlechtert worden ist.[1]) Was heißt nun hier procurator?' frägt Ulpian. Nach der Überlieferung soll er im Anschluß an Neraz geantwortet haben: Jeder, dem der Käufer auch nur ein Geschäft, nämlich eben das, durch dessen Ausführung der Sklave, dessen Redhibition in Frage steht, verschlechtert worden ist. Aber wie ist dieser Text stilisiert! Die Warnung, unter einem procurator nicht jeden beliebigen Menschen zu verstehen, ist geradezu komisch; anders aber kann man 'non quemlibet' gar nicht übersetzen. Man kann diese Worte nicht dahin verstehen: 'non quemlibet procuratorem', denn welche Prokuratorenart soll denn, nachdem man das Folgende gelesen hat, ausgeschlossen sein? Zu 'factum sit' fehlt das Subjekt (mancipium), das man auch nicht aus den nächst vorhergehenden Erörterungen entnehmen kann. Die Stelle verdient daher keinen Glauben; die Klassiker diskutierten wohl, ob der im Edikt erwähnte procurator ein procurator omnium bonorum sein müsse oder aber ein Sektionschef genüge.

So bleibt es also dabei: der Besitzerwerb durch gewillkürte Stellvertreter ist im klassischen Recht nur möglich, wenn der Stellvertreter ein echter procurator ist[2]), d. h. ein fest angestellter Vermögensverwalter. Daraus ergibt sich aber: auch das constitutum possessorium kann im klassischen Recht nur dann den Besitzerwerb vermittelt haben, wenn der Konstituent der Prokurator des Erwerbers war; tritt das Konstitut in weiterem Umfange in den Pandekten auf, so muß das auf Interpolation beruhen[3]), auf Interpolation, die im Zusammen-

---

1) *Lenel*, Edictum 530.

2) In D. (41, 1) 20, 2 steht nicht, wie *Mitteis* 212 und ihm folgend *Bruns* 17 glauben, ein quasi procurator; 'Titio et quasi meo procuratori tradita' heißt: 'die Sache ist dem Titius auch in seiner Eigenschaft als mein procurator übergeben worden'; so übersetzen schon die Basiliken *Heimb.* 5, 40. Unrichtig ist es auch, wenn *Mitteis* l. c. schreibt: 'Analog (dem dominus des procurator) erwirbt der Unternehmer auch den Besitz durch den mercenarius, das wird offenbar gar nicht als Erwerb durch Stellvertreter empfunden.' Aber D. (39, 5) 6, auf das er sich beruft, ist sicher interpoliert, ungewiß wieweit (*Riccobono*, SZ. 34, 203, *Rabel*, Grundzüge 444). Ulpian wollte mit den Worten 'si mercenarius meus exemit, mihi exemit' wohl nur sagen: der mercenarius erwirbt nicht für sich, weil er die Steine für mich herausbricht; zunächst ist dann niemand Besitzer oder Eigentümer. Daß D. (41, 2) 51 nichts beweist, ist oben S. 70ff. gezeigt.

3) Richtig *Baron*, KritVJSchr. 23, 523: 'Die ganze Lehre (vom constitutum possessorium, wie sie im Corpus iuris steht) muß zusammenfallen, wenn nur der procurator beim Besitzerwerb vertreten durfte.'

hang steht mit der Ersetzung des procurator durch die libera persona beim Besitzerwerb überhaupt, ja sich aus dieser Substitution notwendig ergab.

B. Betrachten wir nunmehr die speziellen Belege, die uns die Pandekten für das constitutum possessorium liefern.

D. (41, 2) 18 pr.

Celsus libro vicensimo tertio digestorum. Quod meo nomine possideo, possum alieno nomine possidere: nec enim muto mihi causam possessionis, sed desino possidere et alium possessorem ministerio meo facio. nec idem est possidere et alieno nomine possidere. nam possidet, cuius nomine possidetur, procurator alienae possessioni praestat ministerium.

'Wenn ich Eigenbesitzer einer Sache bin, so kann ich von einem bestimmten Zeitpunkt anfangen, für einen andern zu besitzen; damit verstoße ich nicht gegen die Schulregel: nemo sibi causam possessionis mutare potest[1]), denn ich bin nun überhaupt nicht mehr Besitzer, sondern nur noch Detentor dessen, für den ich nunmehr besitze.' Damit ist freilich das Besitzkonstitut schlechtweg anerkannt, doch der Schlußsatz zeigt unzweideutig, daß Celsus ausschließlich vom procurator als Konstituenten sprach; diese Einschränkung war im Urtext natürlich am Eingang der Stelle gesagt und ist erst von den Kompilatoren beseitigt worden; der erste Satz ist auch stilistisch nicht einwandsfrei: schon Beseler[2]) hat ganz richtig hinter 'possidere' ein 'incipere' vermißt: 'Quod meo nomine possideo, possum alieno nomine possidere incipere', doch ist der Fehler schwerlich durch Abschreiber, sondern durch die Kompilatoren verursacht worden.

Sicher unecht ist

D. (41, 2) 21, 3.

Javolenus libro septimo ex Cassio. Qui alienam rem precario rogavit, si eandem a domino conduxit, *possessio ad dominum revertitur.*

A erhält von X. eine dem B gehörige Sache zum precarium[3]); damit hat A Prekaristenbesitz erworben. Nachträglich erfährt er den wahren Eigentümer B und mietet von diesem die Sache: damit verliert A den Besitz, denn er ist jetzt nur noch Detentor des B, und, sagt unsere Stelle, der Besitz kehrt zu B zurück. Wiederum also eine allgemeine Zulassung des Konstituts[4]), aber gerade der entscheidende Schlußpassus fällt offensichtlich aus der Konstruktion: der Nach-

---

1) Dazu *Schloßmann*, SZ. 24, 13, *Rabel*, Grundzüge 438.

2) *Beseler* 1, 98.

3) So ist der Fall zu bilden (unrichtig *Last* 184[2]). Wollte man annehmen, daß der precario dans der dominus war, so ist 'alienam' überflüssig (receptum est rei suae precarium non esse D. 43, 26, 4, 3); man vgl. auch die Terminologie in D. (43, 26) 22 pr. 'si is, qui alienam rem emisset, dominum rogaverit' und D. (41, 2) 19 pr. unten S. 79.   4) Insoweit richtig *Last* 184.

satz 'possessio — revertitur' paßt nicht zu dem Vordersatz 'qui (= is qui!) — rogavit', der vorhandene Nachsatz fordert am Anfang 'si quis' statt 'qui'.

Die Machart ist dieselbe, wie in dem berühmten längst als interpoliert erkannten

D. (6, 1) 68.

Ulpianus libro quinquagensimo primo ad edictum. Qui restituere iussus iudici non paret contendens non posse restituere, *si quidem habeat rem, manu militari officio iudicis ab eo possessio transfertur et fructuum dumtaxat omnisque causae nomine condemnatio fit. si vero non potest restituere,* si quidem dolo fecit quo minus possit, is, quantum adversarius in litem sine ulla taxatione *in infinitum* iuraverit, damnandus est. si vero nec potest restituere nec dolo fecit quo minus possit, non pluris quam quanti res est, id est quanti adversarii interfuit, condemnandus est. *haec sententia generalis est et ad omnia, sive interdicta sive actiones in rem sive in personam sunt, ex quibus arbitratu iudicis quid restituitur, locum habet.*[1])

Die Konstruktion ist genau die gleiche, wie in unserem kritischen Fr. 21, 3: ' Qui restituere iussus non paret . . . possessio transfertur.' Daß sie hier auf Rechnung der Kompilatoren zu setzen ist, ist längst erkannt: die Stelle erklärt den arbitratus iudicis für vollstreckbar, während wir aus Gaius 4, 48 wissen, daß der Beklagte zur Zahlung einer Geldsumme verurteilt wird, wenn er die Sache auf Geheiß des Richters nicht gutwillig herausgibt. Auch sagt noch eine kaiserliche Verordnung von 393[2]): Nunquam omnino in negotiis privatorum vel tuitio militaris vel exsecutio tribuatur. Der Schlußsatz enthält das unmögliche 'locum habere ad' (statt in c. Abl.), auch abgesehen davon ist 'omnia' ungeschickt, es müßte heißen 'locum habet in omnibus actionibus et interdictis sive etc.' Die tautologischen Worte 'in infinitum' sind eine paraphrasierende Glosse zu 'sine ulla taxatione'.

Javolenus wird statt dieses kritischen Schlußsatzes geschrieben haben: 'possessionem amisisse videtur'; jetzt ist niemand Besitzer, der Mieter nicht, weil er als solcher nur Detentor ist, der dominus nicht, weil solo animo der Besitz nicht erworben werden kann und es ein constitutum possessorium nicht gibt.

Man vgl.

D. (41, 2) 19 pr.

Marcellus libro septimo digestorum. Qui bona fide alienum fundum emit, eundem a domino conduxit: quaero utrum desinat possidere an non. respondi: in promptu est[3]), ut possidere desierit.

Erst die gemeinrechtliche Panharmonistik hat auch hier den Besitzerwerb des dominus hineininterpretiert.[4])

Die Hauptstelle aber ist

D. (6, 1) 77.

Ulpianus libro septimo decimo ad edictum. Quaedam mulier fundum non marito donavit per epistulam et eundem fundum ab eo conduxit: posse de-

---

1) Zu dieser Stelle *Appleton*, Interpolations S. 129 ff., *Eisele*, SZ. 7, 30, *Siber*, Passivlegitimation bei der rei vindicatio 152, 167; *Beseler* 3, 60, *Levy*, SZ. 36, 67 u. 69.   2) C. (1, 46) 1.   3) 'Es liegt auf der Hand.'
4) *Last* 174, richtig *Kniep*, Vacua possessio 209.

fendi in rem ei competere, quasi per ipsam adquisierit possessionem veluti per colonam. proponebatur, quod etiam in eo agro qui donabatur fuisset, cum epistula emitteretur: quae res sufficiebat ad traditam possessionem, licet conductio non intervenisset.

Eine Frau will ein Grundstück jemandem — nicht ihrem Ehemann, dann wäre die Schenkung nichtig — schenken. Sie erklärt den Schenkungswillen in einem Brief an den Schenkungsempfänger und teilt zugleich mit, sie wolle das Grundstück noch weiter bewirtschaften, und zwar als Mieterin. Auf Grund dieses Tatbestandes entscheidet der Text: der Beschenkte hat durch die Mieterin den Besitz am Grundstück erworben, daher steht ihm eine — nicht näher bezeichnete — actio in rem zu. Befand sich der Beschenkte, als der Brief ankam, gerade auf dem Grundstück, dann bedurfte es zum Besitzerwerbe des Mietverhältnisses nicht, da, wie wir bereits oben sahen, durch Betreten des Grundstücks mit Besitzerwerbswillen der Besitz erworben wird. In der ersten Entscheidung wird der Besitz als erworben durch Besitzkonstitut erachtet; daß die Frau nicht procurator des Erwerbers ist, ist klar, also wiederum eine allgemeine Zulassung des constitutum possessorium. Es läßt sich aber auch hier klipp und klar erweisen, daß die Stelle sehr stark überarbeitet ist.[1])

Ulpian behandelt im 17. Ediktsbuche folgende Materien: die actio Publiciana (Schluß), ferner die Titel 'si praedium stipendiarium vel tributarium petatur'; 'si ususfructus petatur' und 'si servitus vindicetur'.[2]) Wo haben wir nun unser Fragment einzuordnen? Selbstredend nicht unter die beiden letzten Titel, aber zwischen den beiden ersten kann man schwanken, weil wir nicht wissen, ob die hier erwähnte actio in rem die rei vindicatio oder die actio Publiciana ist. Ist die rei vindicatio gemeint, so gehört die Stelle unter den Titel über die steuerpflichtigen Provinzialgrundstücke, denn nur bei diesen kann eine Übereignung durch constitutum possessorium überhaupt in Frage kommen: der fundus italicus ist res mancipi, es bedarf also zur Übereignung der Manzipation; nicht die Manzipation, sondern höchstens die Tradition kann durch Besitzkonstitut ersetzt werden. Nimmt man dagegen an, daß die Publiciana gemeint sei, so gehört das Fragment unter den Titel über diese Klage, dann kann der verschenkte fundus auch ein italisches Grundstück gewesen sein. Daß die rei vindicatio gemeint ist, ist a priori wahrscheinlicher, weil die Kompilatoren die Stelle in den Titel de rei vindicatione eingereiht haben, und so hat denn

---

1) Die Echtheit der Stelle ist schon wiederholt, aber mit ungenügender Begründung angefochten worden: *Kniep* 494 (sehr schüchtern), entschiedener Gai Inst. 2, 115 u. 306, *Ferrini*, Pandette 326, N. 4, *Collinet*, Nouvelle Revue Historique 34, 162, *Biondi*, La convalidazione del codicillo fatto dall' incapace (Palermo 1911) S. 7. Alles in Ordnung findet *Last* 169f.

2) *Lenel*, Paling. 2, 514ff.

auch Lenel unser Fragment unter den Titel über die Vindikation der praedia stipendiaria und tributaria eingeordnet.[1]) Daß damit das Richtige getroffen ist, darauf weisen noch zwei bisher unbeachtet gebliebene Momente:

Der Schreiber von F[1] hatte hinter 'fundum' ein 'ita' geschrieben, das die Korrektoren (F[2]) als sinnlos gestrichen haben. Wie aber kam der erste Schreiber zu dem 'ita'? Als Schreibfehler läßt es sich schwer erklären, leicht dagegen aus einem ungeschickten Streichen der Kompilatoren, wenn nämlich Ulpian schrieb:

Quaedam mulier fundum ita non marito donavit per epistulam:

und nunmehr der wörtliche Text des Briefes folgte. In der Tat finden wir nun diesen Brief in der Paraphrase des Stephanus[2]):

> γυνή τις ἀγρὸν ἐδωρήσατο δι' ἐπιστολῆς, οὐ τῷ οἰκείῳ ἀνδρὶ
> — ἢ γὰρ ἂν ἀσύστατος ἦν ἡ δωρεὰ — ἀλλ' ἑτέρῳ τινί, καὶ τοῦ-
> τον αὐτὸν τὸν ἀγρὸν ἐμισθώσατο παρ' αὐτοῦ, μήπω παραδοῦσα
> σωματικῶς αὐτῷ τὴν νομὴν καὶ ἔγραψε πρὸς αὐτὸν οὕτως· ἴσθι
> με δωρήσασθαί σοι τόνδε τὸν ἀγρὸν καὶ τοῦτον εἶναι παρ' ἐμοὶ
> κατὰ μίσθωσιν ἐπὶ χρόνου[3]) πρὸς τὸ ἐμὲ διδόναι τὰς ἀννόνας
> καθ' ἕκαστον ἔτος. τὸ ζητούμενον· κτλ.

'Eine Frau schenkte brieflich ein Grundstück, nicht ihrem Mann, dann wäre die Schenkung nichtig, sondern einem andern und mietete von ihm dasselbe Grundstück, ohne daß sie ihm vorher den Besitz körperlich übertragen hätte und schrieb an ihn folgendermaßen: Wisse, daß ich dir dieses Grundstück geschenkt habe, und daß es sich in meiner Hand als gemietet auf Zeit befindet, so zwar, daß ich auch die jährlichen Grundsteuern zu zahlen habe. Die Frage ist usw.'

Gewiß paraphrasiert Stephanus häufig seine Vorlage frei[4]), aber dieser Brief kann keine Erfindung von ihm sein; das beweist unzweideutig die Klausel, in der die Grundsteuern erwähnt werden. Diese Worte waren für das justinianische Recht ganz unerheblich, für Ulpian aber von entscheidender Bedeutung: sie stellen klar, daß es sich um ein steuerpflichtiges Grundstück handelt, also nicht um einen fundus italicus; darum konnte auch Ulpian an die rei vindicatio denken und den Fall unter dem Titel über die Vindikation der praedia stipendiaria und tributaria behandeln. Anzunehmen, daß Stephanus diese Klausel, für die der Digestentext nicht die leiseste Andeutung gibt, aus freier Phantasie geschöpft habe, hieße den unwahrscheinlichsten Zufall wahrscheinlich finden,

---

1) *Lenel*, Paling. 2, 515, Edictum 184.
2) Zu Bas. (15, 1) 77, Supplem. Zachar. S. 32.
3) 'ἐπὶ χρόνους τόσους' konjiziert *Zachariae*.
4) *Krüger*, Geschichte 408.

er wird den Brief vielmehr im echten Ulpian gelesen haben; darauf weist auch noch das 'ita' von F[1].

Damit ist zunächst erwiesen, daß die Kompilatoren in unser Fragment recht wesentlich eingegriffen haben; dabei haben sie aber auch das constitutum possessorium eingeschwärzt. Man sehe zunächst folgende Fragmente:

D. (41, 2) 48.

Papinianus libro decimo responsorum. Praedia cum servis donavit eorumque se tradidisse possessionem litteris declaravit. si vel unus ex servis, qui simul cum praediis donatus est, ad eum, qui donum accepit, pervenit, mox in praedia remissus est, per servum praediorum possessionem quaesitam ceterorumque servorum constabit.

Der Schenker hat noch nicht tradiert, erklärt aber in seinem Briefe tradiert zu haben, mithin selbst die Sache nur noch als Detentor des Beschenkten in der Hand zu haben. Trotzdem offenbar ein Besitzkonstitut vorliegt, erwirbt der Beschenkte den Besitz doch erst auf einem viel komplizierteren Wege: er ergreift zunächst den Besitz an einem der geschenkten Sklaven und durch diesen erst wieder den Besitz am Grundstück und an den übrigen Sklaven. Im gemeinen Recht hat man sich diese Unwirksamkeit des Konstituts so zurecht gelegt: das römische Recht habe ein abstraktes Konstitut nicht gekannt[1]), der Schenker hätte sich in dem Briefe als Mieter oder Entleiher bezeichnen sollen. Diese Unterscheidung zwischen abstraktem und materialisiertem Konstitut, die sich nur auf diese Stelle stützt, ad hoc zurecht gemacht, um sie mit den andern das Konstitut anerkennenden (bereits als unecht erwiesenen) Stellen zu vereinigen, mochte annehmbar sein, solange man das Corpus iuris als Gesetzbuch anzuwenden hatte und alle Widersprüche harmonisch auflösen zu müssen glaubte; historisch ist sie unannehmbar. Wenn wir heute das abstrakte Konstitut verwerfen, so tun wir das vor allem im Anschluß an das gemeine Recht und mit Rücksicht auf den Wortlaut der §§ 868, 930; Papinian aber hatte keine Vorbilder und keine formulierte Rechtsnorm vor sich und sollte aus freier Hand eine so willkürliche Unterscheidung[2]) getroffen haben? Noch deutlicher ist vielleicht

Vat. 263.

Papinianus libro decimo secundo responsorum. Eam quae bona sua filiis per epistulam citra stipulationem donavit, si neque possessionem rerum singularum tradidit, neque per mancipationem praediorum dominium transtulit

---

1) Statt vieler *Windscheid* § 155 N. 8b und 8c, *Last* 220f.

2) Richtig *Dernburg* 1, 306 und die dort zitierten Gegner des abstrakten Konstituts.

nec interpositis delegationibus aut inchoatis litibus actiones novavit, nihil egisse placuit.[1])

Hier gibt Papinian einen förmlichen Katalog der Übertragungsarten von Rechten: die Tradition, die Manzipation, bei Forderungen der Schenkerin die Novation in[2]) und außerhalb des Prozesses, warum vergißt er das Konstitut?

Zum Schluß

D. (41, 2) 30, 5.

Paulus libro quinto decimo ad Sabinum. Quod per colonum possideo, heres meus, nisi ipse nactus possessionem non poterit possidere[3]): retinere enim animo possessionem possumus, apisci non possumus.

Sagt hier nicht Paulus geradezu: das Mietverhältnis ist zwar geeignet, den Besitz zu erhalten — denn animo retinetur possessio —, nicht aber ihn zu erwerben?

Nun sehe man sich unser Fr. 77 auch einmal vom sprachlichen Gesichtspunkt aus an. 1. 'posse defendi'. Ich lasse es dahingestellt, ob diese Ausdrucksweise nicht an sich schon verdächtig ist[4]); jedenfalls fehlt das regierende Verbum. Man wende dagegen nicht ein: die Kompilatoren haben eben, wie so oft, ein Zitat (X scribit) gestrichen; denn wer sollte dieser Jurist sein, nachdem wir gesehen haben, daß noch Papinian das Konstitut nicht anerkennt? 2. 'veluti per colonam'. 'Beschenkter erwirbt durch die Frau wie durch eine Pächterin.' Aber die Frau ist ja doch wirklich Pächterin! Die Korrektoren von F[1] haben die Sinnlosigkeit des 'veluti' bemerkt und dadurch zu helfen geglaubt, daß sie 'colonum' statt 'colonam' schrieben: 'der Beschenkte erwirbt durch den weiblichen Pächter wie durch einen männlichen'. Gleichfalls ein unmöglicher Text: als ob einem klassischen Juristen auch nur der Gedanke kommen konnte, daß der Geschlechtsunterschied für den Besitzerwerb von Bedeutung sein könne. Es handelt sich um einen Gräzismus; Cyrill übersetzt

δι' αὐτῆς   γὰρ   ὡς κολώνης
durch   sie   nämlich als Pächterin.

3. 'ei competere'. 'ei' ist salopp, man bezieht es zunächst falsch auf das Subjekt des vorhergehenden Satzes (mulier). 4. 'per ipsam'. 'ipse' für 'is' ist ein Gräzismus.[5]) 5. 'proponere quod' statt mit Acc. c. Inf.[6]) 6. Der unmotivierte Wech-

---

1) Zu der Stelle (unbefriedigend) *Last* 170. Ob die Worte 'citra stipulationem' echt sind oder nicht, kann hier dahin gestellt bleiben: *Mitteis* SZ. 33, 197, *Beseler* 2, 35; 3, 2.

2) D. h. die Novation durch litis contestatio als cognitor in rem suam.

3) Der Besitz ist im römischen Recht nicht vererblich. (Anders BGB. 857.)

4) Siehe über diese Frage *Beseler* 2, 24, *Berger*, Teilungsklagen 24, 114, 242, KritVJSchr. 50, 424.   5) *Heumann-Seckel*, Art. ipse i. f.

6) Vgl. *Kalb*, Wegweiser 80, *Beseler* 1, 53ff.

sel im Ausdruck; erst ‘fundus’ dann ‘ager’, wie er sich auch in andern interpolierten Stellen findet.[1]) 7. ‘in rem ei competere.’ Das Fehlen von ‘actio’ darf als unterstützendes Moment gebucht werden[2]), wenn auch die Klassiker nachweislich bei nach Personen genannten Klagen das Wort actio weglassen.[3]) Daß die Ausdrucksweise unseres Textes den Byzantinern geläufig ist, bedarf keines Beleges.

Bei einer so völlig zerarbeiteten Stelle ist natürlich eine genaue Rekonstruktion unmöglich. Ulpian mag etwa geschrieben haben:

Quaedam mulier fundum ita non marito donavit per epistulam: ‘Scias me tibi hunc fundum donavisse eumque penes me esse ex conducto in annos tot ita, ut annonas quoque singulis annis praestem.’ Proponebatur eum, cui donatio facta sit, in eo fundo fuisse cum epistula emitteretur.

Hierauf wird er kurzweg den Besitzerwerb des Beschenkten konstatiert und ihm die actio in rem zugesprochen haben.[4])

C. Der Besitzerwerb durch constitutum possessorium, auch wenn der Konstituent nicht Prokurator des Erwerbers ist, ist also dem klassischen Rechte nicht bekannt; wohl aber finden wir ihn bereits im vorjustinianischen nachklassischen Recht.[5]) Die Kaiser Honorius und Theodosius erklären nämlich in einer Verordnung von 417[6]) — unter Aufhebung ihrer früheren Verordnung von 415[7]):

Ius pristinum renovamus, ut, quisquis rem aliquam donando vel in dotem dando usumfructum eius retinuerit, etiamsi stipulatus non fuerit, eam continuo tradidisse credatur, nec quid amplius requiratur, quo magis videatur facta traditio, sed omni modo idem sit in his causis usumfructum retinere quod tradere.

Die Kaiser fanden also als geltendes Recht vor, daß bei Dosbestellung und Schenkung es einer Tradition nicht bedarf, wenn der Veräußerer sich den Nießbrauch vorbehält; im Jahre 415 haben sie diesen Rechtssatz beseitigt, 417 aber das ius pristinum wiederhergestellt. Justinian hat die Verordnung von 417 in seinen Codex aufgenommen[8]), aber unter Ausdehnung auch auf den Fall des Verkaufs: die Kompilatoren haben, wie der Vergleich von C. Th. und C. Just.

---

1) Vgl. D. (23, 3) 56, 3 und dazu *Lenel*, Paling. 1, 1156 N. 4, *Schulz*, SZ. 34, 77 ff.

2) Über dieses Interpolationsindiz siehe *Collinet*, Nouv. Revue Hist. 34, 157 ff., *Lenel*, Festgabe f. Sohm S. 221 N. 5, *Berger*, SZ. 36, 181, *Partsch*, Negot. Gestio 1, 15, 19, 48, *Schulz*, Festschr. f. Zitelmann S. 20.

3) Fr. de form. Fabiana § 8: Fabiana inutiliter adversus filium usurum.

4) Das beweiskräftige Quellenmaterial ist damit erschöpft. Auf D. (17, 2) 1, 1 und 2 sollte man sich nicht länger berufen (richtig *Last* 190); wahrscheinlich sind die Stellen interpoliert: *Riccobono* SZ. 34, 186 ff.

5) Zum Folgenden: *Riccobono*, SZ. 34, 185 ff. und (verfehlt) *Last* 165 ff.

6) C. Theod. (8, 12) 9.   7) C. Theod. (8, 12) 8.

8) C. Just. (8, 53) 28.

zeigt, hinter 'dando' die Worte 'vel vendendo' eingeschoben. Aber daraus,
daß man im Jahre 415 bereits den Traditionsersatz durch retentio ususfructus
kannte, folgt natürlich noch nicht, daß er bereits im klassischen Rechte bekannt
war. Daß dieses nicht der Fall war, zeigt eine Verordnung Diokletians vom
Jahre 296:

Vat. 313.

Donatio praedii quod mancipi est inter non exceptas personas traditione
atque mancipatione perficitur, eius vero quod nec mancipi est traditione sola.
si igitur patrona tua in rebus humanis agens supra dicto iure ex causa donationis, retento sibi usu fructu, ad te eundem fundum transtulit, intellegis ius
tuum satis esse munitum, si tamen cum moreretur patrona, quam praedium
donasse commemoras, possessionem rei donatae non revocavit. iuxta quae adi-
tus is, cuius de ea re notio est, auctoritatem suam interponet.

'Zur Schenkung eines Grundstücks unter personae non exceptae bedarf es
der Manzipation und Tradition, wenn das Grundstück res mancipi ist; ist es
res nec mancipi, so genügt die Tradition. Wenn daher deine Patronin diesem
Rechtssatz entsprechend dir schenkungsweise unter Zurückbehaltung des Nießbrauchs das Grundstück übertragen hat, auch bis zu ihrem Tode den Besitz
des geschenkten Grundstücks nicht zurückgezogen hat[1]), so ist dein Recht gesichert; wende dich also an den zuständigen Beamten, der das Erforderliche
veranlassen wird.'

Schenkung der patrona an den libertus, die hier vorliegt, ist Schenkung
inter personas non exceptas im Sinne der Lex Cincia[2]); das Grundstück ist res
mancipi, denn die retentio usus fructus ist nur bei der Manzipation zulässig.[3])
Mithin bedarf es in unsrem Falle zur Perfektion der Schenkung der Manzipation
und Tradition. Man hat behauptet[4]), die Verordnung besage, daß durch die
Zurückbehaltung des Nießbrauchs die Tradition ersetzt werde, doch davon kann
keine Rede sein. Der Kaiser sagt: Wenn deine Patronin dir das Grundstück
nach der oben genannten Rechtsnorm schenkweis unter Zurückhaltung
des Nießbrauchs übertragen hat, so ist dein Recht gesichert: mit dieser Rück-
verweisung verlangt er also offensichtlich zur Perfektion Manzipation und Tradition; hätte die retentio ususfructus nach der Meinung des Kaisers die Tradition ersetzt, so hätte er schreiben müssen: si igitur patrona ex causa donationis
tibi eundem fundum mancipaverit retento sibi usu fructu, intellegis ius tuum
munitum esse.

---

1) Wozu die Patrona berechtigt wäre: *Mitteis*, RP. 1, 167.
2) *Mitteis* 155; *Last* 168.   3) Vat. 47, 47a.   4) So *Last* l. c.

III. Pflicht des Pfandgläubigers zum Pfandverkauf.

Nach geltendem Recht ist der Pfandgläubiger unter gewissen, hier nicht weiter interessierenden Voraussetzungen berechtigt, sich durch Verkauf der Pfandsache zu befriedigen; ist er unter Umständen auch verpflichtet, sein Recht auszuüben? Das BGB. enthält über diese Frage keine Bestimmung, das Reichsgericht hat sie bejaht.

Dem Reichsgericht lag in der Entscheidung vom 8. Juli 1910 (Entsch. des RG. in Zivilsachen 74, 151) folgender Fall vor: Ein Schuldner hatte seinem Gläubiger Pfandbriefe verpfändet. Nach einiger Zeit ersuchte er den Gläubiger, die Briefe durch ein Bankhaus baldmöglichst versilbern zu lassen, sich aus dem Erlöse zu befriedigen und ihm Abrechnung zu übersenden. Der Gläubiger ließ aber den größten Teil der Briefe erst nach 2 Jahren verkaufen. Der Verpfänder forderte nun Schadenersatz, weil durch das schuldhafte Zögern des Gläubigers ihm durch die entsprechend längere Zinsberechnung und infolge des inzwischen eingetretenen Kursrückgangs der Pfandbriefe ein Schaden in bestimmter Höhe entstanden sei. Das Reichsgericht führt in der Entscheidung folgendes aus: 'Der Kläger befand sich in einer Lage, deren Fortdauer große wirtschaftliche Nachteile für ihn erwarten ließ: auf der einen Seite mußte er sich vom Beklagten die Anschreibung ungewöhnlich hoher Zinsen von dessen Forderung gefallen lassen, auf der andern Seite drohte den verpfändeten Pfandbriefen die Wertminderung durch Kursrückgang. Die erforderlichen Gelder aber zur Bezahlung der Forderung besaß der Kläger nicht. Er mußte hiernach fürchten, daß der Beklagte, um den hohen Zinsenlauf so lange als möglich zu genießen, den Pfandverkauf, dessen Zeitpunkt er als der Gläubiger nach seinem Belieben wählen durfte, solange hinausschieben würde, als der Kurs die Forderung samt Zinsen noch sicher deckte. In solcher Lage wird sich dem Schuldner der Weg bieten, einen dritten Geldgeber zu gewinnen, der die zur Befriedigung des Gläubigers erforderliche Summe vorschießt, das Pfand in Empfang nimmt, es versilbert, sich aus dem Erlöse deckt und den etwaigen Überschuß an den Schuldner herauszahlt. Ein Bankier würde hierfür gegen entsprechende Provision wohl immer unschwer zu haben sein. Warum der Kläger diesen Weg nicht gewählt hat, ist nicht ersichtlich, kann aber auch auf sich beruhen. Statt sich an einen Dritten zu wenden, kann der Schuldner mit einem entsprechenden Antrage auch an den Gläubiger selbst herantreten. Dieser Antrag kann dahin gehen, das Pfand unter angezeigt erscheinenden Sicherungsvorkehrungen, z. B. an einen Vertrauensmann, behufs Versilberung herauszugeben. Der Schuldner kann aber auch, wenn der Gläubiger hierauf nicht eingehen will, oder wenn solches zu erwarten ist, dem Gläubiger . . . vorschlagen, sich selbst der Besorgung der Versilberung zu unterziehen, wofür der Gläubiger unter Umständen ebenfalls eine Provision oder sonstige Vergütung mag in Rechnung stellen dürfen.' Das Gericht will BGB. 1218 zur analogen Anwendung bringen.

Wir besitzen über diese Frage auch eine Pandektenstelle, die das Reichsgericht hätte heranziehen können, nämlich

D. (13, 7) 6 pr.

Pomponius libro trigensimo quinto ad Sabinum. Quamvis convenerit, ut fundum pigncraticium tibi vendere liceret, nihilo magis cogendus es vendere, licet solvendo non sit is qui pignus dederit, quia tua causa id caveatur. sed Atilicinus ex causa cogendum creditorem esse ad vendendum dicit: quid enim si multo minus sit quod debeatur et hodie pluris venire possit pignus quam postea? melius autem est dici eum, qui dederit pignus, posse vendere et accepta pecunia solvere id quod debeatur, ita tamen, ut creditor necessitatem habeat ostendere rem pigneratam, si mobilis sit, prius idonea cautela a debitore pro indemnitate ei praestanda. invitum enim creditorem cogi vendere satis inhumanum est.[1])

'Obwohl im Pfandvertrag vereinbart worden ist, daß der Gläubiger das verpfändete Grundstück verkaufen darf, so ist er doch trotzdem nicht zum Verkauf zu zwingen, auch wenn der Pfandschuldner zahlungsfähig ist, denn das Verkaufsrecht ist im Interesse dcs Gläubigers ausbedungen. Atilicinus aber meint, unter Umständen sei der Verkäufcr doch zum Verkauf zu zwingen: wie nämlich, wenn die Sache mchr wert ist als die geschuldete Summe und heute zu höherem Preise verkauft werden kann, als später? Besser sagt man aber so: der Verpfänder kann die Sache verkaufen, der Gläubiger aber ist verpflichtet, sie, wenn es eine bewegliche Sache ist, vorzuzeigen gegen gchörige Kaution wegen eventueller Beschädigung; den Gläubiger widcr seinen Willen zum Verkauf zwingen ist sehr inhuman.'

Die Stelle ist stark überarbeitet, wie zahlreiche Interpolationsindizien erweisen: 1. Das Wort 'cautela' kommt in den Digesten nur an vier Stellen vor und ist stets unecht.[2]) 2. 'cautela — praestanda': in angehängten Abl. abs. gesetzliche Dispositionen auszusprechen, ist typisch kompilatorischer Sprachgcbrauch.[3]) 3. Die Ablehnung eines Rechtssatzes aus Gründen der Humanität ist regelmäßig unecht.[4]) 4. 'quid enim si' ist vielfach unecht.[5]) Ebenso 5. 'cogere ad faciendum'[6]) und 6. das absolut gebrauchte 'ex causa'.[7]) Der Grund für das Eingreifen dcr Kompilatoren ist deutlich erkennbar. Pomponius handelte im 35. Sabinusbuche nicht vom pignus, sondern von der fiducia, auch unsere Stelle wird sich auf diese Pfandrechtsart bezogen haben.[8]) Die Kompilatoren haben die fiducia gestrichen — wie sie das durchweg getan haben — und die

---

1) Siehe zu der Stelle *Gradenwitz*, Interpolationen 22, *Beseler* 2, 50 und 113; 3, 74, *Dernburg*, Pfandrecht 2, 7, *Rabel*, Grundzüge 496.

2) Voc. Jur. Rom. 1, 699.   3) Siehe *Eisele*, SZ. 7, 23 ff.

4) Siehe H. *Krüger*, SZ. 19, 6 ff., *Berger*, GrünhutZ. 40, 315 und die dort Zit; aber auch *Rabel*, Grundzüge 408, N. 3.

5) *Beseler* 1, 61 ff.   6) *Beseler* 2, 49 ff.   7) *Beseler* 3, 73.

8) *Lenel*, Paling. 2, 146.

Stelle für das pignus umgearbeitet. Nun ist uns in dem westgotischen Auszug der Paulus-Sentenzen gerade die Stelle überliefert, in der Paulus unseren Fall behandelte:

Sent. (2, 13) 3.

Debitor creditori vendere fiduciam non potest; sed alii, si velit, vendere potest, ita ut ex pretio eiusdem pecuniam offerat creditori atque ita remancipatam sibi rem emptori praestet.

Auf Grund dieser Stelle läßt sich unser Fr. 6 wenigstens dem Sinne nach rekonstruieren. Atilicinus wollte mit der actio fiduciae den Gläubiger zum Verkauf zwingen: ex causa fiduciae cogendum creditorem esse; die Formel dieser Klage enthielt, wie wir genau wissen, die Worte 'ut inter bonos bene agier oportet et sine fraudatione'[1]): aus dieser Klausel konnte Atilicinus recht gut einen Anspruch wegen unredlich unterlassenem Pfandverkauf herleiten (nur in diesem indirekten Sinne kann natürlich der Klassiker von cogere reden). Pomponius verweist lieber auf den auch von Paulus geschilderten Modus: der Verpfänder verkauft die Sache selbst, befriedigt mit dem Kaufgeld den Gläubiger, läßt sich die Sache zurückmanzipieren und übereignet sie dann dem Käufer, also der Weg, den auch unser Reichsgericht als gangbar erwogen hat. Pomponius mag etwa geschrieben haben: 'melius autem est dici eum qui dederit fiduciam posse eam vendere et accepta pecunia solvere id quod debeatur ita, ut rem sibi remancipatam praestet emptori.'

IV. Das Prinzip der ungeteilten Pfandhaftung.[2])

Das Prinzip der ungeteilten Pfandhaftung bedeutet dies: der verpfändete Gegenstand haftet ganz für jede Quote der gesicherten Forderung, nicht etwa haftet für eine Quote der Forderung nur eine Quote des verpfändeten Gegenstands. Ist eine Sache im Werte von 200 für eine Forderung von 100 verpfändet, so haftet nach dem angegebenen Prinzip für eine Forderungsrate von 10 die ganze Sache, nicht etwa nur eine ideelle Quote derselben im Werte von 20. Der erste Entwurf hatte diesen Grundsatz im § 1150 ausdrücklich ausgesprochen: 'Das Pfandrecht besteht an jedem Teile des Pfandes für die ganze Forderung'; das BGB. begnügt sich, ihn in einem seiner Anwendungsfälle anzuerkennen.

Aus diesem Prinzip ergeben sich eine Reihe von Folgerungen.

---

1) *Lenel*, Edictum 282 ff.

2) *Dernburg* 1, 503, Das Pfandrecht 2, 28 ff., *Windscheid* 1 § 226³, *Rabel*, Grundzüge 495.

A. Sind mehrere Sachen für dieselbe Forderung verpfändet, so haftet jede Sache ganz für jede Quote der Forderung. So ausdrücklich BGB. 1132, 1222 sowie

D. (20, 1) 19.

Ulpianus libro vicesimo primo ad edictum. Qui pignori plures res accepit, non cogitur unam liberare nisi accepto universo quantum debetur.

B. Ist von der gesicherten Forderung erst eine Rate fällig (die übrige Forderung noch nicht fällig) oder nur noch eine Rate fällig (der übrige Teil der Forderung gezahlt), so kann wegen dieser Rate das Pfandverkaufsrecht hinsichtlich der ganzen Sache ausgeübt werden.

D. (45, 1) 85, 6.

Paulus libro septuagensimo quinto ad edictum. Item si ita stipulatio facta sit: 'si fundus Titianus datus non erit, centum dari?' nisi totus detur, poena committitur centum, nec prodest partes fundi tradere cessante uno, quemadmodum non prodest ad pignus liberandum partem creditori solvere.

Die ganze Vertragsstrafe verfällt im römischen Recht, auch wenn nur ein Teil der gesicherten Schuld nicht erfüllt wird[1]); darum kann das Pfandrecht mit der Vertragsstrafe in Parallele gesetzt werden.

D. (13, 7) 8, 3.

Pomponius libro tricensimo quinto ad Sabinum. Si annua bima trima die triginta stipulatus acceperim pignus pactusque sim, ut 'nisi sua quaque die pecunia soluta esset, vendere eam mihi liceret', placet, antequam omnium pensionum dies veniret, non posse me pignus vendere, quia eis verbis omnes pensiones demonstrarentur: nec verum est 'sua quaque die non solutam pecuniam', antequam omnes dies venirent. sed omnibus pensionibus praeteritis, etiamsi una portio soluta non sit, pignus potest venire. sed si ita scriptum sit: 'si qua pecunia sua die soluta non erit', *statim competit ei pacti conventio.*[2])

Für eine in drei Jahresraten zu zahlende Schuld ist ein Pfandrecht bestellt worden. Ist von den Parteien nichts besonderes vereinbart, so kann, dem Prinzip entsprechend, wegen jeder fälligen Rate zum Pfandverkauf der ganzen Sache geschritten werden. Pomponius interpretiert — für unser Gefühl reichlich formal — zwei Klauseln, die in römischen Pfandverträgen üblich waren. Ist das Verkaufsrecht ausbedungen 'si qua pecunia sua die soluta non erit', so bleibt es bei dem Prinzip: ist also die erste Rate fällig, so darf sofort der Verkauf vorgenommen werden. Ist dagegen das Verkaufsrecht eingeräumt für den Fall

---

1) *Windscheid* 2 § 285, N. 8, *Berger*, Strafklauseln in den Papyrusurkunden S. 73; vgl. *Oertmann* 4 zu BGB. 339.

2) Zu der Stelle *Dernburg*, Pfandrecht 2, 120.

'si pecunia sua quaque die soluta non erit', so soll, meint Pomponius, weil vor 'pecunia' das 'qua' fehlt, offenbar der Verzug mit einer Rate noch nicht die Verkaufsbefugnis auslösen, der Schuldner muß mit der ganzen Summe im Rückstand sein. Konsequent müßte der Jurist in dem letzteren Falle auch die Verkaufsbefugnis leugnen, wenn der dritte Termin verstrichen, aber etwa eine Rate gezahlt ist, denn auch dann 'verum non est sua quaque die (totam) pecuniam solutam non esse'; mit Recht lehnt aber Pomponius diese Konsequenz als dem Parteiwillen nicht entsprechend ab: wenn bei einer Nichtratenschuld das Verkaufsrecht bedungen wird 'si pecunia sua die soluta non erit', so würde eine Teilleistung nach Fälligkeit dem Gläubiger doch das Verkaufsrecht geben; eine Ratenschuld aber, bei der alle Termine verstrichen, kann nicht anders behandelt werden.

Dies ist wohl der Sinn der nicht ganz klaren Auseinandersetzung. Im Urtext handelte die Stelle von der fiducia, wie das aus Versehen stehengebliebene falsche 'eam' noch verrät.[1]) Der Schluß ist von den Kompilatoren verstümmelt: 'statim competit ei pacti conventio' kann Pomponius aus verschiedenen Gründen nicht geschrieben haben. 1. 'pacti conventio competit': der pleonastische Ausdruck findet sich selten[2]), so bekannt die asyndetische Formel 'pactum conventum' ist; pacti conventio competit = aus einem pactum steht eine Befugnis zu, diese Ausdrucksweise findet sich nur hier.[3]) 2. 'ei' fällt aus der Konstruktion, es müßte 'mihi' heißen. 3. 'statim' ist ungenaue Breviloquenz: gemeint ist 'sofort nachdem der Schuldner mit der ersten Rate in Verzug geraten ist'. Die beiden ersten Mängel hat man durch Konjektur heilen und 'competit vi pacti venditio' schreiben wollen. Aber 'vi pacti' statt des einfachen 'ex pacto' ist eine ganz ungewöhnliche Ausdrucksweise, und da damit auch der dritte Mangel nicht behoben wird, so wird man richtiger anzunehmen haben, daß die Kompilatoren eine längere Ausführung ungeschickt gekürzt haben; 'pacti conventio' wird aus dem im Urtext erwähnten 'pactum conventum fiduciae causa' entstanden sein.[4])

C. Der Verpfänder wird von mehreren Erben beerbt[5]); z. B. der Eigentümer E hat sein Grundstück dem C für eine Forderung von 100, die dieser gegen ihn hat, verpfändet; E stirbt und wird beerbt von H^1 und H^2. H^1 schuldet dem C nur die Hälfte der Schuld[6]), er ist andrerseits — sofern es sich um pignus oder hypotheca, nicht um fiducia handelt — Miteigentümer des verpfändeten Grund-

---

1) *Lenel*, Paling. 2, 147.

2) Er findet sich aber, was die Konjekturalkritiker wohl übersehen haben, auch in D. (46, 3) 5, 2.   3) Voc. Jur. Rom. 1, 846, Z. 22.

4) Vgl. die bätische Fiducia-Formel bei *Bruns*, Fontes Nr. 135.

5) Zum Folgenden: *Dernburg*, Pfandrecht 2, 32 ff.

6) *Dernburg* 2, 1073.

stücks zur ideellen Hälfte. Zahlt H^1 seine Schuld (50), so wird damit keineswegs seine Miteigentumsquote am Grundstück frei, der Gläubiger kann vielmehr nach dem Prinzip der ungeteilten Pfandhaftung das ganze Grundstück wegen der übrigen 50 verkaufen. Ist C Fiduciagläubiger, so kann entsprechend H^1, wenn er seine Schuld (50) zahlt, nicht die Rückübereignung einer ideellen Quote (½) des fiduziarisch dem C übereigneten Grundstücks fordern.

D. (13, 7) 8, 2.

Pomponius libro tricensimo quinto ad Sabinum. Si unus ex heredibus debitoris portionem suam solverit, tamen tota res pignori data venire poterit, quemadmodum si ipse debitor portionem solvisset.

Auch diese Stelle hat im Urtext von der fiducia gehandelt.[1]

C. (8, 30) 1.

Impp. Severus et Antoninus AA. Antiochiae. Qui pro parte heres extitit, nisi totum debitum exsolvat, suam portionem ex pignoribus recipere non potest.

C. (8, 27) 16.

Impp. Diocletianus et Maximianus AA. et CC. Silvano. Unus ex multis debitoris, qui pignora tradiderat, heredibus, quod ab eo personali actione[2] peti potuit solvendo res obligatas distrahendi creditori facultatem non ademit.

Es fragt sich nun, wie dieses Rechtsverhältnis im Teilungsverfahren behandelt wurde. Man verfuhr im klassischen Recht einfach so: 1. Hat H^1 vor dem Teilungsverfahren die ganze Schuld gezahlt und damit das Pfand frei gemacht, so erhält er im Teilungsverfahren von H^2 50 zurück. 2. Hat H^1 vor dem Teilungsverfahren nur seine Schuld (50) gezahlt, und wird ihm im Teilungsverfahren das Alleineigentum an der verpfändeten Sache zugewiesen, so hat ihm H^2 Kaution zu leisten, daß H^1, falls er, um den Pfandverkauf zu verhindern, die Restschuld zahlt, von H^2 diesen Betrag zurückerhält. 3. Ist die Schuld zur Zeit des Teilungsverfahrens noch unberührt, und wird H^1 das Alleineigentum an der Pfandsache zugewiesen, so hat ihm H^2 im Teilungsverfahren dieselbe Kaution zu stellen.

---

1) *Lenel*, Paling. 2, 147.

2) Ob der Ausdruck actio personalis bereits den Klassikern geläufig war, kann hier dahingestellt bleiben; daß der Terminus nicht eine Erfindung der Byzantiner ist, zeigt schon der Gaiuskommentar von Autun § 108. Siehe zu der Frage *Eisele*, Beiträge zur röm. Rechtsgeschichte 244, *Berger*, Teilungsklagen 104, *Rotondi*, Di alcune riforme giustinianee relative al pactum de non petendo S. 7, *Solazzi*, Bull. 23, 140, *Albertario*, Riv. ital. 52, 43 ff.

D. (10, 2) 18, 4, 6, 7.[1])

Ulpiauus libro nono decimo ad edictum. Celsus etiam illud eleganter adicit coheredem et si non solvit habere familiae erciscundae iudicium, ut cogatur coheres solvere, cum alias non sit liberaturus rem creditor, nisi in solidum ei satisfiat.[2])

Cum unus ex heredibus legatum exsolvit ei, qui missus fuerat in possessionem legatorum servandorum causa, putat Papinianus, ct verum est, familiae erciscundae iudicium ci competere adversus coheredes, quia non alias discederet legatarius a possessione, quam vice pignoris[3]) crat consecutus, quam si totum ei legatum fuisset exsolutum.

Sed et si quis Titio debitum solverit, ne pignus veuiret, Neratius scribit familiae erciscundae iudicio eum posse experiri.

Die Kompilatoren haben diese einfache klassische Ordnung nicht unberührt gelassen:

D. (10, 2) 25, 12—14.[4])

Paulus libro vicensimo tertio ad edictum. In illa quoque stipulatione prospiciendum est coheredibus, si testator promiserat 'neque per se neque per heredem suum fieri, quo minus ire agere possit', quoniam uno prohibente in solidum committitur stipulatio, *ne unius factum ceteris damnosum sit.*

Idem iuris est in pecunia promissa a testatore, si sub poena promissa sit: nam licet haec obligatio dividatur per legem duodecim tabularum, tamen quia nihilum prodest ad poenam evitandam partem suam solvere, sive nondum soluta est pecunia nec dies venit, prospiciendum est per cautionem, *ut de indemnitate caveat per quem factum fuerit, ne omnis pecunia solveretur, aut ut caveat se* ei qui solidum solverit *partem praestaturum*: sive etiam solvit unus universam pecuniam quam defunctus promittit, ne poena committerctur, familiae erciscundae iudicio a coheredibus partes recipere poterit.

Idem observatur in pignoribus luendis: nam nisi universum quod debetur offcratur, iure pignus creditor vendere potest.

Über das Pfandrecht handelt Paulus in der Stelle nur kurz am Schluße, in dcr Hauptsache aber von der Vertragsstrafe, die, wie wir bereits oben gesehen haben,

---

1) Dazu *Berger*, Teilungsklagen 151, 152.

2) Celsus meint, H[1] kann von H[2] Kaution fordern, damit dadurch H[2] zur Zahlung seiner Schuld genötigt werde, wenn etwa H[1], um den Pfandverkauf zu verhindern, die ganze Schuldsumme zahlt. Diese Kaution für den Fall, daß H[1] die ganze Schuld bezahlt, ist gerechtfertigt, cum alias non sit liberaturus usw. Vgl. auch Julian D. (18, 4) 18 und unten S. 94.

3) Vgl. *Dernburg* 1, 495; 2, 974.

4) Zu dieser Stelle *Berger*, Teilungsklagen 125 und 150, KritVJSchr. 50, 405, *Beseler* 2, 113; 3, 9 und 64.

im römischen Recht mit Recht zum Pfandrecht in Parallele gesetzt werden kann.

Im ersten Fall hat der Erblasser an seinem Grundstück eine Wegegerechtigkeit bestellt und ihre ungestörte Ausübung durch Vertragsstrafe gesichert. Wird der Berechtigte auch nur von einem Erben gestört, so verfällt die Strafe in voller Höhe (z. B. 10), wofür jeder Erbe nach Verhältnis seiner Erbquoten haftet. Für diesen Fall ist im Teilungsverfahren Vorsorge zu treffen. Wird etwa dem H^2 das belastete Grundstück zu Alleineigentum zugewiesen, so muß er dem H^1 Kaution stellen, daß H^1, wenn der Wegeberechtigte durch H^2 gestört wird, die Strafe verfällt und H^1 5 zahlen muß, diese 5 von H^2 zurückerhält. Der Schlußsatz dieser Entscheidung 'ne unius factum ceteris damnosum sit' ist freilich unecht: er steht offensichtlich an falscher Stelle, sollte hinter 'prospiciendum est coheredibus' stehen; wie wir sofort zeigen werden, enthält der Satz das Prinzip, aus dem die Interpolation des unmittelbar folgenden § 13 geflossen ist.

Im zweiten Fall hat der Erblasser für eine Forderung von 100 eine Vertragsstrafe von 10 versprochen; H^1 und H^2 haben ihn zu gleichen Teilen beerbt. Jeder Erbe schuldet also 50, und, wenn die Strafe verfällt, außerdem noch 5. In diesem Fall, sagt Paulus, idem iuris est wie in dem soeben behandelten, d. h. es ist im Teilungsverfahren durch Kautionen Vorsorge zu treffen; aber worauf wird hier die Kaution gestellt? Ganz gleich liegen nämlich die beiden Fälle doch nicht: im ersten Fall hat H^1 nicht die Macht, den Verfall der Strafe zu verhindern, wohl aber im zweiten, indem er nämlich hier einfach die volle Summe, nicht nur die auf ihn entfallende Schuldquote zahlt. Demnach sind zwei Kautionen denkbar:

I. Für den Fall, daß die Strafe verfällt; H^1 zahlt nach Beendigung des Teilungsverfahrens die von ihm geschuldeten 50, H^2 zahlt nichts, die Strafe verfällt, und H^1 muß nun noch 5 zahlen: für diesen Fall verspricht H^2 dem H^1 die 5 zu ersetzen.

II. Für den Fall, daß die Strafe nicht verfallen, der Verfall aber nur durch Zahlung der ganzen 100 durch H^1 abgewendet worden ist: für diesen Fall verspricht H^2 dem H^1 die 50, die H^2 zu zahlen gehabt hätte, zurückzuzahlen.

Es ließe sich denken, daß beide Kautionen geleistet werden mußten, ebenso aber auch, daß man die Leistung der zweiten genügen ließ; dies letztere nämlich in der Absicht, im Interesse des Gläubigers die Erben unter Vermeidung des Strafverfalls zur prompten Zahlung zu drängen. Läßt H^1 die Strafe verfallen, so soll er wegen der auf ihn entfallenden 5 keinen Regreß nehmen können. Unser Text fordert beide Kautionen, auf seine Interpolation weisen aber folgende Indizien: 1. die beiden Kautionen werden wahlweise gegeben[1]), was ganz sinnlos ist: von den beiden, soeben unter I und II genannten Fällen kann natürlich immer nur der

---

1) So haben auch die Byzantiner den Text bereits gelesen: *Heimbach* 4, 266.

eine oder der andere eintreten, für beide Fälle aber müßte kumulativ Kaution gestellt werden, Kaution I für sich allein hat jedenfalls gar keine Berechtigung. 2. ʿcaveat per quem factum fueritʾ. Derjenige soll Kaution stellen, der den Verfall der Strafe verschuldet hat. Aber diesen Schuldigen kennt man ja im Moment des Teilungsverfahrens noch gar nicht und kann ihn nicht kennen, denn ʿnec dies venitʾ heißt es ja im Eingang ausdrücklich! Es müßte dastehen, wie auch Stephanus[1]) in seiner Paraphrase ganz richtig schreibt, ʿdie Erben haben sich wechselseitig Kaution zu stellen, damit, wenn später durch das Verschulden des einen die Strafe verfällt, der Unschuldige gegen den Schuldigen Regreß nehmen kann.ʾ 3. ʿut caveat se ei usw.ʾ Hier geht die Konstruktion völlig in die Brüche. Wer ist Subjekt zu ʿcaveatʾ? Man möchte das Subjekt des vorhergehenden Satzes herübernehmen: ʿis per quem factum fuerit ne omnis pecunia solvereturʾ, aber man sieht sofort, daß dieses Subjekt gar nicht paßt: handelt es sich doch bei der Kaution II gerade um Vorsorge für den Fall, daß die ganze Summe (von einem Erben) gezahlt worden ist, ein Erbe also, per quem factum fuerit ne omnis pecunia solveretur, ist hier gar nicht vorhanden. 4. ʿsive etiam solvit usw.ʾ Wenn vor dem Teilungsprozeß H^1 zur Abwendung des Strafverfalls die ganzen 100 zahlte, so kann er im Teilungsprozeß 50 von H^2 zurückfordern; soweit unsere Stelle. Sie schweigt von dem analogen Fall: die Strafe ist bereits vor dem Teilungsverfahren verfallen, weil H^1 zwar seine 50, H^2 aber nichts gezahlt hat; kann nun H^1 im Teilungsverfahren die Strafquote, die er zu zahlen hatte (5), von H^2 verlangen? Hätte H^1 diesen Regreßanspruch gehabt, so hätte ihn unsere Stelle wohl erwähnt[2]); steht H^1 aber dieser Regreßanspruch nicht zu, so kann ihm auch nicht die Kaution I zugebilligt werden, denn es gilt der Grundsatz[3]):

> Für alle jene Ersatzansprüche, die, wenn sie vor der Erbteilungsklage fällig wurden, in familiae erciscundae iudicium befriedigt werden, werden in diesem iudicium Kautionen gestellt, wenn das Teilungsverfahren stattfindet, ehe die Ersatzpflicht eintritt und die Möglichkeit vorhanden ist, daß wegen eines zukünftigen Verhaltens eines Erben die Miterben zur Verantwortung herangezogen werden können.

Kautionen also nur bei Ansprüchen, für die gegebenenfalls im Teilungsverfahren auch Befriedigung gefordert werden kann.

Der Text ist also kräftig überarbeitet. Paulus gewährte wohl nur die Kaution II; die Klassiker, die stets vor allem die Gläubigerinteressen wahren, versagten die Kaution I, um die Miterben zur rechtzeitigen Zahlung zu drängen; die wie immer schuldnerfreundlichen Byzantiner aber gaben beide Kautionen: non debet

---

1) *Heimbach* l. c.

2) Auch Julian D. (18, 4) 18 spricht nur vom Regreß nach Zahlung der vollen Schuld.   3) *Berger*, Teilungsklagen 125.

factum unius alteri damnosum esse, wie die Kompilatoren unmittelbar vorher betont haben. Diese Interpolationsannahme wird alsbald noch hei Erörterung des unten zu behandelnden D. (21, 2) 65 Bestätigung finden.

Der letzte Fall unseres Fragments handelt endlich von der pfandrechtlich gesicherten Forderung, die Paulus analog der durch Vertragsstrafe gesicherten behandelt wissen will. Das heißt also folgendes: Der Erblasser hat für eine Schuld von 100 eine Sache verpfändet; H^1 und H^2 sind Erben zu gleichen Teilen. Nach dem eben entwickelten klassischen Recht sollen die Erben es nicht zum Pfandverkauf kommen lassen; zahlt also H^1 die von ihm geschuldeten 50, und wird nun, weil H^2 nichts zahlt, das Pfand verkauft, so erhält H^1 im Teilungsprozeß keinen Ersatz für seine ihm durch den Verkauf verlorengehende Eigentumsquote. Zahlt H^1 dagegen 100, so kann er im Teilungsprozeß 50 fordern, und wenn die Forderung zur Zeit der Teilung noch nicht fällig war, so ist ihm Kaution zu stellen, daß, falls er später die 100 zahlt, 50 ihm von H^2 ersetzt werden. Die Kompilatoren dagegen wollten H^1, auch wenn er es zum Pfandverkauf kommen ließ, weil er nur 50 zahlte, im Teilungsprozeß Ersatz für seine Eigentumsquote geben; war die Forderung zur Zeit der Teilung noch nicht fällig, so ist ihm Kaution auch für den Fall zu stellen, daß er es — weil er nur seine Quote zahlt — zum Pfandverkauf kommen läßt und damit seine Eigentumsquote verliert.

Eine Bestätigung dieser Auffassung vom klassischen und justinianischen Recht bringt

D. (21, 2) 65.[1])

Papinianus libro octavo quaestionum. Rem hereditariam pignori obligatam heredes vendiderunt et evictionis nomine pro partibus hereditariis spoponderunt: cum alter pignus pro parte sua liberasset, rem creditor evicit: quaerebatur an uterque heredum conveniri possit? idque placebat propter indivisam pignoris cau-. sam. nec remedio locus esse videbatur, ut per doli exceptionem actiones ei qui pecuniam creditori dedit praestarentur, quia non duo rei facti proponerentur. *sed familiae erciscundae iudicium eo nomine utile est: nam quid interest, unus ex heredibus in totum liberaverit pignus an vero pro sua dumtaxat portione? cum coheredis neglegentia damnosa non debet esse alteri.*

A hat dem C wegen einer Schuld von 100 eine Sache verpfändet. A wird von H^1 und H^2 zu gleichen Teilen beerbt; diese sind daher jetzt Miteigentümer der Pfandsache. H^1 und H^2 verkaufen nun die Pfandsache — ein jeder seine ideelle Hälfte — an K und versprechen ihm für den Fall der Eviktion eine Strafsumme von 200. Später zahlt H^1 an C die auf ihn entfallende Schuldquote (50), da aber H^2 den Rest nicht zahlt, so macht der Gläubiger sein Pfandrecht geltend, und

---

1) Zu dieser Stelle siehe *Berger*, Teilungsklagen 126, *Beseler* 2, 121; 3, 65 und 186, *Eisele*, SZ. 30, 129, *Dernburg*, Pfandrecht 2, 38.

zwar nach dem Grundsatz der ungeteilten Pfandhaftung an der ganzen Sache; er evinziert also dem K die Sache und verkauft sie. Damit verfällt nun aber die Eviktionsstipulation der beiden Verkäufer, ein jeder von ihnen schuldet dem K 100. Kann jetzt der unschuldige H^1 von H^2 im Teilungsverfahren Ersatz dieser 100 fordern? Nach den eben entwickelten Sätzen des klassischen Rechts ist die Frage zu verneinen: H^1 hätte es zum Pfandverkauf und Verfall der Eviktionsstipulation nicht kommen lassen sollen; er hätte die ganzen 100 an C zahlen und dann im Teilungsverfahren in Höhe von 50 gegen H^2 Regreß nehmen sollen. Nach der oben dargelegten Meinung der Kompilatoren mußte umgekehrt die Frage bejaht werden, sie wird denn auch in unserer Stelle bejaht und zwar mit genau der gleichen Begründung wie oben in Fr. 25. Für die Interpolation sprechen auch hier eine ganze Reihe von Indizien: 1. 'cum coheredis neglegentia damnsoa non debet esse alteri': a) der Satz ist fast wörtlich der gleiche wie in Fr. 25 cit., wo seine Unechtheit erwiesen ist.[1]) b) 'damnosus' ist ein verdächtiges Wort.[2]) c) cum causale c. Indicat. d) es ist kompilatorisch, das Vorliegen eines Verschuldens einfach de iure zu präsumieren[3]); das Unterlassen der Zahlung seitens des H^2 muß doch nicht stets auf Verschulden beruhen. 2. 'nam quid interest usw.' Begründung mit einer rhetorischen Frage ist ein (unterstützendes) Verdachtsmoment.[4]) Vor allem aber ist der Satz durch seinen Inhalt verdächtig. Man möchte auf die Frage erstaunt antworten: ein sehr großer Unterschied besteht zwischen den beiden Fällen! Zahlt H^1 die ganzen 100, so hat er stets einen Regreßanspruch; zahlt er 50, so hat er höchstens dann einen Regreßanspruch, wenn H^2 nichts zahlt und darum die Eviktionsstipulation verfällt; außerdem gründet sich im ersten Fall der Regreß auf die Zahlung einer fremden Verbindlichkeit durch H^1; im zweiten Fall auf das Unterlassen des H^2. Das sind doch wichtige Unterschiede! Hält man alles zusammen und vergegenwärtigt sich dazu das Fr. 25 cit., so kann die Echtheit des Fr. 65 nicht länger verteidigt werden. Papinian hat die actio familiae erciscundae geleugnet mit der Begründung, mit dieser Klage könne der Erbe nur vorgehen, wenn er die volle Schuld getilgt habe. Aus der Polemik gegen diese Begründung ist der Satz 'quid enim interest usw.' entstanden; die Kompilatoren führten auch hier ihren Grundsatz durch: non debet factum unius ceteris damnosum esse.

Wie es mit dem Satze 'nec remedio — proponerentur' steht, bleibt zweifelhaft. Das Wort 'remedium' in dieser Bedeutung ist vielfach unecht[5]), und jedenfalls hat der Satz im Original nicht an dieser Stelle gestanden. Der Satz behandelt das Verhältnis der Miterben untereinander und kann nicht unmittelbar an den Satz angeschlossen haben, der über das Verhältnis der Miterben zum Käufer entscheidet. Er würde passen hinter einen Satz, in dem die Zuständigkeit des iudicium familiae

---

1) Oben S. 92.   2) *Beseler* 3, 64ff.
3) Vgl. z. B. *Schulz*, GrünhutZ. 38, 13, 15, 25, 44f.
4) Vgl. *Eisele*, SZ. 7, 23.
5) Vgl. *Beseler* 2, 121ff., dazu *Mitteis*, SZ. 33, 205, *Berger*, SZ. 35, 73.

erciscundae zu dem fraglichen Regreßzweck verneint wird, wie ihn ja auch in der Tat nach dem eben Gesagten Papinian geschrieben hat, die Kompilatoren aber gestrichen haben. Sachlich sagt der Satz nichts Unrichtiges. Es wird die Frage aufgeworfen, ob man mittelst Klagenzession zum Regreß gelangen könne, wie bei der Gesamtschuld, wenn ein Mitschuldner die ganze Summe zahlt[1]); mit Recht wird die Frage verneint, weil gar kein Gesamtschuldverhältnis vorliegt: H^1 und H^2 haften dem K aus der Eviktionsstipulation nicht als Gesamtschuldner für 200, sondern jeder schuldet 100.

D. Der Pfandgläubiger wird von mehreren Erben beerbt.[2]) A bestellt dem C für eine Forderung von 100, die dieser gegen ihn hat, ein Pfand. Die Erben des C sind H^1 und H^2 zu gleichen Teilen. Jeder Erbe hat gegen A eine Forderung in Höhe von 50; die Pfandsache haftet nach dem Prinzip der ungeteilten Pfandhaftung für beide Forderungen ganz: anders ausgedrückt das Pfandrecht steht H^1 und H^2 solidarisch zu. So entscheidet auch

C (8, 31) 1.

Impp. Valerianus et Gallienus AA. Tauro. Manifesti et indubitati iuris est defuncto creditore multis relictis heredibus actionem quidem personalem[3]) inter eos ex lege duodecim tabularum dividi, pignus vero in solidum unicuique teneri.

D. (20, 5) 11.

Scaevola libro primo responsorum. Arbiter dividendae hereditatis cum corpora hereditaria divisisset, nomina quoque communium debitorum separatim singulis in solidum adsignavit: quaesitum est, an debitoribus cessantibus pro solido pignus vendere quisque potest. respondi posse.

D. (20, 5) 14.

Scaevola libro sexto digestorum. Arbitri dividundae hereditatis inter heredes cum corpora hereditaria divisissent, nomina quoque communium debitorum separatim *diversa*[4]) singulis in solidum adsignaverunt. quaesitum est, an unusquisque eorum debitore sibi addicto cessante in solutione, pro solido pignus sub eo nomine obligatum vendere possit. respondit potuisse.

Nur die Scaevola-Stellen bedürfen der Erläuterung.

Fall und Entscheidung ist in beiden Stellen gleich. Daß die Kompilatoren dieselbe Entscheidung zweimal in demselben Titel und so kurz hintereinander aufgenommen haben, ist eigentümlich; freilich gehören sie auch zu verschiedenen Massen, Fr. 11 zur Papinians-Masse, Fr. 14 zur Appendix-Masse. Die Erscheinung, daß die gleiche Entscheidung sowohl in Scaevolas digesta wie in seinen responsa auftaucht, tritt uns nicht nur hier entgegen. In den digesta entsprechen die Respon-

---

1) Vgl. BGB. 426.   2) Vgl. *Dernburg*, Pfandrecht 2, 39 ff.
3) Siehe oben S. 91.
4) Wohl eine Glosse zu 'separatim'. Das Wort fehlt in der Parallelstelle.

sen mehr der Originalfassung, in den responsa sind sie von Scaevola stärker bearbeitet, namentlich energisch gekürzt worden.[1]

Der Fall, der hier entschieden wird, ist der[2]: A hat gegen B, C, D drei Forderungen in Höhe von 30, 60, 90, für alle drei haftet eine verpfändete Sache. A stirbt, seine Erben sind X, Y, Z zu gleichen Teilen. Obwohl die Forderungen nun ipso iure in Teilforderungen zerfallen — jeder Erbe also von B 10, von C 20, von D 30 fordern kann — mithin es einer Teilung nicht bedarf, hat doch der Teilungsrichter bei Gelegenheit der Aufteilung anderer gemeinsamer Sachen auch auf die Forderungen gegriffen, indem er nämlich dem X die volle Forderung gegen B, dem Y die gegen C, dem Z die gegen D zuwies. Über das Pfandrecht hat der Richter nichts bestimmt; dieses haftet daher nach wie vor für die drei Forderungen nach dem Grundsatz der ungeteilten Pfandhaftung, d. h. es steht X, Y, Z pro solido zu.[3]

Diesen Grundsätzen widerspricht nun aber

D. (13, 7) 11, 4.[4]

Ulpianus libro vicensimo octavo ad edictum. Si creditori plures heredes exstiterint et uni ex his pars eius solvatur, non debent ceteri heredes creditoris iniuria adfici, sed possunt totum fundum vendere *oblato debitori eo, quod coheredi eorum solvit: quae sententia non est sine ratione.*

Die gesicherte Forderung betrage wieder 100, H^1 und H^2 sind Erben des Gläubigers zu gleichen Teilen, jeder Erbe hat also gegen den Schuldner eine Forderung von 50. Der Schuldner zahlt an H^1 50; das Pfandrecht des H^2 wird dadurch natürlich nicht berührt, es steht ja den beiden Erben, wie wir sahen, wegen ihrer Forderungen in solidum zu. Unsere Stelle weicht davon in seltsamer Weise ab: H^2 darf nur verkaufen, wenn er die 50, die der Schuldner an H^1 gezahlt hat, dem Schuldner wieder zurückgibt. Diese Einschränkung darf mit Rücksicht auf das manifestum et indubitatum ius der oben wiedergegebenen Verordnung Valerians[5] ohne weiteres als Interpolation bezeichnet werden. Sie läßt sich wohl nur so erklären[6]:

---

1) Vgl. *Krüger*, Geschichte 218f.

2) Siehe dazu *Dernburg*, Pfandrecht 2, 42. Ich glaube nicht, wie *Lenel*, Paling. 2, 222 und 291 meint, daß die Stelle ursprünglich von der fiducia gehandelt hat.

3) Der Teilungsrichter kann freilich auch über das Pfandrecht Bestimmungen treffen. Davon handelt D. (10, 2) 29; die Stelle ist total interpoliert, die Interpolation aber noch nicht genügend aufgeklärt. Siehe dazu *Dernburg*, Pfandrecht 2, 43, *Berger*, Teilungsklagen 58f., *Beseler* 2, 108, *Naber*, Mnemosyne, 1910, S. 250, *Siber*, Passivlegitimation zur rei vindicatio 113.

4) Zu der Stelle *Dernburg*, Pfandrecht 2, 40, *Berger*, Teilungsklagen 56, *Naber*, Mnemosyne, 1910, S. 234.   5) Oben S. 97.

6) *Nabers* Erklärung, ne damno debitor afficiatur huic imprimis offerendum esse quod coheredi eorum solvit (S. 235), ist mir nicht verständlich; ich sehe nicht, vor welchem Schaden der Schuldner eigentlich bewahrt werden soll. Unklar m. E. auch *Berger* l. c.

Der Schreiber hielt nicht mehr an dem Prinzip der Ungeteiltheit der Pfandhaftung fest; er denkt sich, die beiden Erben haben ein Pfandrecht je an der ideellen
Hälfte der verpfändeten Sache; wird also H^1 ausbezahlt, so könnte H^2 nur die
ideelle Hälfte der Pfandsache veräußern, will er sie ganz verkaufen, so muß er erst
durch Rückzahlung der an H^1 gezahlten Summe das Pfandrecht auch an der anderen Hälfte wieder herstellen.[1]) Daß dieser Gedankengang unklassisch ist, liegt auf
der Hand.

Gegen die Annahme einer Interpolation sprechen auch nicht die Worte 'quae
sententia non est sine ratione'; die Kompilatoren geben nachweislich mitunter
ihren eigenen Interpolationen Zensuren.[2])

V. Konzentration der Wahlschuld durch Unmöglichwerden der Leistung.[3]

Nach BGB. 265 konzentriert sich das Wahlschuldverhältnis bei Unmöglichwerden der einen Leistung auf die möglich gebliebene andere. Die Konzentration
tritt nur dann nicht ein, wenn die Unmöglichkeit von dem nicht wahlberechtigten
Teil zu vertreten ist. Von diesen Sätzen wich die herrschende Lehre des gemeinen
Rechts in dreifacher Hinsicht ab.[4])

a) Hat der Schuldner das Wahlrecht und der Gläubiger die Unmöglichkeit zu
vertreten, so konzentriert sich die Schuld auf die möglich gebliebene Leistung;
wegen der unmöglich gewordenen Leistung kann der Schuldner vom Gläubiger
nach allgemeinen Grundsätzen Schadenersatz fordern.[5])

b) Trotz eintretender Konzentration hat der Schuldner, wenn er das Unmöglichwerden nicht zu vertreten hat, die Befugnis (facultas alternativa), statt der
möglich gebliebenen Leistung den Wert der unmöglich gewordenen zu zahlen.

c) Hat der Schuldner das Wahlrecht, und hat er auch das Unmöglichwerden der
einen Leistung zu vertreten, so tritt Konzentration auf die möglich gebliebene

---

1) So schon *Dernburg* l. c.; Stephanus ad Bas. (25, 1) 11, *Heimbach* 3, 59
ignoriert merkwürdigerweise den kritischen Passus ganz.

2) Man vgl. D. (9, 2) 27, 11 mit Coll. 12, 7, 9, wo die Digesten gleichfalls ein
unechtes 'quae sententia habet rationem' zu einer interpolierten Entscheidung aufweisen. Die Kompilatoren wollen eben möglichst den Juristenstil wahren, vgl.
oben S. 37f.

3) *Pescatore*, Die sogenannte alternative Obligation (1880) S. 197ff., Die Wahl-
schuldverhältnisse (1905, Fischers Abhdlg. XIII, 1) S. 58ff., die folgenden Zitate
beziehen sich auf das ältere Werk.

4) *Windscheid* 2 § 255 N. 12—14, *Dernburg* 2, 601.

5) *Pescatore* 233, anders nach BGB.: siehe *Enneccerus, Kipp, Wolff*, Lehrb. 1, 2
§ 243.

Leistung ein. Wird nun aber diese zweite Leistung durch Zufall unmöglich, so hat der Schuldner wegen der ersten Ersatz zu leisten. Die herrschende Lehre will diesen Satz auch in das BGB. hineininterpretieren.[1]

Von diesen drei Abweichungen gehören, wie wir zeigen wollen, die unter b und c aufgeführten dem klassischen Rechte nicht an.

A. Das klassische Recht geben die folgenden Fragmente.

D. (18, 1) 34, 6.[2]

Paulus libro trigensimo tertio ad edictum. Si emptio ita facta fuerit: 'est mihi emptus Stichus aut Pamphilus', in potestate est venditoris, quem velit dare, sicut in stipulationibus. sed uno mortuo qui superest dandus est: et ideo prioris periculum ad venditorem, posterioris ad emptorem respicit. sed et si pariter decesserunt, pretium debebitur: unus enim utique periculo emptoris vixit. idem dicendum est etiam, si emptoris fuit arbitrium quem vellet habere, si modo hoc solum arbitrio eius commissum sit, ut quem voluisset emptum haberet, non et illud, an emptum haberet.

Zwei Sklaven sind alternativ verkauft; ehe der eine oder andere geleistet werden kann, stirbt durch Zufall zuerst der eine, hierauf der zweite. Paulus charakterisiert die Rechtslage — mag Verkäufer oder Käufer das Wahlrecht haben — sehr hübsch dahin: die Gefahr des Todes des erstversterbenden Sklaven trägt der Verkäufer, denn die Obligation konzentriert sich nun einfach auf den überlebenden; die Gefahr des Todes des zweiten Sklaven aber trägt der Käufer, denn nach dem Satze periculum est emptoris muß er den Kaufpreis zahlen, obwohl er nichts erhält. Von einer Befugnis des Verkäufers, beim Tode des einen Sklaven statt des überlebenden den Wert des verstorbenen zu zahlen, ist in der Stelle, wie man sieht, keine Rede: uno mortuo qui superest dandus est.

D. (13, 4) 2, 3.[3]

Ulpianus libro vicensimo septimo ad edictum. Scaevola libro quinto decimo quaestionum ait ... cum qui[4] Stichum aut Pamphilum promittit, eligere posse quod solvat, quamdiu ambo vivunt: ceterum ubi alter decessit, extingui eius electionem, ne sit in arbitrio eius, an debeat, dum non vult vivum praestare, quem solum debet.

Diese Stelle sagt vielleicht noch deutlicher als die erste, daß die angegebene facultas alternativa dem klassischen Recht unbekannt war: der Schuldner

---

1) *Oertmann* N. 5 zu BGB. 265, *Ennecerus* l. c.

2) Dazu *Pescatore* 208.　　　　3) Dazu *Pescatore* 210.

4) So liest F.; *Mommsen* will 'quis' schreiben; möglicherweise ist aber statt 'cum' 'eum' zu setzen.

kann nur so lange wählen, als beide Leistungen möglich sind; ist eine Leistung unmöglich geworden, so ist das Wahlrecht erloschen, denn ließe man den Schuldner jetzt noch wählen — Scaevola kommt überhaupt nur der Gedanke einer Wahl zwischen Nichts und dem überlebenden Sklaven —, so würde man seine Willkür darüber entscheiden lassen, ob er überhaupt etwas schulde. Nicht von ferne also der Gedanke einer Wahl zwischen dem Wert des verstorbenen Sklaven und dem überlebenden!

D. (9, 2) 55.[1]

Paulus libro vicensimo secundo quaestionum. Stichum aut Pamphilum promisi Titio, cum Stichus esset decem milium, Pamphilus viginti: stipulator Stichum ante moram occidit: quaesitum est de actione legis Aquiliae. respondi: cum viliorem occidisse proponitur, in hunc tractatum nihilum differt ab extraneo creditor. quanti igitur fiet aestimatio, utrum decem milium, quanti fuit occisus, an quanti est, quem necesse habeo dare, id est quanti mea interest? et quid dicemus, si et Pamphilus decesserit sine mora? iam pretium Stichi minuetur, quoniam liberatus est promissor? et sufficiet fuisse pluris cum occideretur vel intra annum. hac quidem ratione, etiamsi post mortem Pamphili intra annum occidatur, pluris videbitur fuisse.

Jemand verspricht dem Titius stipulationsweise zwei Sklaven a und b alternativ; a ist 10, b 20 wert, a wird von Titius getötet. Der Schuldner hat gegen Titius die actio legis Aquiliae, diese geht auf den Wert des getöteten Sklaven und zwar auf den Höchstwert in letzten Jahr: quanti in eo anno plurimi fuit.[2] Der Sklave a war nun für den Schuldner nicht nur 10 wert, sondern 20, weil er durch ihn sich den Sklaven b erhalten konnte. Also muß Titius 20 zahlen, er muß es auch, wenn später (vor der Leistung) der Sklave b stirbt und der Schuldner gar nichts zu leisten hat, denn es genügt, wenn a den genannten Wert zur Zeit seines Todes hatte. Wie nun, wenn b zuerst stirbt, hierauf a vom Gläubiger getötet wird? Erfolgt die Tötung innerhalb eines Jahres nach dem Tode des b, so muß Titius doch 20 zahlen, denn soviel war a im letzten Jahre vor seiner Tötung eine Zeitlang wert gewesen. Man hat früher[3] diese Stelle mit für den Nachweis verwertet, daß dem klassischen Recht die erwähnte facultas alternativa des Schuldners unbekannt gewesen sei, doch das ist nicht zutreffend: die Rechnung würde auch stimmen, wenn der Schuldner das Recht gehabt hätte, sich durch Leistung der untergegangenen Sache von der Leistung der übriggebliebenen zu befreien. Nicht darum ist ja in unserem Fall der Schuldner berechtigt, wegen des getöteten A 20 zu fordern, weil er durch dessen Tod nun den Sklaven

---

1) *Pescatore* 211—16. 2) D. (9, 2) 2 pr.
3) So *Pescatore* l. c.

b im Werte von 20 verliert [1]) — denn auch wenn er b nicht infolge der Tötung des a, sondern weil b stirbt, verliert, kann er ja nach unserer Stelle trotzdem 20 verlangen —, sondern weil er, so lange er lebte, ein Mittel war, den wertvolleren b sich zu erhalten und darum für ihn ebensoviel wie b wert war: daran würde sich nichts ändern, auch wenn der Schuldner das Recht hätte, statt b nach dessen Tötung seinen Wert zu leisten. Übrigens ist die Stelle, so wie sie überliefert ist, sicher nicht von Paulus geschrieben worden.

1. Schon die vielen Fragen fallen auf. Vor allem: es werden drei Fragen aufgeworfen und nur die letzte beantwortet, die Antwort auf die andern muß man sich daraus herauslesen. 2. 'liberatus est promissor' fällt aus der Konstruktion: es müßte heißen: 'liberatus sum'. 3. 'cum — proponitur': cum causale c. Indicat. 4. 'necesse habere' ist vielfach unecht.[2]) Wieviel von der Erörterung Paulus angehört, läßt sich nicht sagen.

B. Wir wenden uns nun zu den interpolierten Quellenzeugnissen, die die beiden oben unter *b*) und *c*) angegebenen Rechtssätze aussprechen.

D. (30) 47, 2—3.[3])

. Ulpianus libro vicesimo secundo ad Sabinum. Si Stichus sit legatus et culpa heredis non pareat, debebit aestimationem eius praestare: sed si culpa nulla intervenit, cavere heres debet de restitutione servi, non aestimationem praestare. sed et si alienus servus in fuga sit sine culpa heredis, idem dici potest: nam et in alieno culpa admitti potest: cavebit autem sic, ut, si fuerit adprehensus, aut ipse aut aestimatio praestetur: *quod et in servo ab hostibus capto constat.*[4])

Sed si Stichus aut Pamphilus legetur et alter ex his *vel* in fuga sit *vel apud hostes*, dicendum erit praesentem praestari *aut absentis aestimationem: totiens enim electio est heredi committenda, quotiens moram non est facturus legatario.* qua ratione placuit etsi alter decesserit, alterum omnimodo praestandum, *fortassis vel mortui pretium.* sed si ambo sint in fuga, non ita cavendum, ut, si in potestate ambo redirent, sed si vel alter *et vel ipsum vel absentis aestimationem praestandam.*

---

1) Wäre dem Schuldner zu ersetzen, was er durch die Tötung des a verliert, dann freilich hätte *Pescatore* 211 recht: Bestände die behauptete facultas alternativa, so könnte die vom Schädiger zu zahlende Summe nie den objektiven Wert des vernichteten Gegenstands, hier des Sklaven a, übersteigen.

2) *Beseler* 2, 116ff.; 3, 138; unsere Stelle erwähnt er nicht.

3) Zu dieser Stelle *Pescatore* 224ff., *Scialoja*, Bull. 11, 62, *Ferrini*, Rendiconti del R. Istituto Lombardo di scienze e lettere, serie 2, vol. 33 (1900) S. 700, *Beseler* 3, 87, *Rabel*, Grundzüge 474.

4) Daß die Erwähnung der Gefangennahme durch Feinde unecht ist, ist wahrscheinlich (*Ferrini* l. c.), am Schluß ist auch allein von der Sklavenflucht gesprochen.

Ulpian spricht vom Damnationslegat.[1]) Kann der Erbe den vermachten Sklaven nicht leisten, weil er auf der Flucht ist, so genügt es, wenn er dem Vermächtnisnehmer Kaution stellt, daß er ihm den Sklaven leisten werde, wenn er ihn wiederbekommen sollte. Nur wenn den Erben ein Verschulden trifft, hat er den Wert des Sklaven zu leisten. Diese Sätze gelten auch, wenn ein dem Erben nicht gehörender Sklave vermacht ist; nur ist hier zu berücksichtigen, daß beim Verschaffungsvermächtnis der Erbe dem Legatar den Wert zahlen darf, wenn der Eigentümer der Sache diese dem Erben nicht veräußern will.[2]) Nunmehr wendet sich Ulpian zum Wahlvermächtnis. Das alternative Damnationslegat erzeugt ein Wahlschuldverhältnis mit Wahlrecht des Schuldners (des Erben)[3]): bezüglich der Konzentration müßten also dieselben Grundsätze gelten, die wir oben beim alternativen Kauf und bei der alternativen Stipulation kennen gelernt haben. Aber was Ulpian hier vorträgt, weicht davon erheblich ab. Ist der eine Sklave auf der Flucht, so ist nicht schlechtweg der anwesende zu leisten, sondern der Erbe darf auch den Wert des abwesenden entrichten. Ist der eine Sklave gestorben, so tritt in vollem Widerspruch zu den oben besprochenen Stellen nicht einfach Konzentration auf den überlebenden ein, sondern der Erbe darf sich durch Leistung des Wertes des verstorbenen befreien: schüchtern genug wird freilich diese Befugnis zugestanden (fortassis). Sind beide Sklaven auf der Flucht, so verspricht der Erbe nicht, wenn er einen von beiden wiederbekommen sollte, diesen zu leisten, sondern diesen oder den Wert des noch auf der Flucht befindlichen. Daß es sich hier überall bei der Zulassung der Wertzahlung um eine Vergünstigung des Schuldners (des Erben) handelt[4]), sieht man daraus, daß sie nur dem Erben zugesprochen wird, der das Unmöglichwerden nicht zu vertreten hat: quotiens moram non est facturus legatario.

Verschiedene Indizien weisen aber darauf hin, daß diese Behandlung des Alternativvermächtnisses dem klassischen Recht nicht entspricht. Die echte Entscheidung schimmert noch deutlich durch die justinianische Übermalung hindurch. Wenn der eine Sklave stirbt, sagt der Text, 'alterum omnimodo, praestandum', so ist der andere unter allen Umständen zu leisten: diesen Satz der mit unseren früheren Entscheidungen harmoniert, hätte Ulpian nicht schreiben können, wenn er auch die Worte 'fortassis vel mortui pretium' geschrieben hätte; denn wenn der Erbe auch den Wert des Verstorbenen leisten darf, so ist es eben nicht wahr, daß er den Überlebenden omnimodo zu leisten hat. Hat aber hier Ulpian schlechthin auf den Überlebenden haften lassen, so muß er

---

1) *Lenel*, Paling. 2, 1091 N. 5. 2) *Windscheid* 3 § 654 N. 9. BGB. 2170.
3) *Dernburg* 2, 988 N. 18.
4) Ob die Byzantiner die Stelle so verstanden haben, läßt sich aus Bas. *Heimb.* 7 (Supplem. *Ferrini-Mercati*) S. 71 nicht erkennen.

auch im vorhergehenden Falle (qua ratione placuit et si), wenn der eine Sklave
auf der Flucht war, schlechthin zur Leistung des anwesenden verpflichtet haben.
Am Schluß bei der Entscheidung des Falles, daß beide Sklaven sich auf der
Flucht befanden, ist auch wieder die Hand der Kompilatoren erkennbar: ut
— praestandam, also ut mit Acc. c. Inf. kann Ulpian unmöglich geschrieben
haben; der echte Text lautete: non ita cavendum, ut, si in potestate ambo
redirent, sed si vel alter, is praestetur.

Interpoliert ist schließlich auch

D. (46, 3) 95 pr. — 1.[1])

Papinianus libro vicensimo octavo quaestionum. 'Stichum aut Pamphilum,
utrum ego velim, dare spondes?' altero mortuo qui vivit solus petetur, *nisi
si mora facta sit in eo mortuo, quem petitor elegit; tunc enim perinde solus ille
qui decessit praebetur, ac si solus in obligationem deductus fuisset.*

Quod si promissoris fuerit electio, defuncto altero qui superest aeque peti
poterit. enimvero *si facto debitoris alter sit mortuus cum debitoris esset electio,
quamvis interim non alius peti possit, quam qui solvi etiam potest, neque defuncti
offerri aestimatio potest, si forte longe fuit vilior, quoniam id pro petitore in poenam promissoris constitutum est, tamen,* si et alter servus postea sine culpa debitoris moriatur, nullo modo ex stipulatu agi poterit, *cum illo in tempore, quo
moriebatur, non commiserit stipulationem. sane quoniam impunita non debent
esse admissa, doli actio non immerito desiderabitur.*

Ein wüster Text, von dem Papinian nur einen kleinen Teil geschrieben hat.
Bei einer Wahlschuld mit Wahlrecht des Gläubigers wird eine Leistung unmöglich: das pr. entscheidet ganz richtig, daß damit einfach Konzentration
auf die möglich gebliebene eintritt. Aber bereits der Satz nisi — fuisset ist verdächtig. Die Konstruktion nisi ... tunc enim ist stets bedenklich[2]); das ganze
Stück unterbricht unliebsam den Zusammenhang, denn das 'aeque peti poterit'
des § 1 schließt unmittelbar an an das 'solus petetur' des pr.; beim Lesen der
Worte 'in eo mortuo quem petitor elegit' möchte man denken, es seien in dem
behandelten Falle beide Sklaven gestorben; 'petitor elegit' statt 'ego elegi'
fällt aus der Konstruktion. Sachlich sagt der Satz nichts Falsches, aber warum
gerade diese Ausnahme? Von der These 'altero mortuo qui vivit solus petetur'
gilt doch die allgemeine Ausnahme: es sei denn, daß der Gläubiger bereits sein
Wahlrecht ausgeübt und dabei den jetzt verstorbenen Sklaven gewählt hat;

---

1) Zu dieser Stelle siehe *Pescatore* 216, *Windscheid* 2 § 255 N. 14, *Dernburg* 2,
602, *Scialoja* Bull. 11, 63, *Mitteis*, RP. 1, 319 und SZ. 30, 508, *Eisele*, SZ. 30, 145,
Litten, Festgabe f. Güterbock (1910) S. 276, *Beseler* 2, 16; 3, 24, *Rabel*, Grundzüge
474, *Albertario*, Filangieri 36, 817.

2) *Eisele* SZ. 7, 26, *Heumann-Seckel*, Art. tunc, *Albertario* l. c. 801 ff.

ganz gleichgültig, ob der Schuldner mit der Leistung in Verzug geraten war oder nicht: wenn der gewählte Sklave stirbt, alter qui vivit peti non potest.

Vor allem ist aber der § 1 umgestaltet worden. Wir geben zunächst eine freie Übersetzung[1]): wörtlich wiedergeben läßt sich das wirre anakolutische Gerede nicht.

'Hat der Schuldner das Wahlrecht, so kann, wenn der eine Sklave stirbt, gleichfalls der überlebende verlangt werden. Wenn dagegen der eine Sklave durch eine Tat des wahlberechtigten Schuldners gestorben ist, so wird doch,

obwohl einstweilen kein anderer gefordert werden kann als der, der auch geleistet werden kann; auch der Schuldner nicht befugt ist, sich durch Leistung des Wertes des verstorbenen zu befreien, was der Schuldner vielleicht gern täte, wenn der verstorbene erheblich weniger wert war als der überlebende, was ihm aber nicht gestattet werden kann, weil die Pflicht zur Leistung des Wertes einer untergegangenen Sache vom Rechte festgesetzt ist zum Vorteil des Gläubigers und als Strafe des Schuldners, nicht aber um dem Schuldner einen Vorteil zu bringen,

falls später auch der andere Sklave ohne Verschulden des Schuldners stirbt,

zwar in keiner Weise aus der Stipulation geklagt werden können, weil zu der Zeit, als der erste Sklave starb, die Stipulation noch nicht verfallen war, aber

die actio doli mit Recht verlangt werden, da die Vergehen des Schuldners nicht ungestraft bleiben dürfen.'

Schon die unerhörte Verschachtelung kennzeichnet die Stelle als überarbeitet, wobei der Text noch ein (in der Übersetzung beseitigtes) Anakolut aufweist, denn der tamen-Satz bringt nicht das, was er soll, und was man erwartet. Meines Erachtens sind alle in der obigen Wiedergabe des Textes kursiv gesetzten Stücke unecht.

1. 'sane — desiderabitur.' Die actio doli kann Papinian nicht gegeben haben, einfach deshalb, weil gar kein dolus des Schuldners vorliegt. Nach dem Tatbestand ist der Tod des ersten Sklaven facto debitoris erfolgt; daß der Schuldner vorsätzlich gehandelt hat, ist damit nicht gesagt, ja aus dem Satze 'alter servus postea sine culpa debitoris moriatur' möchte man entnehmen, daß der erstverstorbene culpa debitoris gestorben ist. Aber selbst wenn der Schuldner vorsätzlich handelte, so ist das doch noch kein dolus: regelmäßig wird der Schuldner dabei durchaus nicht die Absicht haben den Gläubiger zu schädigen, da er regelmäßig den Tod des zweiten Sklaven nicht voraussehen kann. Stilistisch fällt 'doli actio' statt 'actio de dolo' auf; der Ausdruck findet sich in den Juristen-

---

1) Nach *Pescatore* 220, aber mit einigen Abweichungen.

schriften allein hier[1]), doli mali actio allein[2]) in D. (44, 7) 35 pr., die gleichfalls interpoliert ist.[3])

2. 'cum illo — stipulationem.' Die Begründung zu der richtigen klassischen Entscheidung kann nicht echt sein; zu beiden Verben fehlen die Subjekte: zu 'moriebatur' 'primus servus', zu 'commiserit' 'debitor'.

3. 'quamvis — etiam potest.' Eine gezierte Ausdrucksweise, und wozu der ganze Satz: Papinian hatte ja eben gesagt 'qui superest peti poterit'. Der Satz ist aber vor allem sachlich irreführend: 'einstweilen kann nur der überlebende gefordert werden': kann denn später, wenn der zweite Sklave gestorben ist, der erstverstorbene gefordert werden? Die Kompilatoren würden auf diese Frage antworten: Ja, denn dann kann wegen des erstverstorbenen mit der actio doli Ersatz gefordert werden; dann hätte aber 'nihil aliud' geschrieben werden sollen! Die unechte actio doli des Schlusses reißt also auch diesen Satz mit.

4. 'neque defuncti — constitutum est.' Man kann den Sinn des Satzes bei viel gutem Willen erraten, ausgesprochen ist er nicht. Man sehe oben in unserer Übersetzung, wieviel man sich hinzudenken muß, um Sinn in den Text zu bringen.

Papinian wird wohl einfach geschrieben haben: Hat der Schuldner die Wahl, und stirbt der eine Sklave, so ist der andere geschuldet; wenn dagegen später auch der andere Sklave und zwar ohne Verschulden des Schuldners stirbt, so kann überhaupt aus der Stipulation nichts gefordert werden. Den Kompilatoren — wie auch unsern modernen Dogmatikern — erschien diese Entscheidung ungerecht für den Fall, daß der Tod des ersten Sklaven vom Schuldner verschuldet worden war; sie wollten dem Gläubiger einen Schadenersatzanspruch geben und gaben eine denaturisierte actio doli.

VI. Schadenersatz beim Schuldnerverzug.[4])

Nach BGB. 286 hat der säumige Schuldner dem Gläubiger den durch den Verzug entstehenden Schaden zu ersetzen. Wird nach dem Eintritt des Verzuges die Leistung unmöglich, so ist nach 287 der Schuldner dafür verantwortlich, mag er die Unmöglichkeit verschuldet haben oder nicht; ist aber die Leistung durch Zufall unmöglich geworden, so haftet der Schuldner dann nicht,

---

1) Nach Voc. Jur. Rom. 2, 327 Z. 10; vgl. *Litten* 278.
2) Nach Voc. Jur. Rom. l. c. Z. 41.
3) Vgl. *Albertario* SZ. 32, 313.
4) *Windscheid* 2 § 280 N. 12—14, *Dernburg* 2, 630f., *F. Mommsen,* Lehre von der Mora (Beitr. z. Obligationenrecht 3) S. 183ff., *Pernice,* Labeo 2, 2, 1 (2. Aufl.) S. 138ff.

wenn der Schaden auch bei rechtzeitiger Leistung eingetreten sein würde. Diese Sätze vertrat bereits die herrschende Lehre des jüngsten gemeinen Rechts, dem klassischen Rechte aber waren sie nur zum Teil bekannt: die Einschränkung des § 287, Satz 2 (es sei denn usw.) ist dem klassischen Rechte fremd. Das römische Recht geht nämlich bei der Regelung der Verzugsfolgen nicht wie das gemeine Recht und das BGB. von dem Prinzip aus: der Schuldner hat den durch den Verzug entstehenden Schaden zu ersetzen; den Ausgangspunkt bildet vielmehr eine alte, in der Fassung uns' nicht genau bekannte [1]) Schulregel, wonach durch den Schuldnerverzug die Obligation perpetuiert wird, auch das zufällige Unmöglichwerden der Leistung also den Schuldner nicht mehr befreit. Der Grundgedanke dieser Regel ist aber nicht sowohl, dem Gläubiger Schadenersatz zu verschaffen, als vielmehr den säumigen Schuldner zu strafen[2]): wie im älteren deutschen Recht[3]) wird der Schuldnerverzug pönal geahndet. Das klassische Recht hat zwar in Ergänzung dieser Regel eine Schadenersatzpflicht statuiert[4]), niemals aber die Regel selbst unter dem Gesichtspunkt des Schadenersatzes betrachtet. Mit dem Moment, wo man das wirklich tat, wo man also die Perpetuierung der Obligation nur auffaßte als ein Ausdruck für die Pflicht des Schuldners, den durch den Verzug entstandenen Schaden zu ersetzen, — mit diesem Momente mußte sich auch die Einschränkung unseres § 287 einstellen; denn wenn der Schaden auch bei rechtzeitiger Leistung eingetreten wäre, so fehlt der Kausalzusammenhang zwischen Verzug und Schaden, und der Schaden ist eben deshalb nicht zu ersetzen.[5]) Diese Umdeutung der alten Schulregel haben aber erst die Kompilatoren, nicht schon die Klassiker vorgenommen.

A. Das klassische Recht veranschaulichen die folgenden Fragmente:

D. (30) 108, 11.

Africanus libro quinto quaestionum. Si servus legatus sit et moram heres fecerit, periculo eius et vivit et deterior fit, ut, si debilem forte tradat, nihilo minus teneatur.

D. (24, 3) 25, 2.

Paulus libro trigesimo sexto ad edictum. Si post divortium res dotales deteriores factae sint et vir in reddenda dote moram fecerit, omnimodo detrimentum ipse praestabit.

---

1) Darüber *Gradenwitz* SZ. 34, 255.

2) So *Heymann*, Marburger Festgaben f. Enneccerus (1913) S. 29. Von den Belegen, die er anführt, ist freilich D. (46, 3) 95, 1 interpoliert (oben S. 104); D. (22, 1) 3, 4 mit seinem schwülstigen Stil wohl verdächtig.

3) *Heymann* 45 ff.   4) *Heymann* 28.

5) *Enneccerus, Kipp, Wolff*, Lehrbuch 1, 2 § 276 N. 4, § 235 N. 5.

D. (45, 1) 82, 1.

Ulpianus libro septuagensimo octavo ad edictum. Si post moram promissoris homo decesserit, tenetur nihilo minus, proinde ac si homo viveret.

Überall muß der Schuldner schlechthin für den Untergang oder die Verschlechterung der geschuldeten Sache einstehen; das 'omnimodo' des Fr. 25 schließt jede Einschränkung geradezu aus.

B. **Interpoliert** sind dagegen die folgenden Stellen:

D. (30) 47, 6.

Ulpianus libro vicesimo secundo ad Sabinum. Item si fundus chasmate perierit, Labeo ait utique aestimationem non deberi: quod ita verum est, si non post moram factam id evenerit: *potuit enim eum acceptum legatarius vendere.*

Ein per damnationem vermachtes Grundstück ist vor der Leistung an den Vermächtnisnehmer durch Erdrutsch zugrunde gegangen: dann ist der Erbe frei, es sei denn, fügt Ulpian hinzu, daß das chasma eingetreten ist, nachdem der Erbe in Schuldnerverzug geraten war, dann würde er weiter haften: denn der Legatar hätte ja vor Eintritt des Erdrutsches das Grundstück verkaufen können, und der Schade hätte dann ihn nicht mehr getroffen.

Die Entscheidung selbst stimmt mit den früher betrachteten überein, sie erhält aber in der Stelle eine Begründung, die, wenn man mit ihr Ernst macht, zu einer Einschränkung der Entscheidung führt: wenn der Erbe nur darum weiter haftet, weil der Legatar das Grundstück hätte veräußern können, so muß die Haftung ausgeschlossen sein, wenn im konkreten Fall diese Voraussetzung nicht gegeben ist. Wenn diese Begründung echt ist, so stammt sie, das sei zunächst festgestellt, von Ulpian[1]), der von 'quod ita verum est' an redet, nicht, wie Dernburg[2]) meinte, ist sie ein 'zündender Ausspruch Labeos'. Die Begründung ist aber nicht echt. Formell betrachtet müßte der Satz im Irreal konstruiert sein: der Legatar hätte veräußern können (potuisset), wenn ihm rechtzeitig geleistet worden wäre; statt dessen steht da: 'der Legatar konnte nämlich das empfangene Grundstück veräußern'; er hat es ja aber gar nicht empfangen! Sachlich ist die Begründung verkehrt, denn 1. ist es naiv, ohne weiteres anzunehmen, daß der Legatar die vermachte Sache (noch dazu ein Grundstück!) sofort veräußern konnte; der Tatbestand gibt zu dieser Annahme nicht den geringsten Anhalt. 2. Es kann nicht darauf ankommen, ob der Legatar veräußern konnte, sondern ob er es konnte und von dieser Möglichkeit Gebrauch gemacht hätte, mit andern Worten, ob er vor Eintritt des Erdrutsches veräußert haben würde.

---

1) *Pernice* l. c. 139 N. 6.   2) *Dernburg* 2, 631 N. 2.

Noch deutlicher ist die Interpolation in

D. (6, 1) 15, 3.[1])

Ulpianus libro sexto decimo ad edictum. Si servus petitus vel animal aliud demortuum sit sine dolo malo et culpa possessoris, pretium non esse praestandum plerique aiunt: *sed est verius, si forte distracturus erat petitor si accepisset, moram passo debere praestari nam si ei restituisset, distraxisset et pretium esset lucratus.*

Die Stelle behandelt den Verzug des Besitzers gegenüber dem vindizierenden Eigentümer. Die Idee der interpolierten Begründung in Fr. 47 cit. taucht auch hier auf, hier aber nicht nur als Begründung, sondern als Haftungsbeschränkung; der possessor soll für den zufälligen Untergang nur einstehen, wenn der Eigentümer die herauszugebende Sache sofort veräußert haben würde. Wenn aber an irgendeiner Stelle der Pandekten, so liegt hier die Interpolation auf der Hand: zu 'distracturus' und 'accepisset' fehlt das Objekt, zu 'praestari' das Subjekt (pretium); unerträglich ist aber vor allem die folgende Subjektsellipse: si forte distracturus erat petitor si accepisset moram passo debere (pretium) praestari, nam si (possessor!) ei restituisset, distraxisset (petitor!).[2])

VII. Anrechnung der Zahlung bei einer Mehrheit der Forderungen.[3])

A. hat gegen B. mehrere Geldforderungen, B. zahlt an A. einen Betrag, der kleiner ist als die aus den verschiedenen Obligationen geschuldete Gesamtsumme; wie wird der gezahlte Betrag verrechnet? Nach BGB. 366[4]) hat zunächst der Schuldner das Recht, bei der Zahlung zu bestimmen, wie die Anrechnung zu erfolgen habe; der Gläubiger hat demgegenüber nur die Wahl, die Leistung abzulehnen (worauf er in Annahmeverzug gerät)[5]), oder aber mit der Bestimmung des Schuldners anzunehmen. Bestimmt der Schuldner nichts, so kann der Gläubiger einen Vorschlag über die Anrechnung machen; nimmt diesen der Schuldner ausdrücklich oder stillschweigend an, so ist er maßgebend:

---

1) *Pernice* l. c. S. 142 Note. *Schulz*, SZ. 32, 85.

2) Die übrigen Stellen, in denen die kritische Idee auftaucht, handeln nicht vom Verzug und sollen hier nicht erörtert werden; siehe diese bei *Windscheid* l. c. N. 14 und *Pernice* S. 140 N. 1.

3) *Windscheid* 2 § 343, *Dernburg* 2, 667, P. *Kretschmar*, Erfüllung 1, 39, *Henrici*, JheringJ. 14, 428ff.

4) *Enneccerus, Kipp, Wolff*, Lehrb. 1, 2 § 285, *Oertmann* zu BGB 366.

5) Einschränkung in § 367.

das Gesetz redet davon nicht, aber es ist selbstverständlich, daß die Parteien durch Vertrag die Anrechnung regeln können. Gibt weder der Schuldner noch eine Parteivereinbarung Normen über die Anrechnung, so tritt die gesetzliche Anrechnungsordnung der §§ 366, 367 ein, die bald die Interessen des Schuldners, bald die des Gläubigers berücksichtigend eine Reihenfolge der Forderungen für die Tilgung feststellt.

A. Die Grundsätze des klassischen Rechts waren ähnlich.[1]) Auch im klassischen Recht hat zunächst der Schuldner ein Bestimmungsrecht; übt er es nicht aus, so geht dieses Recht (anders als nach BGB.) auf den Gläubiger über. Schuldner wie Gläubiger müssen ihre Bestimmung bei der Zahlung erklären. Ist der Gläubiger mit der Bestimmung des Schuldners nicht einverstanden, so kann er die Annahme der Leistung ablehnen, gerät aber damit in Annahmeverzug. Ist der Schuldner mit der Bestimmung des Gläubigers nicht einverstanden, so kann er, solange er noch nicht gezahlt hat, seinerseits die versäumte Bestimmung nachholen; ein bloßer negativer Widerspruch gegen die Bestimmung des Gläubigers würde ihm freilich (anders als nach BGB.) nichts nützen. Übt weder der Schuldner noch der Gläubiger sein Bestimmungsrecht aus, so greift eine Anrechnungsordnung ein, die der des BGB. ähnelt, aber etwas stärker die Interessen des Schuldners berücksichtigt.

D. (46, 3) 97.

Papinianus libro secundo definitionum. Cum ex pluribus causis debitor pecuniam solvit, utriusque demonstratione cessante potior habebitur causa eius pecuniae, quae sub infamia debetur: mox eius, quae poenam continet: tertio quae sub hypotheca vel pignore contracta est: post hunc ordinem potior habebitur propria quam aliena causa, veluti fideiussoris. quod veteres ideo definierunt, quod verisimile videretur diligentem debitorem admonitum ita negotium suum gesturum fuisse. si nihil eorum interveniat, vetustior contractus ante solvetur. si maior pecunia numerata sit, quam ratio singulorum exposcit, nihilo minus primo contractu soluto; qui potior erit, superfluum ordini secundo vel in totum vel pro parte minuendo videbitur datum.

Aus der Stelle geht deutlich hervor, daß Gläubiger wie Schuldner ein Bestimmungsrecht haben (utriusque demonstratione cessante). Hat keiner dieses Recht ausgeübt, so greift eine gesetzliche Anrechnungsordnung ein, von der freilich Papinian hier nur ein Stück mitteilt: angerechnet wird 1. auf die für den Schuldner relativ lästigste Schuld a) auf die Obligation, bei der die Verurteilung infamiert; b) auf die Obligation, bei deren Nichterfüllung eine Strafe geschuldet wird; c) auf die durch Pfand gesicherte Obligation; d) auf die Obligation, die für den Schuldner eine materiell eigene Verbindlichkeit ist (Gegen-

---

1) Zum Folgenden *Eisele*, SZ. 18, 34, *Bonfante*, Istituzioni § 133.

satz: Bürgenschuld). 2. Ist keiner der unter 1. genannten Fälle gegeben, so wird die Zahlung auf die relativ älteste Schuld angerechnet. Übersteigt die gezahlte Summe die Valuta der Forderung, die nach dem angegebenen Schema als die erste im konkreten Falle zur Tilgung gelangt, so wird natürlich der Überschuß auf die im Range nächstfolgende Schuld angerechnet. Mit Recht erklärt Papinian, daß in diesem Teile der Anrechnungsordnung das Recht den Intentionen des Schuldners folge; keineswegs aber darf man in dieser Äußerung das die gesamte Anrechnungsordnung beherrschende Prinzip sehen: die Behandlung der Kapital- und Zinsschuld, die wir in der sogleich folgenden Stelle finden werden, ist sicherlich nicht aus der Rücksicht auf die Schuldnerinteressen geflossen.

C. (8, 42) 1.

Imp. Antoninus A. Aristaenetae. In potestate eius est, qui ex pluribus contractibus pecuniam debet, tempore solutionis exprimere, in quam causam reddat. quod si debitor id non fecit, convertitur electio ad eum qui accepit. si neuter voluntatem suam expressit, prius in usuras id quod solvitur, deinde in sortem accepto feretur.

Überaus deutlich tritt hier das Bestimmungsrecht beider Parteien hervor. Die Zinsschuld wird wie nach BGB. 367 vor der Kapitalschuld getilgt.

D. (46, 3) 8.

Paulus libro decimo ad Sabinum. Illud non ineleganter scriptum esse Pomponius ait, si par et dierum et contractuum causa sit, ex omnibus summis pro portione videri solutum.

Die fällige Forderung wird wie im BGB. vor der nicht fälligen getilgt. Sind beide fällig — auch keine lästiger oder älter wie die andere[1]) —, so werden beide verhältnismäßig getilgt. Von diesem Grundsatze wird eine Ausnahme gemacht, wenn die jetzt fälligen Forderungen zu verschiedenen Zeiten fällig geworden sind.

D. (46, 3) 89, 2.

Scaevola libro vicensimo nono digestorum. Lucius Titius duabus stipulationibus, una quindecim sub usuris maioribus, altera viginti sub usuris levioribus Seium eadem die obligavit, ita ut viginti prius solverentur, *id est idibus Septembribus:* debitor post diem utriusque stipulationis cedentem solvit viginti sex neque dictum est ab altero, pro qua stipulatione solveretur. quaero an quod solutum est eam stipulationem exoneraverit, cuius dies ante cessit, *id est ut viginti sortis soluta videantur et in usuras eorum sex data.* respondit magis id accipi ex usu esse.

---

1) par causa contractuum.

Die beiden Stipulationsschulden sind beide fällig und an Alter gleich; die eine, höher verzinsliche, ist die für den Schuldner lästigere, trotzdem soll nach Scaevola nicht auf sie verrechnet werden, auch nicht auf beide verhältnismäßig, sondern allein auf diejenige, die früher fällig geworden ist, obwohl sie für den Schuldner die weniger lästige ist: das entspräche mehr dem Herkommen. Offenbar wird auch hier, wie bei der Voraustilgung der Zinsschuld, das Interesse des Gläubigers berücksichtigt.

Der Text ist übrigens durch Glossen entstellt. Die gänzlich überflüssigen Worte 'id est — Septembribus' sind wahrscheinlich unecht, sicher unecht die Worte 'id est — data'. Einmal ist im Tatbestande überhaupt nicht gesagt, daß noch Zinsrückstände geschuldet würden. Selbst wenn wir dies aber annehmen wollten, ist die Anrechnung falsch: die 26 sind erst auf die Zinsen zu verrechnen und nur der Rest auf das Kapital, nicht, wie in unserem Text, umgekehrt. Die Entscheidung wäre nur dann richtig, wenn die Zinsrückstände ausgerechnet 6 betrügen[1]), das hätte aber Scaevola sicher im Tatbestand gesagt.

B. Die Kompilatoren haben in das klassische Recht in doppelter Hinsicht eingegriffen. 1. Das Bestimmungsrecht des Gläubigers sollte (weil wohl ihrer Meinung nach nicht schuldnerfreundlich genug) beseitigt werden. Bestimmt der Schuldner nichts, so soll sofort die Anrechnungsordnung eingreifen. 2. Diese Anrechnungsordnung glaubten die Kompilatoren einseitig und unrichtig auf das Prinzip zurückführen zu können: die Anrechnung erfolgt so, wie es den Interessen des Schuldners entspricht, wie sie mutmaßlich der Schuldner vorgenommen haben würde. Diese Ideen haben die Kompilatoren in den — natürlich besonders in die Augen fallenden — Einleitungsfragmenten des Solutionstitels zum Ausdruck gebracht:

D. (46, 3) 1—5 pr.

1. Ulpianus libro quadragensimo tertio ad Sabinum. Quotiens quis debitor ex pluribus causis unum debitum solvit, est in arbitrio solventis dicere, quod potius debitum voluerit solutum, et quod dixerit, id erit solutum: possumus enim certam legem dicere ei quod solvimus. quotiens vero non dicimus in quod solutum sit, in arbitrio est accipientis, cui potius debito acceptum ferat, dummodo *in id* constituat *solutum, in quod ipse si deberet, esset soluturus, quoque debito se exoneraturus esset, si deberet, id est in id debitum, quod non est in controversia, aut in illud, quod pro alio quis fideiusserat, aut cuius dies nondum venerat: aequissimum enim visum est creditorem ita agere rem debitoris, ut suam ageret. permittitur ergo creditor constituere, in quod velit solutum, dummodo sic constituamus, ut in re sua constitueret, sed constituere* in re praesenti, *hoc est statim atque solutum est.*

---

1) Das nimmt in der Tat an *Henrici* 462.

2. Florentinus libro octavo institutionum. Dum in re agenda hoc fiat, ut vel creditori liberum sit non accipere vel debitori non dare, si alio nomine exsolutum quis eorum velit.

3. Ulpianus libro quadragensimo tertio ad Sabinum. Ceterum postea non permittitur. *haec res efficiet, ut in duriorem causam semper videatur sibi debere accepto ferre: ita enim et in suo constitueret nomine.* quod si forte a neutro dictum sit, in his quidem nominibus, quae diem habuerunt, id videtur solutum, cuius dies venit.

4. Pomponius libro tertio decimo ad Quintum Mucium. Et magis quod meo nomine quam quod pro alio fideiussorio nomine debeo: et potius quod cum poena, quam quod sine poena debetur: et potius quod satisdato, quam quod sine satisdatione debeo.

5. Ulpianus libro quadragensimo tertio ad Sabinum. In his vero quae praesenti die debentur, constat, quotiens indistincte quid solvitur, in graviorem causam videri solutum, si autem nulla praegravet, id est si omnia nomina similia fuerint, in antiquiorem. gravior videtur, quae et sub satisdatione videtur, quam ea quae pura est.

Die starke Interpolation dieser Texte ergibt sich nicht nur aus dem Widerspruch mit den früher betrachteten Zeugnissen, sondern auch aus folgenden Erwägungen:

1. Ulpian sagt am Anfang in voller Übereinstimmung mit Papinian und der Verordnung des Caracalla, daß beiden Parteien das Bestimmungsrecht zustehe; bestimmt der Schuldner nichts, so stehe es im Ermessen des Gläubigers, wie er verrechnen will. So konnte Ulpian nicht schreiben, wenn er, wie überliefert, fortgefahren wäre: denn nach dem Schluß des Fr. 1 in Verbindung mit den folgenden Stellen ist von einem Ermessen des Gläubigers gar nicht mehr die Rede, und sein Bestimmungsrecht ein bloßer Schein; muß er ja doch nach Maßgabe der Anrechnungsordnung bestimmen! In Wahrheit greift also unter Beseitigung des Bestimmungsrechts des Gläubigers sofort die Anrechnungsordnung ein.

2. Der Gläubiger muß nach unserem Text sofort bei der Zahlung seine Erklärung abgeben, nicht später. Warum das, wenn er doch nur dem Interesse des Schuldners entsprechend bestimmen durfte? Diese Vorschrift hat Sinn, wenn der Gläubiger nach seinem freien Ermessen bestimmen durfte: dann soll dem Schuldner, wie Florentin ausdrücklich sagt, die Möglichkeit gegeben sein, sein Geld, wenn er es noch nicht hingegeben hat, zurückzuziehen und die Summe nunmehr aufs neue mit eigener Anrechnungsbestimmung anzubieten.

3. Der Gläubiger soll nach unserem Text bei seiner Bestimmung ganz nach den Interessen des Schuldners verfahren: dann täte er aber stets besser, er unterließe die Bestimmung, denn dann würde die gesetzliche Anrechnungsordnung eintreten, und diese berücksichtigt, wie wir sahen (Tilgung der Zins- vor der

Kapitalschuld!) keineswegs ausschließlich die Interessen des Schuldners! Die
Kompilatoren glaubten offenbar, daß die Anrechnungsordnung ausschließlich
die Schuldnerinteressen wahre und wollten mit ihren Zusätzen im Fr. 1 sagen:
der Gläubiger darf bestimmen, aber nur nach Maßgabe der Anrechnungsordnung.

4. Fr. 3 erklärt: die Anrechnung erfolge, nach den Grundsätzen des Fr. 1,
stets in duriorem causam; als Beispiel der durior causa wird in Fr. 1 die fällige
Schuld gegenüber der nicht fälligen genannt. Daß das aber nicht der Sprachgebrauch Ulpians ist, zeigt Fr. 5 in Verbindung mit Fr. 3; Ulpian sagte: die
fällige Schuld wird vor der noch nicht fälligen Schuld getilgt; unter mehreren
fälligen Forderungen gilt die gravior causa als getilgt. Die fällige Schuld gegenüber der nicht fälligen wird also nicht als causa gravior vel durior bezeichnet,
ebenso wie sie ja BGB. 366 nicht die lästigere Verbindlichkeit genannt ist.

5. Zahlreich sind schließlich die formalen Mängel. a) Der tautologische Satz
'quoque — deberet', den schon Haloander streichen wollte. b) 'quis fideiusserat': 'quis' ist ungenau (statt debitor'). c) 'permittitur creditor' statt 'creditori'.[1]) d) 'constituamus' statt 'constituat'. e) 'permittitur — constituamus' ist
überflüssig, da bereits im Vorhergehenden gesagt. f) Bei den Beispielen 'id est
in id debitum usw.' gibt der Schreiber zunächst positiv an, auf welche Schulden
verrechnet werden soll: auf die nicht in Streit befindliche; darauf aber glaubt
er gedankenlos, er zähle die Schulden auf, auf die zunächst nicht verrechnet
werden soll: die Bürgenschuld, die noch nicht fällige Schuld. g) 'statim atque
solutum sit': es sollte 'solvitur' dastehen.

Das alles in Verbindung mit den früher betrachteten unverdächtigen Quellenzeugnissen führt dahin, in der oben im Text angegebenen Weise zu streichen.
Freilich haben die Kompilatoren anscheinend, wie so oft, ihre Zusätze mit klassischem Materiale fabriziert. Ulpian muß natürlich ausführlich dargelegt haben,
was unter gravior causa zu verstehen sei; unmöglich kann dieser stets auf Vollständigkeit bedachte Jurist sich dabei mit dem einen Beispiel der durch Bürgenstellung gesicherten Schuld (sub satisdatione Fr. 5pr.) begnügt haben. In der
Tat weist ja auch der Text in Fr. 5pr. hinter 'quae' einen Bruch auf, den man
nicht durch Konjektur beseitigen darf.[2]) Hier wird Ulpian wie Papinian in
Fr. 97 und Pompon in Fr. 4 die graviores causae erschöpfend aufgezählt und
am Schluß vielleicht die Worte geschrieben haben, die wir jetzt in Fr. 1 lesen:
'aequissimum enim visum est creditorem ita agere rem debitoris ut suam ageret', denn für den Teil der Anrechnungsordnung, der die gravior causa bei der
Tilgung bevorzugt, sind diese Worte allerdings zutreffend. Die Kompilatoren
haben von dieser Aufzählung Ulpians nicht viel übrig gelassen, weil sie bereits
in dem Pomponius-Fragment enthalten war.

---

1) Eine spätlateinische Konstruktion: siehe *Stolz-Schmalz*, Lateinische Grammatik (4. Aufl.) S. 434.   2) Siehe oben S. 15.

C. Wie der Erlös aus dem Pfandverkauf zu verrechnen sci[1]), wenn ein Pfandrecht für mehrere Forderungen desselben Gläubigers haftete, war unter den Klassikern streitig.[2])

D. (46, 3) 101, 1.

Paulus libro quinto decimo responsorum. Paulus respondit aliam causam esse debitoris solventis aliam creditoris pignus distrahentis: nam cum debitor solvit pecuniam, in potestate eius esse commemorare, in quam causam solveret: cum autem creditor pignus distraheret, licere ei pretium in acceptum referre etiam in eam quantitatem, quae natura tantum debebatur, et ideo deducto *eo* debitum peti posse.

Der Schluß der Stelle ist verdorben. Mommsen wollte vor 'deducto' ein 'non' einschieben; der Textverderb kann aber auch daher gekommen sein, daß die Kompilatoren den Tatbestand des Responsum weggeschnitten haben. Gesetzt, der Tatbestand war folgender: Einem Gläubiger haftet ein Pfand für eine Naturalschuld von 10 und für eine klagbare Schuld, der Pfandverkauf bringt 15 ein; Paulus entschied deducto quinque debitum peti posse: wenn die Kompilatoren den Tatbestand strichen und statt des jetzt unmöglich gewordenen 'quinque' gedankenlos ein farbloses 'eo' einsetzen, so kam der überlieferte Text heraus. — Den klassischen Meinungsstreit zeigt

D. (46, 3) 73.[3])

Marcellus libro trigensimo primo digestorum. Ob triginta nummos pecuniae creditae fideiussorem in viginti dedi et pignus: ex venditione autem pignoris creditor decem consecutus est: utrum ex universitate id decedit, ut quidam putant, *si in solvendis decem nihil debitor dixisset*, an sicut ego puto, in *totis* decem fideiussori contingit liberatio? *quia hoc dicendo potuit hoc efficere debitor, ut, ubi non dixit, id potius soluturum existimetur, quod satisdato debeatur?* magis tamen existimo licuisse creditori in id, quod solus debebat reus, accepto referre.

Die Buchzahl verweist das Fragment in den zweiten Teil der Digesten des Marcellus[4]); in diesem zweiten Teile handeln die klassischen Digestenwerke unter anderem von Gesetzen und Senatsschlüssen.[5]) Nun berichtet uns Gaius[6]) von der lex Cornelia über die Bürgschaft folgendes:

> qua lege idem pro eodem apud eundem eodem anno vetatur in ampliorem summam obligari creditae pecuniae quam in XX milia.

---

1) Zum Folgenden *Dernburg*, Pfandrecht 2, 214f.

2) Im heutigen Recht gilt auch hier BGB. 366 Abs. 2, 367; vgl. *Kipp* bei *Windscheid* 2 S. 434, *Kuhlenbeck-Staudinger* 1. c. zu BGB. 366.

3) Unbefriedigende Interpretation dieser Stelle bei *Dernburg*, Pfandrecht 2, 215 und *Henrici* 473.

4) *Lenel*, Paling 1, 632.   5) *Krüger*, Geschichte 144.   6) 3, 124.

Daß nun unser Fragment zur Erörterung dieses Gesetzes gehört[1]), beweisen die in dem Falle gewählten Zahlen. Die Kompilatoren haben hier wie oft ihrem Prinzip entsprechend[2]) für je 1000 Sesterzen 1 nummus, nämlich den aureus, eingesetzt; der Klassiker sprach also von 20 000, 30 000 und 10 000 Sesterzen[3]); die Bürgschaft ist für 20 000 Sesterzen eingegangen, zum Höchstbetrage der lex Cornelia.

Die Stelle ist stark mit Glossen durchsetzt. Glossen sind zunächst die Stücke 'si — dixisset' und 'quia — debeatur'. Der Schreiber meint, die Entscheidung unserer Stelle greife nur Platz, wenn der Schuldner sein Bestimmungsrecht nicht ausgeübt habe: aber um eine Zahlung, bei der dem Schuldner Gelegenheit zur Bestimmung über die Anrechnung geboten würde, handelt es sich gar nicht! Auch sollte 'si — dixisset' vor 'utrum' stehen. Die zweite Glosse weist eine geradezu kümmerliche Sprache auf. Der Sinn ist: 'weil, wenn man so entscheidet (hoc dicendo, nämlich daß allein auf den durch Bürgschaft gesicherten Betrag verrechnet wird), der Schuldner bewirken kann, daß, wenn er nichts über die Anrechnung erklärte, doch das vorerst als getilgt erachtet wird, was unter Bürgschaft geschuldet wird.' Aber wie ist das ausgedrückt! 'dicere' so kurz hintereinander in ganz verschiedener Bedeutung, zu 'hoc dicendo' denkt man sich zunächst den Schuldner als Subjekt; häßlich sind die beiden 'hoc', besonders da das zweite ganz überflüssig ist; 'non dixit' statt 'nihil dixit'; 'soluturum' statt 'solutum'.

Eine weitere Glosse ist 'totis'. Das Wort erweckt den Anschein, als ob bei der Annahme der ersten Alternative der Bürge wenigstens teilweise durch die gezahlten 10 befreit werde. Das ist natürlich nicht der Fall: ziehe ich die 10 einfach von der ganzen Schuld ab, so bleiben 20, für die der Bürge wie bisher haftet. Die Alternative lautet also für den Bürgen: von 10 befreit? oder Haftung wie bisher? nicht aber: von 10 befreit? oder von 1/10 befreit?

Hinter pignus weist F[2] noch die Worte 'in decem' auf, aber auch in den Basiliken fehlen diese Worte. Hat nun die Vorlage der Korrektoren den besseren Text? Die Worte sind bestenfalls überflüssig, sie sind aber auch verwirrend, weil man versucht wird, den Fall sich so zu denken: die Parteien haben von den geschuldeten 30 durch Bürgschaft 20 gesichert, für den durch die Bürgschaft nicht gedeckten Rest von 10 ist ein Pfand bestellt worden. Liegt der Fall so, so ist gar kein Problem vorhanden; natürlich haftet dann, wenn aus dem Pfandverkauf 10 gewonnen werden, der Bürge auf 20 weiter. Die kritischen Worte sind also ein nachjustinianisches Glossem, der Schreiber hat sich damit die Entscheidung erklären wollen, freilich ihr mit dem Zusatz auch alles Salz genommen. Die Vorlage von F[1] erweist sich auch hier wieder, verglichen mit der Vorlage der Korrektoren, als die weniger überarbeitete und darum insoweit bessere Überlieferung.[4])

---

1) So auch *Lenel* l. c.   2) Oben S. 12.   3) *Lenel*, Paling. 2, 1263.
4) Oben S. 4.

Nach dieser Reinigung des Textes bleibt nur noch eins auffällig: offenbar reden in der Stelle zwei Autoren; der Verfasser des Schlußsatzes kann nicht auch das Vorhergehende geschrieben haben, dessen Verfasser (ego puto) eine ganz andere Ansicht vorträgt. Man könnte an eine Interpolation des Schlußsatzes denken, wahrscheinlicher ist wohl, daß der Schluß eine Note zu dem Text des Marcellus ist. Wir wissen, daß Scaevola und Ulpian zu Marcells Digesten Noten geschrieben haben; einige treten noch in der Digestenüberlieferung als solche hervor[1]), vielfach haben aber auch die Kompilatoren den Namen des adnotierenden Juristen gestrichen.[2]) So wird wohl auch in unserer Stelle vor 'magis' ein 'Scaevola' oder 'Ulpianus' gestrichen sein. Auf alle Fälle gestrichen haben die Kompilatoren die Erörterung der aufgeworfenen Fragen durch Marcell; unser Text überliefert nur die Fragen.

Jedenfalls ersieht man aus der Stelle, daß die Klassiker zweifelhaft waren, wie die Anrechnung des Pfanderlöses vorzunehmen sei; Marcellus wollte die bei der Zahlung geltenden Grundsätze zur analogen Anwendung bringen, aber die herrschende Lehre des jüngsten klassischen Rechts war, wie die Note unserer Stelle und die oben erwähnte Paulus-Entscheidung zeigt, anderer Ansicht und ließ das Ermessen des Pfandgläubigers entscheiden.

VIII. Haftung des Verkäufers
wegen arglistig verschwiegener Sachmängel.[3])

Nach BGB. 463 kann der Käufer, wenn der Verkäufer einen Fehler der Sache arglistig verschwiegen hat, Schadenersatz wegen Nichterfüllung verlangen, das heißt das positive oder Erfüllungsinteresse. Diese Haftung entspricht dem gemeinen und justinianischen Rechte, dem klassischen Rechte aber war sie nicht bekannt: die herrschende Lehre des jüngsten klassischen Rechts ließ den Verkäufer nur auf das negative Vertragsinteresse haften, nur auf quanti emptoris interfuit non decipi. Nach klassischem Recht kann der Käufer folgenden Schaden liquidieren:

a) den Schaden, den er dadurch erleidet, daß er beim Vertragsschluß auf die Fehlerlosigkeit der Sache vertraut. Demnach kann der Käufer entweder Rückgabe des ganzen Kaufpreises gegen Rückgabe der Ware fordern (Wandelung), denn er darf sagen: bei Kenntnis des Mangels hätte ich überhaupt nicht

---

1) So D. (20, 1) 27; (26, 7) 28; (35, 2) 56.
2) D. (44, 3) 2 und dazu *Lenel*, Paling. 1, 601; D. (29, 7) 19 und dazu *Lenel* 615.
3) *F. Haymann*, Die Haftung des Verkäufers für die Beschaffenheit der Kaufsache, Bd. 1 Studien zum klassischen römischen Recht S. 44ff.; *Partsch* SZ. 33, 609f., *Rabel*, Grundzüge 485.

abgeschlossen; oder aber wenigstens teilweise Rückgabe des Kaufpreises verlangen (Minderung), denn er darf sagen: bei Kenntnis des Mangels wäre der Vertrag zu einem niedrigeren Preise zustande gekommen.

b) Den Schaden, den er dadurch erleidet, daß er bei und nach Empfangnahme der Ware auf ihre Fehlerlosigkeit vertraut. Der Käufer stellt das gekaufte kranke Tier, dessen Krankheit ihm der Verkäufer arglistig verschwiegen hatte, zu seinen eigenen Tieren und steckt damit diese an; auch diesen Schaden darf er liquidieren.

Die Kompilatoren aber wollten den betrügerischen Verkäufer schärfer anfassen und erweiterten daher seine Haftung auf das positive Vertragsinteresse. Das läßt sich klipp und klar erweisen.

In dem westgotischen Auszug aus den Sentenzen des Paulus wird uns (2, 17, 6) folgende Entscheidung berichtet:

Si, ut servum quis pluris venderet, de artificio eius vel de peculio mentitus est, actione ex empto conventus, quanto minoris valuisset, emptori praestare compellitur, nisi paratus sit eum redhibere.

Der Verkäufer hat arglistigerweise unrichtige Angaben gemacht über Kunstfertigkeiten des verkauften Sklaven oder über den Umfang des mitverkauften peculium. Der Käufer kann Minderung des Kaufpreises verlangen. Was uns freilich in der Stelle über die Wandelung mitgeteilt wird, hat so im Original nicht gestanden. Nach der Satzkonstruktion müßte als Subjekt zu 'paratus sit' 'venditor' angesehen werden; nun heißt freilich in der älteren Rechtssprache 'redhibere' 'zurücknehmen' (vom Verkäufer gesagt), in der Terminologie des jüngsten klassischen Rechts aber zweifellos 'zurückgeben' (vom Käufer gesagt).[1]) Sachlich ist es wenig angemessen, dem arglistigen Verkäufer die Wahl zwischen den beiden Schadensliquidationen anheimzugeben. So wird denn die Annahme das Richtige treffen, daß die Westgoten hier, wie auch sonst nachweisbar[2]), eine längere Ausführung ihrer Vorlage in einen nisi-Satz zusammengezogen haben[3]): Paulus gewährte dem Käufer die Wahl zwischen der Minderung und der Wandelung. Damit vergleiche man nun

D. (19, 1) 13, 4.

Ulpianus libro trigesimo secundo ad edictum. Si venditor dolo fecerit, ut rem pluris venderet, puta de artificio mentitus est aut de peculio, empti eum iudicio teneri, ut praestaret emptori, quanto *pluris* servum emisset, *si ita peculiatus esset vel eo artificio instructus.*

---

1) *Bechmann*, Kauf 1, 403; 3, 2 S. 118.

2) Eine vollkommene Parallele bietet Sent. (1, 9) 2, darüber oben S. 55.

3) So *Seckel-Kübler*, Jur. Antejust. 2, 1 zu der Stelle; nicht überzeugend *Haymann* 54.

Diese im Tatbestand mit der Paulus-Stelle fast wörtlich übereinstimmende Stelle geht offenbar auf dieselbe Vorlage wie jene zurück. Daß Ulpian einen Juristen ausschreibt, geht aus dem in der Luft schwebenden Acc. c. Inf. hervor; wie das pr. zeigt, ist seine Vorlage wohl Julian, aus dem auch Paulus geschöpft haben wird. Die Entscheidung des Falles freilich ist in der Digestenstelle ganz sinnlos: Verkäufer soll zahlen, was der Käufer mehr gezahlt hätte, wenn der Sklave die fehlenden Eigenschaften gehabt hätte: aber der vereinbarte Kaufpreis ist ja bereits in der Annahme, die fehlenden Eigenschaften seien vorhanden, vom Käufer bemessen worden! Es sollte 'servus esset' statt 'servum emisset' dastehen. So hat auch P. Krüger den Text ändern wollen, aber diese Konjektur ist abzulehnen. Nähmen wir sie an, so hätte Julian den Verkäufer auf das positive Interesse haften lassen; damit aber gerieten wir in Widerspruch zu der Paulus-Entscheidung, die doch gerade aus Julian schöpft. In einer solchen Situation ist es viel wahrscheinlicher, daß die Kompilatoren, als daß ein Abschreiber den Text verdorben hat. Zur Gewißheit wird diese Annahme durch die Betrachtung von

D. (19, 1) 13pr.

Ulpianus libro trigesimo secundo ad edictum. Julianus libro quinto decimo inter eum, qui sciens quid aut ignorans vendidit, differentiam facit *in condemnatione ex empto*: ait enim, qui pecus morbosum aut tignum vitiosum vendidit, si *quidem ignorans fecit, id tantum ex empto actione praestaturum, quanto minoris essem empturus, si ita esse scissem: si vero* sciens reticuit et emptorem decepit, omnia detrimenta, quae ex ea emptione emptor traxerit, praestaturum ei: sive igitur aedes vitio tigni corruerunt, aedium aestimationem, sive pecora contagione morbosi pecoris perierunt, *quod interfuit idonea venisse erit praestandum.*

Die Stelle ist stark, und zwar in doppelter Richtung, überarbeitet. Einmal haben die Kompilatoren, worauf hier nur im Vorbeigehen hingewiesen werden kann[1]), die actio empti gegen den gutgläubigen Verkäufer eingefügt: dem klassischen Recht ist eine actio empti ausschließlich auf Grund der mangelhaften Beschaffenheit der Kaufsache, ohne daß Arglist des Verkäufers oder Garantievertrag vorläge, nicht bekannt; der Zusatz fällt auch offensichtlich aus der Konstruktion: die Erzählung geht unvermittelt aus der dritten in die erste Person und wiederum in die dritte zurück. Aber auch die Erörterung über die actio empti gegen den arglistigen Verkäufer ist verändert.[2]) Die Beispiele, die hier gebracht werden, zeigen deutlich, daß Julian auf eine Haftung aufs

---

1) Darüber ausführlich *Haymann* 71ff., zu unserer Stelle S. 89f.

2) Zum Folgenden *Haymann* 65, der aber in der Interpolationsfrage unschlüssig bleibt.

9*

negative Vertragsinteresse hinauswollte, die Entscheidung paßt dazu freilich nicht, weil sie unverkennbar dem Käufer das positive Interesse zusprechen will: quod interfuit idonea venisse erit praestandum. Aber wiederum fallen die entscheidenden Worte aus der Satzkonstruktion: aestimationem . . . erit praestandum kann Julian-Ulpian nicht geschrieben haben. Die Kompilatoren haben hier wie in Fr. 13 § 4 das Erfüllungsinteresse hineinkorrigiert.

So ergibt sich also: Julian ließ den arglistigen Verkäufer mit der actio empti auf das negative Interesse haften, und dieser Spruch wurde herrschende Lehre.

IX. Die Wirkung des Schiedsspruches.[1])

Nach geltendem Rechte erzeugt der Schiedsspruch, der den geltend gemachten Anspruch abweist, für den Beklagten die Einrede der Rechtskraft, wenn der Kläger den Anspruch nochmals bei den ordentlichen Gerichten geltend machen will (ZPO. 1040); verurteilt der Schiedsrichter den Beklagten, so kann der Kläger auf Grund des Spruches auf Erlaß eines Vollstreckungsurteils klagen (ZPO. 1042).

Nach justinianischem Recht hat der Kläger, wenn zu seinen Gunsten der Schiedsspruch ergangen ist, grundsätzlich nur dann eine Klage, um ihn durchzusetzen, wenn er sich bei Abschluß des formlosen Schiedsvertrags durch Strafstipulationen gegen die Nichtachtung des Spruches durch den Beklagten gesichert hatte. Hatte der Kläger dies unterlassen, so gewährte ihm Justinian aus dem formlosen Schiedsvertrag als solchen nur ausnahmsweise eine Klage, um dem Schiedsspruch Geltung zu verschaffen, so insbesondere, wenn die Parteien den Schiedsspruch durch ihre Unterschrift anerkannt oder binnen 10 Tagen nicht gegen ihn protestiert hatten.[2]) Weist der Schiedsrichter den Kläger ab, so wird dem Beklagten, wenn der Kläger ihn nunmehr vor dem ordentlichen Gericht belangt, eine exceptio veluti pacti gewährt, eine der exceptio pacti analoge Einrede: der Kläger verspricht im Schiedsvertrag ja nicht direkt, den Beklagten nicht vor den ordentlichen Richter ziehen zu wollen, ein pactum de non petendo liegt nicht vor, und die direkte exceptio pacti kann daher nicht in Frage kommen.

Wie verfuhr in diesen Fragen das klassische Recht? Justinian gibt uns in seiner Verordnung auch eine Andeutung über das vorjustinianische Recht:

---

1) *Windscheid* 2 § 415; *Dernburg* Pand. 1 § 165; *Rotondi*, Un nuovo esempio di innovazioni pregiustinianee. L'exceptio veluti pacti ex compromisso. (Perugia 1914) Annali della Facoltà di Giurisprudenza dell' Università di Perugia fasc. 3. 1914. Ich zitiere nach dem Sonderabdruck. *Wenger*, Pauly-Wissowa, Art. receptum arbitri.   2) *Windscheid* l. c. N. 4.

C. (2, 55) 5 pr.

Cum antea sancitum fuerat in arbitris eligendis, quos neque poena compromissi vallabat neque iudex dederat, sed nulla praecedente sententia communis electio, ut in illorum sententia stetur, procreabat, si quidem pro parte pulsata forma arbitralis procederet, exceptionem ei veluti pacti generari, sin autem pro actore calculus poneretur, nihil ex eo procedere ei praesidii: sancimus . . .

'Während früher bezüglich der Wahl von Schiedsrichtern,

> die (d. h. deren Spruch) keine ausbedungene Strafe sicherte, und die auch nicht der Richter gegeben hatte, sondern die ohne vorhergehendes Urteil die private gemeinsame Wahl zum endgültig entscheidenden Richter geschaffen hatte,

bestimmt worden ist, daß,

> wenn der Schiedsspruch zugunsten des Beklagten ergeht, diesem eine exceptio veluti pacti geschaffen werde, wenn aber zugunsten des Klägers, dieser keinen Schutz erhalte,

so bestimmen dagegen wir usw.'

Aus diesem Bericht ersieht man: die Klage aus dem formlosen Schiedsvertrage ist eine justinianische Neuerung, nicht auch die exceptio veluti pacti. In der Tat begegnet uns diese exceptio auch in den Digesten in einer Ulpianstelle.

D. (4, 8) 13, 1.

Ulpianus libro tertio decimo ad edictum. Idem Pomponius scribit, si de meis solis controversiis sit compromissum et de te poenam sim stipulatus, videndum ne non sit compromissum. *sed cui rei moveatur, non video: nam si ideo, quia de unius controversiis solum compromissum est, nulla ratio est: licet enim et de una re compromittere: si vero ideo, quia ex altera dumtaxat parte stipulatio intervenit, est ratio. quamquam si petitor fuit qui stipulatus est, possit dici plenum esse compromissum, quia is qui convenitur tutus est veluti pacti exceptione, is qui convenit, si arbitro non pareatur, habet stipulationem. Sed id verum esse non puto: neque enim sufficit exceptionem habere, ut arbiter sententiam dicere cogatur.*

'Pomponius schreibt, wenn lediglich über meine Streitsache (wo ich der verlangende Teil bin) ein Schiedsvertrag abgeschlossen worden ist, und ich mir von dir habe stipulationsweise eine Strafe versprechen lassen, so möchte wohl das Vorliegen eines vollgültigen Schiedsvertrages zu verneinen sein. Was ihn aber zu dieser Entscheidung veranlaßt, sehe ich nicht ein. Wenn er deshalb so entscheidet, weil nur über die Streitsachen des einen Teils komprommittiert worden ist, so ist dieser Grund nichtig: ist es ja doch gestattet, über eine einzelne Sache einen Schiedsvertrag zu schließen. Wenn aber deshalb, weil nicht wechselseitig Stipulationen abgeschlossen worden sind, so ist das allerdings ein haltbarer Grund; obwohl man freilich einwenden könnte, wenn der Kläger sich die Strafe hat versprechen lassen, so liege ein vollgültiger Schiedsvertrag vor, weil der Beklagte durch die exceptio veluti pacti gesichert ist, der Kläger aber, wenn der Beklagte dem Spruch nicht gehorcht, die Stipulation hat. Aber diesen Einwand halte ich nicht für richtig; ein gültiger Schiedsvertrag liegt nicht vor, denn es genügt nicht der Besitz der exceptio, um den Schiedsrichter zur Fällung der Entscheidung zu nötigen.'

Die Stelle gehört zu dem Kommentar über den Ediktstitel: Qui arbitrium receperint, ut sententiam dicant.[1]) Der Praetor verspricht hier:

> Qui arbitrium pecunia compromissa receperit, eum sententiam dicere cogam.[2])

Der Praetor verspricht also, den Schiedsrichter — durch multae dictio oder pignoris capio — zur Erledigung des übernommenen Amtes, d. h. zur Fällung des Schiedsspruches zu nötigen, doch nur, wenn die Durchführung des Spruches unter den Parteien gesichert ist. Der Musterfall ist, daß beide Parteien wechselseitig Strafstipulationen geschlossen haben für den Fall, daß sie dem Schiedsspruche nicht gehorchen sollten (pecunia compromissa). In unserer Stelle wird nun das Vorliegen eines vollgültigen, zum Einschreiten des Praetors genügenden Schiedsvertrages geleugnet und zwar mit folgender Begründung: Wenn der Kläger, wie im vorliegenden Falle, sich die Strafe habe versprechen lassen, so sei zwar eigentlich die Durchführung des Schiedsspruches gesichert; denn wenn der Kläger nicht gehorche, habe Beklagter die exceptio pacti; wenn der Beklagte, so habe Kläger den Anspruch auf die Vertragsstrafe; aber das genüge doch nicht. Die Echtheit dieser ganzen Ausführung kann indessen nicht länger verteidigt werden.

A. Warum soll der vorliegende Schiedsvertrag für das Einschreiten des Praetors nicht genügen? Die Durchführung des Schiedsspruches ist, wenn wirklich die exceptio veluti pacti gegeben ist, durchaus gesichert. Daß die Hervorhebung der pecunia compromissa, d. h. der wechselseitigen Strafstipulationen, im Edikt exemplikativ gemeint ist und auch andere Sicherungen genügen, ist unter den Klassikern unbestritten. Man sehe insbesondere von denselben Juristen

D. (4, 8) 11, 3.

Ulpianus libro tertio decimo ad edictum. Interdum, ut Pomponius scibit, recte nudo pacto fiet compromissum, ut puta si ambo debitores fuerunt et pacti sunt, ne petat quod sibi debetur, qui sententiae arbitri non paruit.

---

1) *Lenel,* Paling. 2, 486; Edictum 126.   2) *Lenel* Edictum l. c.

A. und B. schließen einen Schiedsvertrag über eine Streitsache x. A. und B. sind, abgesehen von dem streitigen Rechtsverhältnisse, wechselseitig Schuldner. Sie vereinbaren nun, wenn einer dem Schiedsspruche nicht gehorchen sollte, so soll der Ungehorsame seine Forderung verlieren, es soll ihrer Geltendmachung dauernd eine exceptio pacti entgegenstehen. Diese Sicherung des Schiedsvertrages soll nach Pomponius und Ulpian genügen, um das Eingreifen des Praetors zu rechtfertigen. Dann aber ist es nicht verständlich, wie dieselben Juristen in unserm Fr. 13 ein compromissum plenum leugnen können, das auf der einen Seite durch eine Stipulationsklage, auf der andern durch eine sogar das streitige Rechtsverhältnis direkt ergreifende exceptio gesichert ist.

B. Gegen die Klassizität der exceptio veluti pacti spricht unsere sonstige Überlieferung.

Consultatio 9, 17.

Item ex corpore Gregoriani. Qui contra arbitri sententiam petit, sola in eum poenae actio ex compromisso competit, non etiam conceptio pacti conventi: lib. I tit. X.

Es handelt sich um ein Reskript aus dem Gregorianus, dessen Verfasser uns nicht überliefert ist. Der Kläger wird ausschließlich auf die Stipulationsklage verwiesen; wir können dies aus der Stelle schließen, auch wenn wir den verdorbenen Satz 'non — conventi' ganz unbeachtet lassen; vielleicht ist aber statt 'conceptio' 'exceptio' zu schreiben. Hätte auch nur eine exceptio veluti pacti bestanden, so hätte der Kaiser diese nicht unerwähnt lassen können. Genau wie dieses Reskript äußert sich Ulpian in

D. (4, 8) 2.

Ulpianus libro quarto ad edictum. Ex compromisso placet exceptionem non nasci, sed poenae petitionem.

Man hat, um diese Stelle mit unserem Fr. 13 zu vereinigen, gemeint, Ulpian leugne hier nicht die exceptio pacti, sondern die exceptio rei iudicatae.[1] Daß aber Ulpian die exceptio pacti meinte, setzt die Inskription außer allen Zweifel. Nach der Buchzahl gehört die Stelle zu Ulpians Kommentar über die Ediktstitel de pactis; hier lesen wir folgende Erörterung:

D. (2, 14) 10, 1.

Ulpianus libro quarto ad edictum. Si pacto subiecta sit poenae stipulatio, quaeritur, utrum pacti exceptio locum habeat an ex stipulatu actio. Sabinus

---

1) Vgl. *Rotondi* S. 6.

putat, quod est verius, utraque via uti posse prout elegerit, qui stipulatus est:
si tamen ex causa pacti exceptione utatur, aequum erit accepto eum stipulationem
ferre.

Ein Gläubiger hat seinem Schuldner seine Schuld durch pactum de non
petendo erlassen und ihm außerdem die Zahlung einer Strafe versprochen,
falls er die Forderung doch geltend machen sollte. Ulpian entscheidet nach
Sabin, daß der Schuldner zwei Möglichkeiten habe: entweder er macht die exceptio pacti nicht geltend und klagt die Strafe ein; oder aber er wehrt sich gegen
die Klage mit der exceptio, dann muß er dem Gläubiger die Strafobligation
erlassen. Offensichtlich gehört unser Fr. 2 in diese Erörterung [1]): das compromissum ist ja üblicherweise ein pactum, dessen Wahrung durch Strafstipulation
gesichert ist; hier aber hat der Schuldner nur einen Weg, denn ex compromisso
placet exceptionem non nasci, sed poenae petitionem. Hätte es eine exceptio
veluti pacti gegeben, so hätte sie Ulpian unbedingt erwähnen müssen.

C. Schließlich weist unser Fr. 13 eine Reihe formaler Mängel auf. 1. 'cui rei
moveatur'. Es handelt sich um den Dativus auctoris auch Dativus Graecus
genannt: 'welcher Erwägung zu Liebe der Jurist zu seiner Entscheidung be-
wogen wird, sehe ich nicht' = 'durch welche Erwägung usw.' [2]) Unsere Klassiker lieben den Dat. auct. nicht[3]), hier ist er ganz besonders auffällig, weil der
auctor keine Person ist. 2. 'habet stipulationem'. Es müsse mindestens heißen
'habet actionem ex stipulatu'.[4]) 3. Die Art zu argumentieren ist seltsam unüber-
legt: erst erklärt der Schreiber, er verstehe die Entscheidung des Pomponius
nicht; nachher findet er doch, daß der Jurist recht hat.

Alles in allem kann an der Unechtheit des Fr. 13 nicht gezweifelt werden.
Um eine justinianische Interpolation wird es sich freilich nicht handeln: ver-
sichert uns ja doch Justinian, er habe die exceptio veluti pacti im vorjustinianischen Recht vorgefunden. Es handelt sich also um eine vorjustinianische
Glosse oder um eine vorjustinianische Interpolation, die gestattet schien, weil
sie die Entscheidung selbst nicht veränderte.[5]) Pomponius und Ulpian erklärten
im vorliegenden Fall das compromissum für ungenügend, weil das klassische
Recht die exceptio veluti pacti nicht kannte, die Durchsetzung des Spruches
mithin nur einseitig gesichert war.

---

1) So auch *Lenel*, Paling. 2. 434.
2) Zu dieser Konstruktion siehe *Stolz-Schmalz*, Lat. Grammatik 375.
3) *Kalb*, Wegweiser 36.
4) Siehe über diesen Terminus aber *Seckel*, Handlexikon, Art. stipulari.
5) Oben S. 38.

X. Letztwilliger Erlaß der cautio legatorum vel fideicommissorum servandorum causa.[1])

Der Vermächtnisnehmer hat im römischen Rechte das Recht, falls das Vermächtnis (Legat oder Fideikommiß) bedingt, befristet oder aus sonstigen Gründen nicht alsbald auszuzahlen ist, vom Beschwerten die cautio legatorum seu fideicommissorum servandorum causa zu fordern: der Beschwerte muß stipulationsweise unter Bürgenstellung die Auszahlung des Vermächtnisses versprechen.[2]) Kann der Erblasser dem Beschwerten diese Kautionspflicht durch testamentarische Bestimmung erlassen? Nach unserer Überlieferung hat erst ein Erlaß des Marc Aurel einen derartigen Erlaß für zulässig erklärt:

C. (6, 54) 2.

Divus Marcus Stratonicae. Ipsis rerum experimentis cognovimus ad publicam utilitatem pertinere, ut satisdationes, quae voluntatis defunctorum tuendae gratia in legatis, item fideicommissis inductae sunt, eorundem voluntate remitti possint. quocumque enim indicio voluntatis cautio legati seu fideicommissi remitti potest.

C. (6, 54) 7.

Imp. Alexander A. Proculiano. Scire debetis fideicommissi quidem et legati satisdationem remitti posse divum Marcum et divum Commodum constituisse: ut autem boni viri arbitratu is, cui usus fructus relictus est, utatur fruatur, minime satisdationem remitti testamento posse.

Es handelt sich also um einen Erlaß des Marcus aus der Zeit der Mitregierung mit seinem Sohne Commodus. Man hat neuerdings die Echtheit dieser beiden Zeugnisse bestritten und gemeint, Marcus habe gerade umgekehrt den testamentarischen Kautionserlaß für ungültig erklärt[3]); aber diese Lehre ist unhaltbar. Gegen sie spricht zunächst eine allgemeine Erwägung. Wenn erst Marcus den Kautionserlaß verbot, so muß er offenbar vorher zulässig gewesen sein, und zwar — da wir von einem besonderen erlaubenden Gesetze nichts wissen — ohne weiteres, wie wenn sich die Gültigkeit eines derartigen Erlasses von selber verstünde. Nun sehen wir aber bei der parallelen cautio usufructuaria, daß ihr testamentarischer Erlaß ungültig war, und zwar nicht etwa erst auf Grund der soeben angeführten Vorschrift des Alexander, sondern offenbar von jeher.

---

1) *Vering*, Röm. Erbrecht (1861) S. 737; *Beseler* 2, 101; 3, 25.
2) *Windscheid* 3 § 648; *Dernburg* 2, 974; *Lenel*, Edictum 514.
3) *Beseler* 3, 25.

C. (3, 33) 1.

Impp. Severus et Antoninus AA. Posidonio. Si usus fructus omnium bonorum testamento uxoris marito relictus est, quamvis cautionem a te prohibuerat exigi, tamen non aliter a debitoribus solutam pecuniam accipere poteris quam oblata secundum formam senatus consulti[1]) cautione.

D. (36, 4) 6 pr.

Julianus libro trigensimo octavo digestorum. Si pecuniae numeratae usus fructus legatus esset, et in testamento cautum, ne eo nomine satis daretur, proprietas non est legata, sed legatario permittendum satisdare et usum fructum pecuniae habere.

Nicht also die Erlaßbarkeit praetorischer Stipulationen ist das klassische Prinzip, sondern umgekehrt ihre Unerlaßbarkeit und dies auch mit gutem Grund: die praetorischen Stipulationen sind ein Stück des Rechtsschutzes, über den der Private grundsätzlich keine Macht hat.

Wir besitzen aber auch spezielle Belege, die die Echtheit des überlieferten Marcus-Erlasses sichern. Entscheidend ist m. E.

Vat. 69.[2])

1. . . . a cavit: Do lego eidem Seiae uxo-
2. . . . us qua mihi pro parte heres est usum
3. . . . um in diem, quo legitimae aeta-
4. . . . em exigi veto, ita tamen, ut ab ea
5. . . . et studiis liberalibus insti-
6. . . . mmissaria. P. respondit uxorem de
7. . . . toris non debere compelli ad satis-

So fragmentarisch die Entscheidung überliefert ist — nur die Zeilenenden sind erhalten[3]) —, so läßt sich doch das Wesentliche vollkommen sicher erkennen.[4])

---

1) Es handelt sich um den Senatsschluß über den uneigentlichen Nießbrauch; *Dernburg* 1, 446; *Rabel*, Grundzüge 450.

2) Diese Stelle hat *Beseler* nicht berücksichtigt.

3) Die Punkte geben nicht etwa an, wieviele Buchstaben fehlen.

4) Siehe zum Folgenden D. (32) 41, 14: Scaevola libro vicesimo secundo digestorum. Heredis scripti fidei commiserat, ut Seiae uxori universam restituerat hereditatem et uxoris fidei commisit in haec verba: 'a te, Seia, peto, ut quidquid ad te ex hereditate mea pervenerit, exceptis his, si qua tibi supra legavi, reliquum omne reddas restituas Maeviae infanti dulcissimae. a qua Seia satis exegi veto, cum sciam eam potius rem aucturam quam detrimento futuram'. quaesitum est, an statim Maevia fideicommissum a Seia petere possit. respondit nihil proponi cur non possit. Die Entscheidung läuft hier freilich nach einer ganz anderen Richtung. Dem Erblasser schwebt wohl etwas wie eine Nutznießung seitens der Seia vor, ausgesprochen aber hat er es nicht. Folglich kann Maevia sofort das Fideikommiß fordern und die Kautionsfrage kommt gar nicht erst zur Erörterung.

Es handelt sich um ein Stück eines ehemännlichen Testaments. Es ist darin von jemandem die Rede, der pro parte Erbe sein soll, der aber noch unmündig ist (Z. 3) und in den Wissenschaften unterrichtet werden soll (Z. 5: insti[tuatur]); da nun 'us' in Z. 2 in 'meus' zu ergänzen ist, so ist der Unbekannte der unmündige filius des Erblassers. Dieser Sohn ist in dem nicht erhaltenen Eingang als Teilerbe eingesetzt worden, wahrscheinlich neben seiner Mutter Seia, denn auch diese muß schon im Anfang des Testaments genannt worden sein (eidem Seiae Z. 1). An dem Erbteil des Sohnes wird der Seia nun durch Vindikationslegat der Nießbrauch (Z. 2: usum [fructum]) zugewandt und zwar bis zu dem Tage (Z 3: [e]um in diem), an dem der Sohn das gesetzliche Alter erreicht (Z. 3: quo legitimae aeta[tis erit]). Nach Anordnung dieses Nießbrauchs verbietet der Erblasser, von seiner Frau Bürgenstellung zu verlangen: denn daß Z. 4 [satisdation]em exigi veto zu ergänzen ist, leidet keinen Zweifel. Der Frau wird hierauf auferlegt, für den Unterricht des Sohnes zu sorgen, wahrscheinlich auch (uns nicht erhalten) für die sonstige Erziehung und den Unterhalt. Die Juristen der Severerzeit interpretieren eine derartige Auflage als Fideikommiß zugunsten des Sohnes[1]); auch unser Jurist, der entweder Papinian oder Paulus, wahrscheinlich aber der letztere ist, hat die Anordnung so aufgefaßt, denn das Fragment in Z. 6 ist natürlich in [fideicom]missaria zu ergänzen. Die Entscheidung ergeht dahin, die Frau dürfe nicht zur Kautionsstellung (ad satis[dationem]) angehalten werden.

Seia ist Nießbraucherin und schuldet als solche die cautio ususfructuaria, sie ist aber auch mit einem Fideikommiß belastet, das nicht sofort vollständig geleistet werden kann und schuldet daher an sich die cautio fideicommissi servandi causa. Aber die cautio usufructuaria kann ihr Paulus unmöglich erlassen haben, das stünde im Widerspruch mit unserer sonstigen Überlieferung, auch wird in der Z. 6 die Rechtsfrage gestanden haben und daher sicher zu ergänzen sein: [quaesitum est de satisdatione fideicom]missaria. Die Pointe der Entscheidung ist nun die: der Erblasser hat nach Anordnung des Nießbrauchs den Kautionserlaß ausgesprochen, nicht bei der Auflage des Fideikommisses; er hat also die Kaution erlassen, die er nicht erlassen konnte (cautio usufructuaria) und diejenige nicht erlassen, die er mit Wirksamkeit hätte erlassen können (die cautio fideicommissi servandi causa). Paulus interpretiert benigne dahin, es sei auch die cautio fideicommissaria erlassen. Der Erlaß der Nießbrauchskaution ist freilich ohne Rechtswirksamkeit, anders aber der Erlaß der Fideikommißkaution: zu dieser letzteren kann die Frau nicht genötigt werden. Paulus erklärt also den Erlaß der cautio fideicommissi servandi causa für wirksam.

---

1) *Mitteis*, RP. 1, 196.

Unverdächtig ist auch folgende Digestenstelle:

D. (36, 3) 18 pr.

Scaevola libro vicensimo nono digestorum. Quae filium legitimum relinquebat, patrem eundemque collibertum ex asse scripsit heredem fideique eius
commisit, ut, quidquid ad eum ex hereditate eius pervenisset, cum moreretur,
restitueret filio testatricis nepoti suo, et haec verba adiecit: 'satis a Seio patre
meo exigi veto.' quaesitum est, cum iste Seius substantiam suam dissipat et
veretur pater fideicommissarii, ne inane fideicommissum constituatur, an ad satisdationem fideicommissi nomine patrem defunctae compellere possit. respondit
secundum ea quae proponerentur non compellendum cavere.

'Eine Frau, die einen ehelichen Sohn hinterließ, setzte ihren Vater und Mitfreigelassenen zum Alleinerben ein und belastete ihn mit einem Fideikommiß
dahin, daß der gesamte Nachlaß mit seinem Tode auf ihren Sohn, den Enkel
des Alleinerben übergehen solle. Dabei bestimmte sie: ich verbiete, von meinem
Vater Seius eine Kaution zu fordern. Es wurde gefragt: wenn Seius sein Vermögen durchbringt und der Vater des Vermächtnisnehmers fürchtet, daß dadurch auch das Fideikommiß inhaltslos gemacht werde, kann dann der Vater der
Erblasserin wegen des Fideikommisses zur Kaution gezwungen werden? Ich
habe geantwortet: nach dem vorliegenden Tatbestand: Nein.'

Scaevola erklärt also den Kautionserlaß für gültig trotz dringenden Interesses des Vermächtnisnehmers. Auch diese Entscheidung ist für sich betrachtet
und in Verbindung mit der obigen Vatikanen-Stelle unzweifelhaft echt.

Es steht somit fest, daß die Klassiker nach Marcus den testamentarischen
Erlaß der cautio fideicommissi servandi causa für gültig erklären; mit Rücksicht auf unsere obige allgemeine Erwägung[1]) darf damit aber für erwiesen erachtet werden, daß unsere Überlieferung unverfälscht und Marcus in der Tat
diesen Erlaß gestattet hat. Über den näheren Inhalt seiner Verordnung bleiben
wir freilich im ungewissen. Es sind drei Möglichkeiten gegeben: 1. Die Verordnung bezog sich, wie in der überlieferten Fassung, auf Legate und Fideikommisse.
2. Sie bezog sich nur auf Fideikommisse und ist erst später von den Klassikern
oder erst von den Kompilatoren auf Legate ausgedehnt worden. 3. Sie bezog
sich umgekehrt nur auf Legate und ist später erst auf Fideikommisse erstreckt
worden. Die beiden oben mitgeteilten Codexstellen C. (6, 54) 2 und 7 machen
in der Tat den Eindruck, wie wenn der Text extensiv interpoliert wäre: aber in
Fr. 2 möchte man die Worte 'item fideicommissis' streichen[2]), in Fr. 7 umgekehrt

---

1) Oben S. 125. Es bliebe ja, da diese Belege nur vom Fideikommiß reden, an
sich die Möglichkeit, anzunehmen, daß Marcus bei Legaten den Kautionserlaß verboten, bei Fideikommissen aber den von jeher zulässigen Erlaß weiter gestattet
hätte: dagegen spricht aber das oben Bemerkte.

2) So in der Tat *Beseler* 3, 25, ohne aber die c. 7 zu berücksichtigen.

die Worte 'et legati'! Historisch wahrscheinlicher wäre unter den Möglichkeiten
2 und 3 die erstere; denn es ist a priori wahrscheinlicher, daß der Kaiser seine
Neuerung zuerst bei einem Rechtsinstitut durchgeführt hat, das wie das Fideikommiß eine Schöpfung des kaiserlichen Rechts ist. Gewißheit läßt sich nicht
erreichen.

Auf dieser so gewonnenen Basis sind nunmehr die Quellenzeugnisse zu prüfen,
die den Zweifel an der Echtheit der Marcus-Verordnung hervorgerufen haben.

D. (35, 1) 72. 2.

Papinianus libro octavo decimo quaestionum. Titius heredem institutum
rogavit post mortem suam hereditatem restituere, si fideicommissi cautio non
fuisset petita. Mucianae cautionis exemplum *ante constitutionem remissae cautionis* locum habere non potuit, quoniam vivo eo, cui relictum est, impleri condicio potuit. Quid ergo si ita scriptum sit: 'peto, post mortem tuam restituas
hereditatem ita, ne satis fideicommissi petatur neve ratio exigatur.' sine dubio
per huiusmodi verba non interponendae quidem cautionis condicio videbitur
adscripta. . . .

D. (35, 1) 77, 3.

Papinianus libro septimo responsorum. Pater exheredatae filiae tutores
dedit eosque, si mater eius, impubere filia constituta, vita decessisset, ad rem
gerendam accedere iussit, cum uxori mandatum esset, ut moriens filiae communi
decies restitueret. non sub condicione tutores videbuntur dati nec, si quid aliud
interea puella quaesisset, eius administratione prohiberi, cautio vero fideicommissi matri remissa. quocumque indicio voluntatis cautio legatorum vel
fideicommissorum remitti potest. itaque si cautionis non petendae condicio
legato vel fideicommisso praescribatur, condicionem ea res non faciet: non enim
deficiet, si quis caveri desideraverit, onere cautionis non secuto, quod adversus
invitum hodie iure publico sequi non potest, postquam remitti posse cautionem
placuit.

D. (36, 3) 12.

Marcianus libro septimo institutionum. Licet, ut non petatur cautio, condicio
testamento scripta fuerit, non videtur condicio: et ideo licet desideraverit quis
caveri sibi, non videtur condicione defectus, quia postquam remitti talem cautionem iure publico placuit, nec onus cautionis sequitur nec quidem condicio
intellegitur.

D. (35, 1) 103.

Paulus libro quarto decimo quaestionum. Si ita legatum sit 'Titio post decem
annos dato, si satis ab herede non exegerit' et Titius intra decimum annum de-

cesserit, ad heredem suum transmittat legatum, quia moriente eo condicio exstitit.

Alle vier Stellen erörtern folgende Frage: der Testator hat jemandem ein Vermächtnis zugewandt unter der Bedingung, daß er von dem Beschwerten die Vermächtniskaution nicht verlangt; liegt in einer solchen Verfügung ein Erlaß der Kaution und demnach eine unbedingte Zuwendung des Vermächtnisses?

Gehen wir aus von Fr. 72. Titius hat seinen Erben mit einem Fideikommiß belastet, wonach die gesamte Erbschaft beim Tode des Erben an A herausgegeben werden soll, aber unter der Bedingung, daß A vom Erben die Fideikommißkaution nicht verlangt. Papinian entscheidet, das Rechtsmittel der cautio Muciana greife nicht Platz. Der Vermächtnisnehmer, dem das Vermächtnis zugewandt ist unter einer negativen Potestativbedingung, die sich erst mit dem Tode des Bedachten erfüllen kann (quae nisi fine vitae expleri non potest), kann das Vermächtnis alsbald erwerben, wenn er dem Beschwerten für die eventuelle Rückerstattung Kaution stellt; dies ist die cautio Muciana.[1]) In unserem Falle ist zwar das Fideikommiß unter einer negativen Potestativbedingung zugewandt (si fideicommissi cautio non fuisset petita), aber sie kann sich bereits zu Lebzeiten des Bedachten erfüllen, nämlich mit dem Tode des Erben.[2]) Papinian nimmt also, wie diese Begründung zeigt, ein bedingtes Vermächtnis an, nicht einen Kautionserlaß und damit ein unbedingtes Vermächtnis; würde er das letztere annehmen, so müßte er zwar auch die cautio Muciana leugnen, aber aus einem anderen Grunde, nämlich deshalb, weil überhaupt kein bedingtes Vermächtnis vorliegt. Erklärungsbedürftig sind nun noch die Worte 'ante constitutionem remissae cautionis'. Diese wollen innerhalb der Kompilation folgendes besagen: die Begründung, die hier der Entscheidung gegeben wird, paßt nur für die Zeit vor der Marcus-Verordnung; in dieser steht nämlich nach der Fassung im justinianischen Kodex der Satz:

> quocumqe enim indicio voluntatis cautio legati seu fideicommissi remitti potest.

Jedes Anzeichen eines auf den Kautionserlaß gerichteten Willens soll also zum Erlaß genügen. Standen diese Worte in der Marcus-Verordnung, dann mußte allerdings unter ihrer Herrschaft im Tatbestand unserer Stelle ein Kautionserlaß angenommen, und demnach die cautio Muciana mit einer andern Begründung abgelehnt werden, nämlich mit der Begründung, daß die Kaution erlassen und das Vermächtnis daher unbedingt sei. Das sollen die Worte besagen; aber wie ungeschickt ist das ausgedrückt! Beim unbefangenen Lesen meint man zunächst, in der Zeit post constitutionem sei die cautio Muciana gegeben (was

---

1) *Rabel*, Grundzüge 504; *H. Krüger*, Mélanges Girard 2, 1 ff.
2) *Krüger* 21.

natürlich unrichtig ist)! Man bezieht natürlich die kritischen Worte auf den Satz, in dem sie stehen, nicht auf die Begründung des folgenden Satzes. Die Worte stehen an der falschen Stelle; es sollte dastehen: die cautio Muciana ist nicht gegeben; ante constitutionem deshalb nicht, quoniam vivo usw.; post constitutionem deshalb nicht, weil gar kein bedingtes Vermächtnis vorliegt. Seltsam ist es auch, daß Papinian hier nach einem nicht mehr geltenden Recht entscheidet, und besonders seltsam, daß er nicht wenigstens hinzufügt, wie nach geltendem Rechte zu verfahren wäre. Aus diesen Erwägungen heraus müssen die Worte 'ante — cautionis' als unecht gestrichen werden.[1]

Diese Streichung hat aber eine wichtige Konsequenz: der zweite Satz der uns im Kodex überlieferten Marcus-Verordnung, nach welchem jedes indicium voluntatis zum Kautionserlaß genügen soll, — dieser Satz kann in der echten Marcus-Verordnung nicht gestanden haben; denn hätte er darin gestanden, so hätte Papinian in Fr. 72, 2 einen Kautionserlaß annehmen müssen. Bei näherer Betrachtung von C. (6, 54) 2 sieht man auch, daß die Verknüpfung des kritischen zweiten Satzes mit dem ersten durch 'enim' vollkommen sinnlos, mithin die Hand der Kompilatoren bemerkbar ist. Freilich ist dieser Satz nicht eigenes Fabrikat der Kompilatoren; was es mit ihm für eine Bewandtnis hat, wird sich alsbald zeigen. Marcus bestimmte also nur, daß der Kautionserlaß zulässig sei; wann aber ein solcher anzunehmen war, das zu bestimmen war Sache der auslegenden Juristen. In der Anordnung eines Vermächtnisses unter der Bedingung der Nichtforderung der Kaution sah man noch keine genügende Äußerung des Erlaßwillens. Das ist durchaus nicht verwunderlich. Wir sehen, daß auch die Zuwendung eines Fideikommisses bis in die Severerzeit durch ausdrückliche Rede erfolgen mußte, daß eine solche keineswegs aus indirekten Äußerungen des Testators herausgelesen wurde.[2] Entsprechend ist man auch beim Kautionserlaß verfahren.

Nach dieser kritischen Interpretation des Fr. 72 bringt nun Fr. 77, 3 von demselben Papinian eine große Überraschung. Der Testator hat seine unmündige Tochter enterbt und seine Frau zur Erbin eingesetzt. Für die Tochter hat er im Testament Vormünder bestellt, dabei aber bestimmt, sie sollten an die Verwaltung erst nach dem Tode der Mutter herantreten. Die Tochter erhält ein Fideikommiß von 1 Million Sesterzen, das aus dem Vermögen der Mutter nach deren Tode gezahlt werden muß. Diese Klausel interpretiert nun Papinian folgendermaßen: der Testator denkt an den Normalfall, daß die unmündige Tochter kein weiteres Vermögen hat als ihren betagten Fideikommißanspruch gegen die Mutter. Wenn er also sagte, die Tutoren sollten ihre Verwaltung erst nach dem Tode der Mutter aufnehmen, so meinte er, sie sollten diesen Fidei-

---

1) Richtig *Beseler* 3, 25.

2) *Mitteis*, R.P. 1, 288; *Rabel*, Grundzüge 537.

kommißanspruch nicht verwalten; die einzige Verwaltungshandlung, an die man hier denken könnte, ist aber das Eintreiben der cautio fideicommissi servandi causa. · Demnach geht der Wille des Testators 1. nicht dahin, die Verwaltung seitens der Vormünder zu hindern, wenn die Tochter etwa anderweit Vermögen erwirbt; er geht vielmehr 2. nur dahin, daß von der Mutter nicht die cautio fideicommissi eingetrieben werden darf. Daher sind auf der einen Seite die Tutoren nicht bedingt ernannt, auf der andern ist der Mutter die Kaution erlassen. Denn, begründet Papinian diesen zweiten Punkt, zum testamentarischen Kautionserlaß bedarf es nicht ausdrücklicher Rede, es genügt,· daß man den Erlaßwillen, wie in unserem Tatbestand, aus den Äußerungen des Testators herauslesen kann; ein jedes indicium voluntatis genügt. Auch wenn ein Vermächtnis zugewandt wird unter der Bedingung, daß der Vermächtnisnehmer die Kaution vom Beschwerten nicht fordert, so genügt diese indirekte Willensäußerung zum Kautionserlaß; die Folge davon ist natürlich, daß in solchem Fall ein unbedingtes Vermächtnis vorliegt; denn die Handlung, an die der Testator den Rechtsnachteil knüpft, kann jetzt gar nicht mehr vorgenommen werden: denn selbst wenn der Vermächtnisnehmer die Kaution verlangt, so hat dies keine Bedeutung, weil diesem Verlangen (bei Annahme eines gültigen Kautionserlasses) doch nicht Folge gegeben wird, es schadet also auch dem Bedachten nicht, sein Vermächtnis erhält er doch.

Diese Ausführung ist überraschend, denn sie sagt das gerade Gegenteil von dem, was wir vorhin in Fr. 72 als papinianisch festgestellt haben. Man glaube auch nicht, mit kühnem Wegstreichen helfen zu können. Man hat den ganzen Schluß von 'quocumque' an streichen wollen[1]); das verbietet sich schon mit Rücksicht auf das sogleich zu behandelnde Fr. 12, es hilft aber auch nichts: schon in dem Kautionserlaß liegt der Widerspruch. Man hat denn auch noch die Worte 'cautio — remissa' verdächtigt[2]), aber bereits das vorhergehende 'quid aliud' weist auf diese Worte: die Tutoren dürfen nur verwalten, was die Tochter anderweit erwirbt; also nicht den Fideikommißanspruch; und da dessen Verwaltung zunächst allein in dem Einfordern der Kaution bestehen kann, so liegt schon in diesen Worten: sie können keine Kaution von der Mutter fordern. Die Sache erklärt sich ganz anders.

Man beachte in Fr. 77 dreierlei: 1. Hinter 'quocumque' fehlt ein 'enim', das die Erörterung mit dem Vorhergehenden verknüpfte; jüngere Vulgaten haben dieses Wort auch eingefügt. 2. Hinter 'itaque' fehlt 'etiam' oder 'et', denn der nun folgende Fall ist ja ein anderer als der erste, wenn auch beiden gemeinsam ist, daß der Kautionserlaß nicht ausdrücklich ausgesprochen, sondern erst herausgelesen werden muß. 3. Der Satz

---

1) So *Beseler* 2, 101.
2) So *Beseler* l. c.

> quocumque indicio voluntatis cautio legatorum vel fideicommissorum remitti
> potest

stimmt so gut wie wörtlich überein mit dem kritischen zweiten
Satz von C (6,54) 2, von dem wir oben[1]) zeigten, daß er in der ursprünglichen Marcus-Verordnung nicht gestanden hat:

> C. (6,54) 2 ... quocumque enim indicio cautio legati seu fideicommissi remitti
> potest.

Das alles erklärt sich m. E. leicht durch eine sehr einfache und naheliegende
Annahme. Papinian entscheidet in den Responsa anders wie in seinem Quästio-
nenwerk, weil sich inzwischen der Rechtszustand geändert hatte. Diese Änderung
wurde herbeigeführt durch ein Reskript der Severer: wie diese für die Zuwendung
eines Fideikommisses jede Willensäußerung genügen ließen[2]), so verfuhren sie
auch bei dem Kautionserlaß. Sie bestimmten prinzipiell, daß jedes indicium
voluntatis für den Erlaß hinreichen solle und wandten in ihrem Reskript dieses
Prinzip alsbald an zur Entscheidung der Frage: liegt in der Zuwendung eines
Vermächtnisses unter der Bedingung, daß vom Bedachten nicht Kaution gefordert wird, ein Kautionserlaß? Sie bejahten natürlich ihrem Prinzip entsprechend diese Frage. Dieses Reskript liegt uns in Fr. 77, 3 vor, wo es Papinian zur
Begründung einer analogen Entscheidung verwandte. Die Kompilatoren haben
die Severer-Verordnung mit der Marcus-Verordnung vereinigt, indem sie die
prinzipielle These der ersteren in die letztere einfügten und durch das ungeschickte 'enim' mit dem Vorhergehenden in Verbindung zu bringen suchten.
Wo sie daher in den Juristenschriften der Severer-Verordnung begegneten,
strichen sie das Zitat. So sind sie auch mit unserem Fr. 77 verfahren und so
erklärt sich hier der unverbundene Satz 'quocumque usw.'. Der echte Text
lautete:

> ... cautio vero fideicommissi matri remissa videtur. nam optimi principes
> nostri[3]) in haec verba rescripserunt: Quocumque indicio usw.

Nunmehr vermißt man auch hinter 'itaque' nicht länger 'et' oder 'etiam'. —

Wir wenden uns zu Fr. 12. Auf den ersten Blick fällt die Übereinstimmung
dieser Stelle mit dem Schluß von Fr. 77 ins Auge: entweder hat Marcian den
Papinian abgeschrieben, oder beide gehen auf dieselbe dritte Quelle zurück.
Man möchte nach unseren Feststellungen das zweite annehmen: Papinian und
Marcian referierten eben beide das Severer-Reskript. Trotzdem ist das erstere so

---

1) Oben S. 131.

2) *Mitteis*, R.P. 1, 288, 196; *Rabel*, Grundzüge 537; *Haymann*, Schenkung unter
einer Auflage 82.

3) Severus und Caracalla: *Fitting*, Alter und Folge der Schriften römischer Juristen (2. Aufl.) S. 76.

gut wie sicher: wir können nämlich nachweisen, daß gerade in diesem siebenten Institutionenbuche Marcian das siebente Buch der Papinianischen Responsa vor sich hatte und benützte.[1])[2])

Es bleibt schließlich noch das Fr. 103 zu erklären.

Ein Legat ist wie folgt ausgesetzt: der Erbe soll dem Titius nach 10 Jahren 100 zahlen, wenn Titius vom Erben keine Kaution verlangt. Titius stirbt vor Ablauf der 10 Jahre. Paulus argumentiert so: es liegt ein bedingtes Vermächtnis vor; bedingte Vermächtnisse gehen auf den Erben des Bedachten grundsätzlich nicht über, wenn er vor Eintritt der Bedingung verstirbt.[3]) · Hier fällt aber Eintritt der Bedingung und Tod zusammen, darum Übergang auf den Erben. Paulus nimmt hier also ein bedingtes Vermächtnis an, im schroffen Widerspruch zu Papinian und Marcian und der dort angeführten Severer-Verordnung. Es sind aber verschiedene Erklärungsmöglichkeiten gegeben:

1. Der Erlaß des Marcus bezog sich ausschließlich auf Fideikommisse und ebenso dann natürlich auch die Nachtragsverordnung der Severer, und erst die Kompilatoren dehnten beide Reskripte auf Legate aus. Paulus spricht vom Legat.[4])

2. Der Erlaß des Marcus bezog sich auf Legate und Fideikommisse, aber die Severer-Verordnung bezog sich ursprünglich nur auf Fideikommisse.

3. Mir das Wahrscheinlichste: die Entscheidung des Paulus ist gar nicht überliefert. Man beachte, daß 'transmittat', nicht 'transmittit' dasteht: vielleicht gibt unser Text nur die Fragestellung des Paulus: si Titius intra decimum annum decesserit, ⟨utrum⟩ ad heredem suum transmittat legatum, quia moriente eo condicio exsistit?

---

1) D. (28, 7) 18 = (35, 1) 77 pr.; *Lenel*, Paling. 1, 661.

2) Stilistisch mögen die Kompilatoren schon manches geändert haben, so daß *Beselers* Urteil über Fr. 12 (3, 25: deutlich byzantinische Arbeit) wenigstens zu einem kleinen Teile zu Recht bestehen bleibt.

3) *Windscheid* 3 § 642 N. 3 und 9.   4) Vgl. oben S. 129.